Daniel Guérault
inspecteur départemental

Renée Léon
agrégée de lettres modernes

LE FRANÇAIS
AU CE2

HACHETTE
Écoles

ISBN 2.01-009938.9

79, boulevard Saint-Germain F 75006 Paris.

Avant-propos

Tout manuel est un outil qui nécessite un mode d'emploi. Tel est donc l'objet de cet avant-propos qui trouvera son prolongement naturel dans l'ouvrage pour le maître accompagnant ce volume.

LE CADRE GÉNÉRAL

Pédagogie globale et méthodique

Le français au C.E.2 est l'un des maillons d'une collection qui, du C.E.1 au C.M.2, s'inscrit dans le cadre d'une **pédagogie globale** et méthodique de la langue. Il s'est donné pour objectif de rassembler **toutes les activités d'une année** dans le domaine de la langue maternelle.

Unité et cohérence

Centrer l'ensemble du travail autour d'un thème, faire en sorte que chacun des exercices enrichisse à sa manière les connaissances et la réflexion sur ce thème, voilà notre propos.

Lire, s'exprimer

On ne fait pas de la grammaire pour la grammaire, du vocabulaire pour le vocabulaire, mais pour savoir mieux parler et mieux écrire. La maîtrise de la langue peut se résumer en deux mots clefs : **lire, s'exprimer.** Nous proposons donc, en parallèle, les rubriques traditionnelles de la classe de français : LECTURE, GRAMMAIRE, ORTHOGRAPHE, CONJUGAISON, VOCABULAIRE, EXPRESSION. Tous ces exercices doivent converger vers les trois cibles majeures : **mieux lire, mieux écrire, mieux parler.**

Les thèmes

Les **thèmes,** choisis après de minutieuses enquêtes auprès d'enseignants, nous semblent adaptés aux goûts et aux préoccupations des classes de C.E.2. Nous avons eu le souci de ménager des ouvertures dans les domaines les plus variés (milieu social et humain, milieu naturel, monde de la science, de l'art...) et nous nous sommes efforcés de traiter chacun des thèmes dans des directions qui nous semblent susceptibles d'enrichir la réflexion : ici, ailleurs, hier, aujourd'hui, demain...

Quinze dossiers structurés

Nous pensons que chaque dossier peut fournir matière au travail de quinze jours. Chacune de ces **quinzaines** est d'ailleurs organisée en **deux temps** (deux semaines) auxquels correspondent deux couleurs différentes : **vert** pour la **première semaine**, **violet** pour la **deuxième**.

Mais ce découpage ne doit pas constituer une contrainte. Il ne faudrait pas que la structure proposée devienne un carcan qui rebute l'élève et sclérose l'initiative pédagogique. Les **diverses activités**, même si elles convergent toutes vers un même but, gardent leur **autonomie de fonctionnement**.

Chaque dossier a une **structure identique**. Chaque activité revient régulièrement : nous avons voulu donner des repères (mise en page, couleurs, liserés...) qui facilitent l'utilisation du manuel. Ainsi, le thème commence toujours par une page de droite. On retrouve toujours la même présentation, les mêmes types de caractères...

Du C.E.1 au C.E.2

Le français au C.E.2 s'appuie sur le travail proposé au C.E.1, en même temps qu'il le prolonge et l'approfondit. En ORTHOGRAPHE et en CONJUGAISON, les premières semaines sont consacrées à une **révision systématique** des notions étudiées au C.E.1 (ponctuation, verbes et temps fondamentaux...).

La progression

La **table des matières** est un tableau à double entrée. Le fil conducteur de l'ouvrage est la **progression « verticale »,** induite par la **grammaire**. Celle-ci conditionne en grande partie le contenu des autres rubriques du même dossier.

La **lecture « horizontale »** montre que **chaque dossier** constitue un **ensemble structuré**.

LES ACTIVITÉS D'EXPRESSION

La grammaire

Dans le champ des *Instructions officielles,* l'accent est mis sur les **manipulations de phrases** — y compris de phrases complexes — et de textes. La grammaire doit en effet accompagner l'expression si elle veut l'enrichir. C'est dans cette perspective que nous proposons une **reconstitution de texte** par quinzaine.

L'orthographe et la conjugaison

Orthographe et conjugaison accompagnent et complètent la grammaire autour de laquelle elles « rayonnent ».

Lire / Écrire

Cette rubrique se situe à la frontière de la lecture et de l'orthographe. Elle aborde de façon systématique les difficultés de notre système graphique : étude méthodique des différentes graphies d'un son et des valeurs de certaines lettres, travail méthodique sur les régularités et les irrégularités de notre écriture...

Le vocabulaire

Enrichissement du vocabulaire et réflexion sur sa **structuration**, telles sont les deux pistes proposées dans chacun des dossiers. Plusieurs leçons sont consacrées à l'utilisation du dictionnaire.

L'expression

L'expression, couronnement de toutes les activités, doit en faire la synthèse. Nous pensons que la vraie **libération** passe par la **structuration**. C'est pourquoi les séquences, tout en faisant appel à l'imagination, proposent toujours une démarche précise et rigoureuse.

Les jeux

Les jeux font, par ailleurs, une très large place à la **créativité** (jeux sur les mots, jeux poétiques).

Les révisions

À la fin de chaque quinzaine, les **exercices de révision** permettent d'établir le bilan des acquisitions.

L'index grammatical

L'**index grammatical** permet à l'élève d'utiliser le manuel de façon plus individuelle comme un livre de références. Cet apprentissage doit favoriser son autonomie de lecteur : l'enfant y apprend l'ordre alphabétique et donc l'utilisation du dictionnaire.

LES ACTIVITÉS DE LECTURE

Les **activités de lecture** répondent à deux préoccupations majeures :

- **perfectionner les capacités** de lecture et affiner le comportement de lecteur ;
- donner le **goût de lire**, enjeu capital pour le devenir scolaire des enfants, mais aussi pour leur vie d'adulte.

Mieux lire

Il faut sans cesse améliorer les compétences qui feront progressivement de l'enfant un bon lecteur. La rubrique MIEUX LIRE propose, dans cette optique, **un entraînement systématique** : discrimination visuelle, prise d'indices, anticipation, amélioration de la mémoire immédiate et de la construction du sens...

Des textes de qualité

Notre objectif de pédagogie globale du français ne pouvait s'envisager sans avoir recours à des **textes intéressants et de qualité**.

Une ouverture vers d'autres textes

Nous proposons des textes organisés autour d'une situation, d'un événement, d'une idée, d'un personnage, car nous pensons que pour faire réagir l'enfant, il faut « qu'il se passe quelque chose » dans un texte. Cette lecture — jouant alors le rôle de tremplin — l'entraînera vers d'autres lectures.

Pas d'appareil pédagogique pesant

Dans le souci de « déscolariser » au maximum la lecture, nous avons refusé d'écraser les textes sous un appareil critique trop fourni et de les utiliser comme supports d'activités spécifiques d'orthographe ou de grammaire, par exemple.

À l'intérieur de notre volume, des textes variés présentent un échantillon des différents types d'écriture. Mais ces **textes** ont chacun un **rôle particulier**.

Des textes variés

Chaque dossier comporte **six pages de lecture** qui apportent au thème des éclairages multiples.

Des textes déclencheurs

Au début de chaque semaine, un texte de deux pages raconte une histoire qui, en les faisant rire ou rêver, doit éveiller la curiosité des enfants et les faire entrer de plain-pied dans le thème.

La lecture documentaire

La **lecture documentaire** propose obligatoirement des **textes de type informatif** ou des **documents de la vie courante**. Ils sont donc beaucoup plus en prise directe sur la réalité concrète, et ils ont été choisis de manière à satisfaire une curiosité et à **répondre à une question précise** : Comment les nouveaux téléphones fonctionnent-ils ? Comment apprivoise-t-on un fauve ? Qui était Christophe Colomb ?

Des poèmes enfin

La page de **poésie** est le pivot de chaque dossier. Elle marque matériellement le passage d'une semaine à l'autre. C'est une sorte de **respiration**, d'**étape** au milieu de la quinzaine. Les poèmes ont été choisis en majorité chez les auteurs modernes, pour des questions de langue et de lisibilité. Ils sont de genre et de difficulté variés, et ils sont présentés, bien sûr, sans appareil critique dans le livre de l'élève.

Un ouvrage pour le maître

Ce livre s'accompagne d'un ouvrage pour le maître intitulé : ***Exercices supplémentaires et compléments pédagogiques du français au C.E.2.*** Cet ouvrage clarifie encore la démarche et les objectifs, resitue les textes, propose des bibliographies et des exercices complémentaires.

En terminant cet avant-propos, nous tenons à remercier plus particulièrement nos collègues instituteurs du C.E.2, trop nombreux pour qu'on les cite tous ici, qui, dans plusieurs régions de France, ont expérimenté nos travaux avec leurs élèves et ont pris la peine de nous transmettre leurs observations et leurs critiques.

Et nous restons, dans cet esprit de communication active, ouverts à toute suggestion pour améliorer notre ouvrage et poursuivre notre réflexion à tous les niveaux de l'école élémentaire.

Les auteurs

Rire et sourire

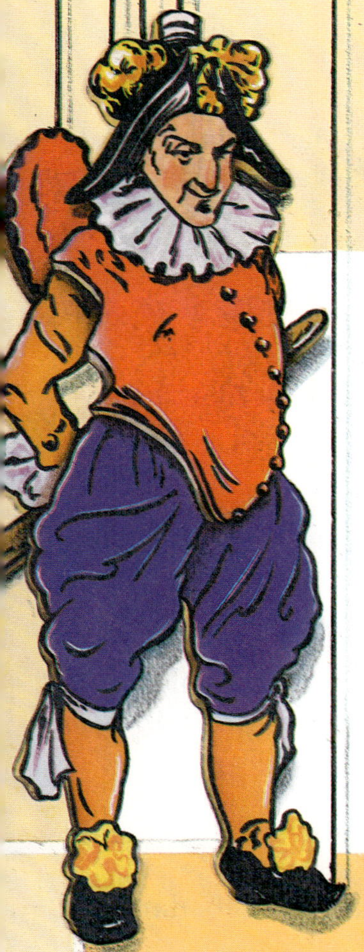

Ne coupez pas les cheveux en quatre
Midi n'est pas après dix heures
Sur deux sur quatre et sur six pattes
Chaque seconde est le bonheur

JEAN-HUGUES MALINEAU,
Mandibule, L'école des loisirs.

Des voisins bien bruyants

Par un après-midi tranquille, Léopard était en train de lire. « Comme tout est calme », remarqua-t-il.

Un singe dégringola d'un arbre voisin.

« Salut, Léopard, dit Singe, on a les peintres à la maison. Est-ce que nous pourrions venir habiter ton perchoir quelques jours ?

— D'accord, répondit Léopard. » [...]

Léopard s'aperçoit bien vite que les singes sont très bruyants...

Léopard termina son repas. Il se mit au lit et essaya de dormir.

PATATI PATATA PATATI PATATA

Léopard se retourna et mit la tête sous les couvertures.

BLABLABLA BLABLABLA BLABLABLA

« Ah non ! dit Léopard, jamais je ne pourrai m'endormir avec tous ces singes qui palabrent. » Et il quitta la maison.

Léopard frappa à la porte de Crocodile.

« Qu'est-ce que tu veux à cette heure-ci ? demanda Crocodile.

— Il y a des cinglés de singes qui font la fête dans ma maison perchée, répondit Léopard. Je ne peux pas dormir chez moi.

— Tu peux coucher sur mon divan », répondit Crocodile.

Léopard s'endormit tout de suite. Crocodile se glissa dans son lit. Ses yeux se fermèrent.

BROUM BROUM BROUM
MIAOU MIAOU MIAOU

Crocodile sursauta et s'assit.

« Quel vacarme ! dit-il. Voilà Léopard qui miaule ! »

Crocodile essaya de dormir mais les miaulements de Léopard étaient trop forts.

« Je ne peux pas rester ici ce soir », se dit Crocodile.

Il attrapa une lampe de poche et sortit. [...]

Crocodile va voir l'Aadvark et l'empêche aussi de dormir. Alors, l'Aadvark frappe chez Hippopotame qui, ne pouvant fermer l'œil, se retrouve chez Léopard. Le lendemain matin...

Léopard regarda Hippo.

« Est-ce que tu as dormi chez moi cette nuit ? demanda-t-il.

— Mais oui, répondit Hippo.

— Est-ce que le vacarme des singes ne t'a pas tenu éveillé ? demanda Léopard.

— Quels singes ? s'étonna Hippo.

— Des singes voulaient habiter dans ma maison perchée, expliqua Léopard. Ils ont fait tellement de bruit que je n'ai pas pu dormir. Alors je suis parti chez Crocodile. [...]

Et il lui raconte toute l'histoire...
C'est alors que les singes arrivent.

« Léopard, dirent-ils, rien ne va plus. Il y a eu un bruit terrible cette nuit qui venait de ta maison. Nous n'avons pas fermé l'œil. Maintenant, il faut que nous trouvions un autre lieu d'habitation. Au revoir. »

Et les vingt singes s'enfoncèrent dans la jungle. [...]

GIULIO MAESTRO, *Des voisins bien bruyants*,
« Je sais lire », Flammarion.

Des mots, des phrases, des textes (1)

CES AU CHE MO
VA TRU CAN TO

1. **On a mélangé les syllabes de trois mots. Retrouve ces mots en t'aidant des dessins de l'exercice 3.**

2. **Écris une phrase en employant les trois mots que tu as trouvés à l'exercice 1.**

1 2 3

3. **Remets les dessins dans l'ordre puis fais une phrase pour chacun d'eux.**

> **Attention !** Une **phrase** **commence** par une **majuscule** et **se termine** par un **point**.
> EX : **L'**autruche court très vite**.**

4. **Écris une phrase correspondant à ce dessin avec les mots suivants :**

coffre
voiture
quelqu'un
girafe
transporte

5. **Écris des phrases en employant les mots suivants.**

1. parfois - envie - animaux - ont - voyager.
2. zoo - mécontents - visiteurs - sont.
3. Afrique - viennent - girafe - autruche.
4. sauvages - aiment - animaux - liberté.

6. **Parmi les textes suivants, quel est :**

- le télégramme ?
- la petite annonce ?
- le titre de journal ?

1. Perdu jolie girafe tachetée - Grosse récompense - Tél. 16 (2) 34.56.78.75.
2. Stupéfaction au zoo :
   La girafe a disparu !
3. Acheté magnifique girafe. Arrive demain.
   Frédéric.

7. **Réécris les textes de l'exercice 6 en faisant des phrases complètes.**

8. **Imagine un épisode drôle du voyage de la girafe.**

La ponctuation (1)

LA FAMILLE THÈSE

Les parents Thèse ont sept enfants.
Virgule est la dernière née ;
elle est toujours de bonne humeur.
Sa sœur Interrogation
pose sans cesse des questions.
Point est un petit garçon discret.
Exclamation est une petite fille
qui s'étonne de tout.
Quant aux triplés Suspensions,
ils provoquent toujours des catastrophes.

GINETTE et MURIELLE GRENIER,
Virgule à l'école, Études vivantes.

1. As-tu reconnu tous les enfants de cette famille ? Dessine-les.

2. Cherche des points d'interrogation (?) et des points d'exclamation (!) dans des livres. À quoi servent-ils ?

3. Complète les phrases par un point (.), un point d'interrogation (?) ou un point d'exclamation (!).

1. Les dessins animés racontent souvent des histoires d'animaux
2. Comme ce canard a l'air drôle avec sa canne
3. Veux-tu que je te prête un album
4. Lequel préfères-tu

4. Emploie le point (.), la virgule (,), le point d'interrogation (?) et le point d'exclamation (!) dans trois phrases de ton invention.

Le verbe (1)

1. Trouve le verbe qui correspond à chacun des dessins ci-dessus.

EX : 1 → chanter

2. Emploie les verbes de l'exercice 1 dans des phrases.

EX : Hélène **chante** dans une chorale.

3. Cherche dans le dictionnaire les verbes que tu as trouvés dans l'exercice 1. Que remarques-tu ?

Elle **chante**, **c'est le verbe** **chanter**.
Nous **dormons**, **c'est le verbe** **dormir**.
Vous **riez**, **c'est le verbe** **rire**.
Chanter, **dormir**, **rire** sont des **infinitifs**.
Chante, **dormons**, **riez** sont des **formes conjuguées**.

4. Retrouve l'infinitif de chaque forme conjuguée.

ils vont •	• apprendre
je suis •	• faire
nous finissons •	• finir
vous apprenez •	• être
tu fais •	• aller

5. Cherche au moins trois infinitifs qui se terminent en -er, **comme** chanter, **et emploie-les dans une phrase.**

6. Cherche au moins trois infinitifs qui se terminent en -ir, **comme** finir **ou** dormir, **et emploie-les dans une phrase.**

7. Cherche au moins trois infinitifs qui se terminent autrement que par -er **ou** -ir.

EX : voir - répondre

Lettres, syllabes et mots

Papirette s'installa entre deux pages du livre d'histoire. [...] Mais les caractères d'imprimerie chatouillaient Papirette. Elle rêva que, tenant le I à la main, elle poussait le O comme un cerceau. Le I se changea en sceptre, le O en globe terrestre et Papirette devint reine. Elle ouvrit le portillon du A et entra dans le jardin où elle se balança sur le H, escalada les montagnes russes du M et du N. Le S siffla : aussitôt toutes les lettres, les majuscules tenant par la main leurs enfants minuscules, se rangèrent par ordre alphabétique et Papirette les passa en revue. Elle vérifia que les points fussent bien sur les I et les barres aux T.

BÉATRIX BECK, JEAN CLAVERIE,
« La grenouille d'encrier »,
Contes à l'enfant né coiffé, « Folio Cadet », Gallimard.

1. Lis le texte. Quelles lettres Papirette voit-elle dans son rêve ?

2. Quel nom peux-tu former avec ces six lettres ?

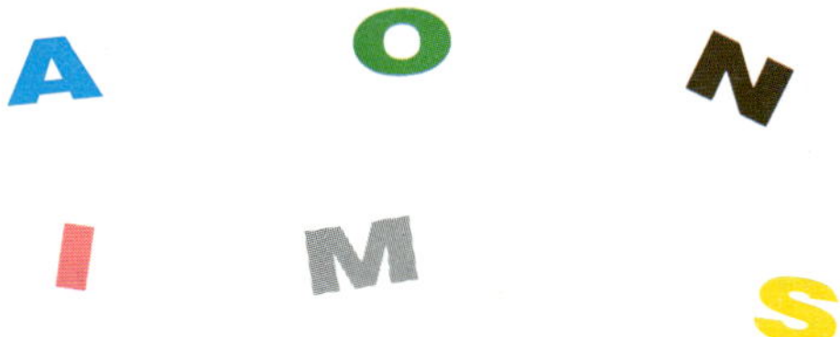

3. Peux-tu couper ce mot ? En combien de parties. Comment s'appelle chaque partie ?

4. Forme un mot avec les lettres N-M-A-I. **Essaie de le couper. Que remarques-tu ?**

> Un mot est formé d'**une** ou de **plusieurs syllabes**.
> EX : maison → deux syllabes (mai-son)
> main → une syllabe (main)

5. Compte le nombre de lettres et de syllabes des mots de chaque série. Que remarques-tu ?

1. rêva - dans - jardin.
2. Papirette - montagnes - rangèrent.
3. poussait - aussitôt - escalada.
4. leurs - revue - siffla.

6. Relève dans le texte des mots de une, deux, trois, quatre et cinq syllabes.

7. Forme un mot avec chaque série de lettres.

1. e-d-n-t
2. u-r-o-t
3. a-p-n-i
4. r-o-f-t

8. Même exercice.

1. g-s-n-e-i
2. g-i-e-n-e-p
3. r-a-p-e-h-s
4. n-g-a-r-i-r-d

9. Remplace les pointillés par des voyelles pour compléter les mots. (Il y a plusieurs solutions possibles.)

1. r. . .r. . .
2. br. . .v. . .
3. ch. . . . . .s. . .
4. s. . .l. . .d. . .

10. Trouve les mots cachés en remettant les syllabes en ordre.

1. ve - rie - rê
2. le - ment - ci - fa
3. fi - gni - ma - que
4. na - nal - in - ter - tio

Autour d'un mot : histoire

1. Que veut dire le mot histoire **dans les phrases suivantes ?**

1. Il m'est arrivé une drôle d'histoire.
2. Raconte-nous encore une histoire.
3. Ne me raconte pas d'histoires !
4. Tu cherches toujours des histoires.
5. Les élèves aiment l'histoire.

2. Devinettes.

1. Ce savant étudie l'histoire, c'est un hist. . . .
2. Napoléon a été très important dans l'histoire de la France, c'est un personnage hist. . . .

3. Parmi les trois exemples donnés, choisis à chaque fois celui qui convient.

1. **Un personnage historique :**
   - Christophe Colomb
   - Ulysse
   - Zorro
2. **Un monument historique :**
   - le palais de Cendrillon
   - l'Arc-de-Triomphe
   - la maison de mes grands-parents
3. **Une date historique :**
   - les grandes vacances
   - l'année de ma naissance
   - 1789 (Révolution française)

4. Cherche la différence entre :

- une drôle d'histoire,
- une histoire drôle.

Explique ta réponse par des exemples.

Reconstitution de texte

Un épouvantail, ça ne bouge pas, ça ne vit pas. Pourtant, je bouge, je vis, et je suis un épouvantail ! Ne me demandez pas comment je suis devenu vivant, je ne le sais pas moi-même. Simplement, un jour, j'ai eu envie de marcher, j'ai senti que je pouvais le faire, et je l'ai fait.
C'était amusant et curieux. [...] Je me suis promené un long moment, et je me suis dit : « Si j'allais dire un petit bonjour au propriétaire du champ ? »
Je me suis rendu jusqu'à sa ferme et j'ai frappé à la porte. Le propriétaire a ouvert, m'a regardé et a vite repoussé le battant en criant : « Roger ! Fernand ! À l'aide ! Le diable est dehors ! »

NICOLAS DE HIRSCHING,
« L'épouvantable épouvantail »,
Astrapi n° 158, Bayard-Presse.

1. Lis le texte silencieusement.

2. De qui parle-t-on ?

3. Comment était l'épouvantail avant ?

4. Que fait-il maintenant ?

5. Qu'a-t-il décidé de faire ?

6. Relève les verbes du passage en caractères gras.

7. Reconstitue le passage en caractères gras.

Quelle journée !

1. Voici ce qui est arrivé à Alexandre.

Hier soir, je me suis endormi avec un bonbon dans la bouche, et ce matin j'avais les cheveux tout collés. En sortant de mon lit, j'ai dérapé sur ma planche à roulettes. Et puis, sans le faire exprès, j'ai fait tomber mon pull dans le lavabo, sous le robinet ouvert.
J'étais déjà sûr, à ce moment-là, que ce serait une terrible, horrible, affreuse, mauvaise journée.

2. Continue à lire.

Au ______ déjeuner, mon frère Antoine a trouvé dans son paquet de flocons d'avoine une ______ auto à construire. Mon frère Nicolas a ______ dans son paquet à lui une bague d'agent secret avec un code. Moi, dans mon ______ de flocons d'avoine, je n'ai rien ______ d'autre que des ______ d'avoine.
Je me suis ______ : « Je ne peux plus rester ______ cette maison. Je vais ______ en Australie. »

3. Retrouve l'ordre des phrases de ce texte.

1. Le dentiste m'a dit : « Reviens me voir la semaine prochaine j'arrangerai ça ! »
2. Quelle terrible, horrible, affreuse, mauvaise journée !
3. J'avais bien raison de dire ça parce qu'après l'école Maman nous a emmenés chez le dentiste, moi et mes frères.
4. J'ai répondu : « La semaine prochaine, je serai en Australie. »
5. J'ai été le seul à qui on a trouvé une carie.

4. Où faut-il replacer cette phrase dans le texte ?

J'ai oublié une bille dans la baignoire, et elle est partie dans le tuyau quand on a vidé l'eau.

On a eu des haricots rouges au dîner, et j'ai horreur de ça. Il y avait des gens qui s'embrassaient à la télé, et j'ai horreur de ça.
Mon bain était trop chaud, et je me suis mis du savon dans les yeux. Il a fallu que je mette mon pyjama à petits trains, et j'ai horreur de ce pyjama à petits trains.
Quand je me suis couché, Nicolas m'a repris le coussin qu'il m'avait donné. Ma petite lampe Mickey a grillé, et je me suis mordu la langue.

D'après Judith Viorst, « La terrible, horrible, affreuse, mauvaise journée d'Alexandre », *Astrapi n° 73*, Bayard-Presse.

MÉNAGERIE

[...]
Ses yeux sont deux billes de verre,
Ses oreilles feuilles de chou.
Il a mis la peau de son père.
Avec son nez en caoutchouc,
Il fait peur aux petits enfants.
Qu'est-ce que c'est ? C'est l'éléphant. [...]

GEORGES DUHAMEL,
Mon royaume, Mercure de France.

PUNITION

Maman fennec
à son petit :
— Si tu n'es pas sage,
tu seras privé
de désert...

PIERRE FERRAN,
Sans tambour ni trompette,
Saint-Germain-des-Prés.

LES SOURIS DE MONTÉLIMAR

Quand on vit à Montélimar
Pourquoi s'en aller autre part ?

Pour faire honneur au saucisson,
On pourrait filer jusqu'à Lyon.

La capitale du gruyère
N'est pas très loin de la frontière.

L'Italie offrirait aussi
Ses nouilles, son macaroni.

Mais quand on vit sous l'étendard
Du nougat à Montélimar

Pourquoi quitter le paradis ?
Restons-y, mes sœurs, restons-y !

PIERRE MENANTEAU,
Au rendez-vous de l'arc-en-ciel,
« Enfance heureuse », Éditions ouvrières.

La soupière infernale

Émile, dit Zozo la Tornade, est un petit garçon charmant qui zozote et à qui il arrive de nombreuses aventures...

Tout le monde se resservit jusqu'à ce que la soupière soit vide. Il en restait juste une toute petite goutte au fond. Zozo décida de la prendre. Il plongea sa tête dans la soupière et on l'entendit aspirer la petite goutte. L'opération terminée, il voulut retirer sa tête. Or — incroyable mais vrai ! — il n'y réussit pas. Il était prisonnier de la soupière !

Effrayé, Zozo se leva de table. Il se tenait au milieu de la cuisine, ses yeux et ses oreilles cachés par la soupière enfoncée sur sa tête. Il criait et, de toute la force de ses poings, il tapait sur la soupière comme sur un tambour.

Lina aussi paraissait alarmée.

« Notre jolie soupière ! se lamentait-elle. Notre jolie soupière à fleurs ! Dans quoi mettrons-nous la soupe, maintenant ? »

En bonne cuisinière, elle s'inquiétait surtout de savoir dans quoi elle servirait le potage du soir si Zozo devait, longtemps encore, occuper la soupière.

La maman de Zozo pensait surtout à son petit garçon.

« Comment allons-nous te sortir de là, mon trésor ! Prenons le tisonnier et cassons la soupière !

— Pas question ! s'exclama le père. Une soupière qui a coûté quatre couronnes* !

— Je vais essayer de la retirer », proposa Alfred, qui était un garçon fort et adroit.

Il saisit la soupière par les deux anses, et tira de toutes ses forces. Mais qu'arriva-t-il ?

Les pieds de Zozo quittèrent le sol ! Il était toujours emprisonné ! Suspendu en l'air, il se mit à gigoter pour qu'Alfred le repose sur le sol.

« Arrête ! criait-il. Ze veux descendre ! Ze te dis d'arrêter ! »

Alfred le posa donc.

Tout le monde était désolé.

Le père, la mère, la petite Ida, Alfred et Lina entouraient Zozo dans la cuisine, et réfléchissaient. Personne n'arrivait à trouver une idée pour le libérer.

« Regardez, Zozo pleure ! » dit la petite Ida. Et elle montra du doigt de grosses larmes qui, sortant de la soupière, roulaient doucement sur les joues du garçon.

« Pas vrai ! répliqua Zozo d'une voix étouffée. C'est des gouttes de potaze ! »

Il fanfaronnait comme d'habitude, mais sa situation n'avait rien d'amusant. Que deviendrait-il s'il ne pouvait plus jamais sortir de la soupière ? Pauvre Zozo ! Quand pourrait-il remettre sa « cache-tête* » ?

ASTRID LINDGREN,
Zozo la tornade, Hachette.

* *Couronne :* monnaie suédoise.
* Zozo appelle ainsi sa *casquette.*

Des mots, des phrases, des textes (2)

1 2 3

1. Remets dans l'ordre les dessins de cette histoire.

2. Les phrases suivantes sont en désordre. Recopie-les dans le bon ordre.

1. Il s'en sert pour pêcher des chapeaux.
2. Mais Fantasio n'a pas envie qu'il continue.
3. Gaston a trouvé une canne à pêche.

3. Remets dans l'ordre les phrases suivantes.

1. On a bien ri quand il est entré dans la classe.
2. Comme il était très pressé, il a pris son masque de plongée à la place de ses lunettes et il a enfilé ses palmes.
3. Un matin, Flipo s'est réveillé en retard.

4. Place la phrase suivante dans le texte de l'exercice 3.

Car son réveil n'avait pas sonné.

5. Imagine ce qui se passe avant et ce qui se passera après ce dessin. Invente un texte de trois phrases au moins.

6. Choisis l'une des deux phrases et imagine ce qui s'est passé avant et ce qui se passera après. Ton texte doit comporter au moins trois phrases.

1. Il est tombé tout habillé dans le bassin.
2. Ses cheveux se sont mis à pousser. pousser...

La ponctuation (2)

Un soir, Marie va se coucher...

Marie prend son ours par la main et s'avance dans le couloir.
Elle ouvre la porte de sa chambre. Et là, sous le lit, elle n'en croit pas ses yeux... que voit-elle ?... un CROCODILE dont le regard étincelle dans l'obscurité. Marie claque la porte et court jusqu'à la chambre de ses parents.
« Je ne veux pas me coucher, il y a un crocodile sous mon lit. »

INGRID ET DIETER SCHUBERT,
Il y a un crocodile sous mon lit, Grasset.

1. **Relève tous les signes de ponctuation du texte** page 18.

2. **À quel endroit du texte Marie parle-t-elle ? À quoi le voit-on ?**

3. **Mets correctement les virgules qui manquent.**

1. Les crocodiles les girafes les hippopotames et les éléphants vivent en Afrique. On en trouve rarement sous son lit.
2. Avec ses écailles sa longue queue sa tête allongée et ses dents très pointues le crocodile ressemble à un gros lézard.
3. Les livres racontent souvent des histoires où les crocodiles sont gentils serviables gais et même souvent farceurs.
4. Mais les vrais crocodiles sont sournois cruels dangereux prêts à tout dévorer.

4. **Imagine une suite à l'histoire de Marie. Dans ton petit texte, mets en couleur les points et les virgules.**

Le verbe (2)

- Il **coupe** la branche.
- Il **a coupé** la branche.
- Il **coupera** la branche.

1. **Quel est l'infinitif des verbes en caractères gras ?**

2. **Dans quelle phrase pourrais-tu ajouter :**

- hier ?
- aujourd'hui ?
- demain ?

3. **Quelle est la phrase :**

- au passé ?
- au présent ?
- au futur ?

4. **Complète avec le sujet qui convient.**

je - tu - nous - vous - elles - on.

1. ... coupons
2. ... coupes
3. ... coupe
4. ... coupez
5. ... coupent
6. ... coupe

- **je, tu, il, elle, nous, vous, ils, elles** et **on indiquent les personnes de la conjugaison**.
- La **personne** et le **temps** font changer la **terminaison des verbes**.

EX : **Tu** coup**es** du bois.
Nous coup**ons** du bois.

5. **Cherche les terminaisons du verbe** couper **dans l'exercice 4.**

6. **Complète les phrases suivantes avec le verbe qui convient.**

joue - couperons - commencent - sont allés - avons fait.

1. Demain, nous ..... les fleurs fanées.
2. La semaine dernière, ils ..... à la fête foraine.
3. Le chat ..... avec une pelote de laine.
4. Les feuilles des arbres ..... à devenir rousses.
5. Dimanche, nous ..... une belle promenade.

7. **Place correctement les verbes de l'exercice 6 dans le tableau. Donne leur infinitif.**

passé	présent	futur

Graphies de [e]

Il a pris son élan, il a sauté, mais il est retombé sur les pavés. Quelle idée, quand on ne sait pas nager ! C'est dangereux pour la santé et on peut se casser le nez. N'essayez pas de l'imiter...

1. Lis le texte à haute voix, puis relève les mots dans lesquels tu entends le son [e].

EX : sauté

2. Encadre les lettres qui servent à transcrire le son [e] dans les mots que tu as relevés.

EX : saut[é]

3. Ajoute deux autres mots dans chaque colonne.

é	ée	er	ez
son **é**lan	une id**ée**	nag**er**	essay**ez**

4. Cherche l'intrus.

1. l'été - la fée - le blé - le café.
2. une poupée - une cheminée - la propreté - l'année.
3. le rocher - le clocher - le panier - la journée.
4. venez - assez - zéro - prenez.

5. Dans chaque série, cherche le mot dans lequel on n'entend pas le son [e].

1. le médecin - le père - le boucher - le général.
2. dernier - verser - un serpent - un prisonnier.
3. un escargot - un escalier - espérer - le départ.

6. Complète.

EX : le jour → la journée

1. le matin → la . . . . .
2. le soir → la . . . . .
3. le rang → la . . . . .
4. l'an → l'. . . . .

7. Cherche les noms de métier qui correspondent aux définitions suivantes. Ils se terminent tous par le son [e].

1. Il fabrique des gâteaux.
2. Il vend de la viande.
3. Il prépare les saucisses et le jambon.
4. Il fabrique des portes, des fenêtres, des placards...
5. Il remplace les vitres brisées.
6. On l'appelle pour une fuite d'eau.

8. Complète les mots avec la graphie du son [e] qui convient.

1. le n. . .
2. la f. . .
3. une dict. . .
4. le soup. . .
5. une h. . .lice
6. ass. . .
7. la sant. . .
8. le cloch. . .
9. le premi. . .
10. la gel. . .
11. r. . .par. . .
12. le d. . .jeun. . .

9. Complète les mots avec la graphie du son [e] qui convient.

1. parl. . . → vous parl. . .
2. écout. . . → vous écout. . .
3. tourn. . . → vous tourn. . .
4. se sauv. . . → vous vous sauv. . .
5. tomb. . . → vous tomb. . .
6. all. . . → vous all. . .

10. Complète les mots, puis cherche l'intrus dans chaque série.

1. la gel. . . - une bou. . . - la publicit. . . - l'arm. . . - la pens. . . .
2. la moiti. . . - la ros. . . - le pav. . . - un employ. . . - la rapidit. . . .
3. un offici. . . - un sangli. . . - l'étrang. . . - le berg. . . - la vall. . . .
4. la vérit. . . - la fum. . . - une girofl. . . - la travers. . . - une cuiller. . . .
5. le palmi. . . - une all. . . - le routi. . . - un marini. . . - un marronn. . . .

L'ordre alphabétique

1. Cherche les lettres qui ne sont pas à leur place.

1. b - c - d - e - g - f.
2. l - n - m - o - p - q.
3. r - s - u - t - v - w.

2. Cherche la lettre qui manque.

1. d - e - f - h - i.
2. j - k - l - n - o.
3. p - q - s - t - u.

3. Remets les lettres en ordre.

1. c - s - l - g - u.
2. t - i - c - m - b.
3. g - v - j - d - y.

4. Range les mots selon l'ordre alphabétique.

1. dessin - avion - fruit.
2. livre - crème - maison.
3. pilote - solide - dire.
4. fille - bruit - avril.

5. Range les mots selon l'ordre alphabétique.

1. carte - craie - casser.
2. enfant - élève - étonné.
3. lumière - laisser - léger.
4. détacher - dessus - date.

6. Même exercice.

1. marché - mardi - mari.
2. fouiller - fourchette - fourmi.
3. remuer - renseigner - renard.
4. coussin - course - cousin.

La ponctuation

1. Recopie le texte en plaçant les majuscules et les signes de ponctuation.

il était une fois un enfant qui posait des tas de questions il n'avait pas tort c'est très bien de poser des questions le seul ennui c'est qu'il n'était pas facile de répondre aux questions de cet enfant

2. Même exercice.

par exemple il demandait pourquoi les tiroirs ont-ils des tables les gens le regardaient puis à tout hasard répondaient les tiroirs servent à ranger les couverts
je le sais à quoi servent les tiroirs mais ce que je voudrais savoir c'est pourquoi les tiroirs ont des tables
les gens hochaient la tête et n'insistaient pas.

3. Imagine ce que les gens répondaient à ses questions.

1. « Pourquoi les queues ont-elles des poissons ?
— . . . . »
2. « Pourquoi les moustaches ont-elles des chats ?
— . . . . »
3. « Pourquoi les nuages ont-ils un ciel ?
— . . . . »
4. « Pourquoi les ailes ont-elles des oiseaux ?
— . . . . »

D'après Gianni Rodari,
Tous les soirs au téléphone,
Messidor/La Farandole.

Petit dictionnaire

1. Retrouve le dessin qui correspond à chacune des définitions suivantes :
   a. Être dans la lune.
   b. Avoir l'estomac dans les talons.
   c. Avoir une faim de loup.
   d. Avoir le cœur sur la main.

2. Connais-tu le sens des expressions de l'exercice 1 ?

3. Lis maintenant les expressions de la vie courante ci-dessous. Les définitions ont été mélangées. Retrouve celle qui correspond à chaque expression.

1. Prendre les jambes à son cou.
2. Ne pas avoir les yeux dans sa poche.
3. Tomber des nues.
4. Sauter du coq à l'âne.
5. Ne pas savoir où donner de la tête.
6. Avoir une mémoire d'éléphant.
7. Dormir comme un loir.

a. Être très attentif.
b. Avoir beaucoup de mémoire.
c. Dormir profondément.
d. Partir très vite en courant.
e. Être très étonné.
f. Passer brusquement d'une idée à l'autre.
g. Être très occupé.

JEUX

1. En ajoutant ou en remplaçant une lettre tu obtiens un autre mot.

EX : pain → pat**i**n
pièce → **n**ièce

glace - fille - fil - cane - vache - mouton - base - biche - poison.

2. Anagramme.
Combien de mots peux-tu faire avec les lettres de rame **?**

3. Charade.

Mon premier n'est pas intelligent.
Mon deuxième est un nombre.
Mon tout se mange avec des frites.

4. Combien de mots peux-tu faire avec ces lettres ?

H A T G R
N U E A

5. Rébus.

6. Rébus.
En cherchant la solution de ce rébus, tu trouveras un proverbe.

• À ton tour, invente un rébus pour illustrer la phrase suivante :
Il vaut mieux en rire qu'en pleurer.

Révisions

1. Réécris correctement les phrases suivantes.

1. Autruche être très contente partir.
2. La girafe le paysage à l'arrière de la voiture regarde.

2. Écris des phrases en employant les mots suivants.

1. étonnés - gens - voir - sont - passer - voiture.
2. autruche - plumes - a perdu - belles.
3. cou - risque - girafe - se casser.

3. Remets les phrases dans l'ordre.

1. Pour la transporter, il l'a mise sur le toit de sa voiture.
2. Alors on a entendu un grand bruit.
3. Un jour, mon oncle a trouvé une belle table chez un brocanteur.
4. Mais, en rentrant dans son garage, il l'a oubliée.

4. Mets correctement la ponctuation dans le texte suivant.

comme toutes les fermes de Suède la Pommeraie était construite en bois et on l'avait peinte d'un joli rouge elle était perchée sur la colline parmi les pommiers et les lilas autour d'elle s'étendaient des champs des prés des pâturages un lac et un grand bois tout aurait été calme à la Pommeraie sans la présence de Zozo.

ASTRID LINDGREN,
Zozo la tornade, Hachette.

5. Retrouve l'infinitif de chaque forme conjuguée.

j'attends •	• dire
elles conduisent •	• voir
vous choisissez •	• conduire
nous regarderons •	• attendre
vous dites •	• choisir
tu as vu •	• regarder

6. Remets les syllabes dans l'ordre et écris les mots que tu as trouvés.

1. di - cu - le - ri.
2. sant - a - mu.
3. tra - di - ex - or - nai - re.
4. qui - bre - li - é.

7. Remets les lettres dans l'ordre alphabétique.

1. b - s - g - t - a.
2. h - i - j - d - f.
3. v - t - u - s - r.
4. g - e - m - p - n.

8. Range les mots selon l'ordre alphabétique.

1. avoir - avion - assez.
2. pour - pouvoir - poussière.
3. savon - savoir - savonnette.
4. voiture - voisin - voilà.
5. malheureux - malade - malchanceux.
6. ramper - ramasser - ramener.

9. Complète les mots avec la graphie du son [e] qui convient.

1. le berg. . .
2. l'araign. . .
3. vous part. . .
4. une ann. . .
5. la gel. . .
6. un tabli. . .
7. lég. . .
8. l'arm. . . .

10. Trouve les syllabes qui manquent.

1. plai-. . .-ter.
2. pa-. . .-noi-re.
3. tran-. . .-le-. . . .
4. . . .-mi-. . .-tion.

11. Dictée ou autodictée.

Le crocodile est très long, avec des pattes très courtes. Avec ses grandes dents pointues, il peut faire très mal. Il nage dans les fleuves d'Afrique.

12. Qu'as-tu retenu ?

1. Cite tous les animaux de l'histoire *Des voisins trop bruyants.*
2. Comment surnomme-t-on Zozo ? Pourquoi ?
3. Que signifie : « **Avoir le cœur sur la main** » ?
4. À quoi servent les virgules ?

Chevaux et cavaliers

Tu hennis au bord du fleuve mouvant,
Tu fuis, tu bondis la crinière au vent

Charles Leconte de Lisle,
« La Cavale », *Les poèmes antiques.*

Tachi, le cheval sauvage

Baryut, un jeune Mongol, raconte comment il a découvert Tachi, le cheval sauvage.

Un jour, alors que je recherchais deux de nos chevaux égarés, m'enfonçant plus profondément qu'à l'ordinaire dans ces montagnes où personne jamais ne s'aventure, je vis deux chevaux étranges, à la robe* d'un brun rougeâtre. De taille plutôt petite — vous les appelleriez poneys —, ils étaient étendus près d'un poulain nouveau-né. Connaissant bien nos chevaux, je me rendis compte immédiatement qu'ils n'étaient pas ceux que je cherchais. Mais sachant depuis toujours qu'il importe d'être patient et silencieux quand on veut ramener des chevaux égarés, je mis pied à terre et attendis en observant. Je distinguais très nettement les deux animaux et vis que leur robe était différente et leur tête beaucoup plus grosse que celle de nos chevaux.

Je me rendis compte soudain que j'avais devant moi des chevaux sauvages — d'authentiques* chevaux sauvages de Mongolie, ceux que le monde entier croyait à jamais disparus.

Au comble de l'exaltation*, je parvins cependant à me tenir coi*. Je n'en croyais pas mes yeux. Il devait y en avoir d'autres quelque part, et je voulais voir où allaient se diriger les deux chevaux. Mais Beta*, ayant flairé leur odeur, devint soudain nerveux et inquiet comme s'il redoutait quelque chose. Mon père m'avait bien souvent dit qu'un étalon sauvage luttait contre tout ce qui était une menace pour lui et n'hésiterait pas à tuer un homme. Je compris pourquoi Beta était si nerveux.

« Du calme », lui dis-je tout bas. Mais c'était trop tard. Les deux chevaux s'étaient dressés et essayaient de persuader le poulain de se lever.

« Va-t'en ! » murmurai-je à Beta, d'un ton irrité, sachant qu'il n'irait pas loin, et désireux d'observer les chevaux. Le poulain nouveau-né semblait retenir leur attention. Ils attendaient qu'il se mette debout, mais à peine avait-il réussi à se lever que ses jambes faibles le trahissaient et qu'il s'écroulait.

Je ne bronchai pas. Ils piaffaient maintenant et donnaient de petits coups de sabots au poulain, tout en dressant nerveusement la tête vers le ciel. Puis l'un d'eux appela, de cet appel particulier des lèvres que nous nommons ici un « murmure d'herbe », et je vis s'avançant vers eux au galop un jeune étalon impétueux*. Il s'arrêta brusquement et regarda dans ma direction. Conscient de ma présence, il frappa le sol avec impatience en me menaçant. Les deux autres ayant réussi à aider le poulain à trouver son équilibre, ils s'enfuirent au galop.

C'est ainsi que m'apparut, pour la première fois, le jeune étalon sauvage que vous connaissez sous le nom de Tachi.

JAMES ALDRIDGE, *Le merveilleux cheval mongol,* Stock.

* *Robe :* pelage du cheval.
* *Authentiques :* vrais.
* *Exaltation :* grande joie.
* *Coi :* silencieux.
* *Beta* est le nom du cheval de Baryut.
* *Impétueux :* vif.

Les types de phrases (1)

1. Comment s'appelle le signe de ponctuation utilisé dans les bulles ?

2. Comment s'appellent les signes de ponctuation utilisés dans les phrases suivantes ?

1. Quel beau cheval !
2. Il a l'air fier et courageux.
3. Comment s'appelle-t-il ?

3. Lis les phrases ci-dessus à haute voix. Que remarques-tu ?

- La **phrase interrogative** se termine par un **point d'interrogation** (**?**). Elle sert à **poser une question**.

EX : Est-ce que Petit Tonnerre est un beau cheval **?**

- La **phrase exclamative** se termine par un **point d'exclamation** (**!**). Elle sert à montrer que l'on trouve quelque chose beau, laid, étonnant, effrayant, etc.

EX : Comme ce cheval est beau **!**

- Les **autres phrases** se terminent par un **point** (**.**).

EX : Petit Tonnerre est un beau cheval**.**

4. Relève trois phrases exclamatives dans un livre ou dans une bande dessinée. Recopie-les.

5. Relève trois phrases interrogatives dans un livre ou dans une bande dessinée. Recopie-les.

6. Transforme les phrases suivantes selon l'exemple.

EX : Ce cheval saute bien.
→ Comme ce cheval saute bien !

1. Les castors admirent Petit Tonnerre.
2. Yakari a l'air content.
3. Il est fier de son cheval.

7. Transforme les phrases de l'exercice 6 selon l'exemple.

EX : Ce cheval saute bien.
→ Est-ce que ce cheval saute bien ?

8. Transforme les phrases suivantes en phrases interrogatives et en phrases exclamatives.

1. Ce cheval a une belle crinière.
2. Il galope très vite.
3. Le cavalier est très élégant.
4. Il est fatigué de son voyage.

9. À partir du dessin ci-dessus, écris :

- une phrase qui se termine par **un point (.)**.
- une phrase qui se termine par **un point d'exclamation (!)**.
- une phrase qui se termine par **un point d'interrogation (?)**.

EX : Comment s'appelle le petit garçon qui monte Petit Tonnerre ?

La ponctuation (3)

1. Que manque-t-il dans le texte suivant ? Combien de phrases peux-tu faire ? Réécris correctement le texte suivant.

juste en ce moment, guillaume est en train de dessiner depuis que guillaume aime les chevaux, il dessine des chevaux

2. Que manque-t-il dans la phrase suivante ? Réécris-la correctement.

Soigneusement il crayonne la tête fière la longue et soyeuse crinière le corps puissant les jambes fines et rapides et la queue battante.

Les **virgules** servent à **séparer les groupes de mots** dans une phrase.
EX : Il dessine la tête, la crinière, le corps, les jambes et la queue du cheval.

3. Voici la suite de l'histoire. Mets la ponctuation et les majuscules nécessaires.

rien qu'en regardant le dessin on comprend combien Guillaume aime les chevaux soigneusement il choisit le bon pinceau parmi tous les autres ses coups de pinceau sont bien réguliers et pas trop forts sur le papier et il se concentre beaucoup en travaillant voilà il a fini et son cheval est bleu

D'après NATHAN KRAVETZ.

4. Relève tous les signes de ponctuation de la suite de l'histoire.

« Un cheval bleu ! pense Mlle Véronique.
— Un cheval bleu ! dit Valérie Rondau qui peint toujours des maisons et des fleurs.
— Un cheval bleu ! dit Arthur Nivelle, qui peint toujours des avions.
— Un cheval bleu ! disent les enfants. Qui a déjà vu un cheval comme ça ? »

D'après NATHAN KRAVETZ,
Un cheval d'une drôle de couleur,
Éditions Bias.

avoir et être (1)

1. À quel temps le verbe avoir **est-il conjugué dans la bulle ci-dessus ? À quelle personne ?**

2. Conjugue le verbe avoir **aux autres personnes du présent et emploie-les dans des phrases.**

3. Écris correctement le verbe être **dans les phrases suivantes. Aide-toi du tableau des conjugaisons** (page 282).

1. Il ... en mauvaise posture.
2. ...-tu content de lire cette histoire ?
3. Je ... impatiente de connaître la fin.

4. Mets les phrases de l'exercice 3 au pluriel.

EX : Ils ... en mauvaise posture.

5. Écris correctement les verbes avoir **et** être **dans les phrases suivantes.**

1. Un alezan ... un cheval brun.
2. Un cheval n'... pas des pattes, mais des jambes. Il n'... pas un pelage, mais une robe.
3. Les poneys ... des petits chevaux.
4. Les chevaux n'... pas une gueule, mais une bouche.

Des lettres qui ne se prononcent pas

1. Recopie les phrases suivantes et encadre les lettres qui ne se prononcent pas.

1. Lorsqu'il fait beau, les chevaux couchent dehors.
2. Les cavaliers se reposent quelques instants dans une cabane en bois.
3. Ils boivent du thé pour se réchauffer.

2. Cherche des mots dans lesquels une lettre ne se prononce pas :

- au début,
- au milieu,
- à la fin.

3. Classe les mots suivants dans le tableau selon que la lettre en gras se prononce ou ne se prononce pas.

1. blan**c** - le sa**c** - le bou**c** - du caoutchou**c** - le tron**c** - to**c** ! - le flan**c** - l'estoma**c** - le ba**c** - le la**c** - se**c**.
2. le ni**d** - le bor**d** - le su**d** - le pie**d** - un plai**d** - le nor**d** - un buvar**d**.
3. le poin**g** - le bour**g** - un zigza**g** - un gro**g** -un haren**g** - vin**g**t - le gan**g** - ban**g** ! - le doi**g**t.
4. avri**l** - genti**l** - du fi**l** - le fi**l**s - subti**l** - le cheni**l** - le sourci**l** - un outi**l**.
5. le tem**p**s - scul**p**ter - se**p**t - le dom**p**teur - beaucou**p** - tro**p** - ram**p**er - cam**p**er - com**p**ter - ho**p** ! - le cam**p**.

	la lettre se prononce	la lettre ne se prononce pas
c		
d		
g		
l		
p		

4. Pour trouver la lettre qui manque, aide-toi des mots suivants :

passer - trotter - couper - la lenteur - le dossier - le débutant - sanguin - lourde - partir - parfaitement - grosse - fusiller.

1. le débu. . .
2. un dépar. . .
3. le do. . .
4. le tro. . .
5. un pa. . .
6. du san. . .
7. un cou. . .
8. un fusi. . .
9. lour. . .
10. gro. . .
11. len. . .
12. parfai. . .

5. Complète les mots.

1. du taba. . .
2. un r. . .ume
3. une den. . .
4. une . . .irondelle
5. ca. . .oter
6. un ra. . .
7. mieu. . .
8. une par. . .
9. le ne. . .
10. fatig. . .é
11. du persi. . .
12. vieu. . .

6. Même exercice.

1. un fran. . .
2. le talu. . .
3. un placar. . .
4. le dra. . .
5. un étan. . .
6. le choi. . .
7. un vé. . .icule
8. une noi. . .
9. mal. . .eureux
10. le cor. . .

7. À partir de chacun des mots suivants trouve d'autres mots, soit en changeant la dernière lettre, soit en ajoutant une lettre.

EX : no**n** → (le) no**m** (lettre changée)
do → (le) do**s** (lettre ajoutée)

1. (le) port →
2. (le) pont →
3. (il) mord →
4. soi →
5. bon →

Autour d'un mot : cheval

1. Il y a un intrus dans chaque liste de mots. Trouve-le.

1. cheval - chevalier - chevelu - chevaucher.
2. cavalier - caverne - cavalerie.

2. Remplace les pointillés par l'un des mots suivants :

chevalier - cavalier - chevaucher - se chevaucher.

1. Nous sommes fatigués car nous avons dû ..... toute la journée pour arriver avant la nuit au refuge.
2. Le ..... était un noble qui avait juré d'être brave et généreux.
3. Le texte est difficile à lire parce que les lignes ......
4. Ce jeune homme monte très bien à cheval, c'est un excellent ......

3. Choisis à chaque fois la bonne réponse.

1. **Être à cheval sur une branche,** c'est :
   - Avoir une jambe de chaque côté de la branche.
   - Être debout sur la branche.
2. **Les vacances sont à cheval sur deux semaines,** cela veut dire que :
   - Elles durent deux semaines complètes.
   - Elles commencent pendant une semaine et elles finissent pendant la suivante.

4. Choisis la bonne réponse.

1. **Une fièvre de cheval,** c'est :
   - une fièvre normale.
   - une très forte fièvre.
   - une maladie des chevaux.
2. **Un remède de cheval,** c'est :
   - un remède destiné aux chevaux.
   - un remède à base de plantes.
   - un remède très énergique.

Reconstitution de texte

Blanco, le cheval d'un colonel, s'ennuie dans la caserne. Il décide de devenir un cheval à bascule.

Ce soir-là, il se coucha sans avoir l'air de rien. Mais lorsque la caserne fut silencieuse et tout le monde endormi, il se releva, quitta son écurie, traversa la cour jusqu'à l'atelier de peinture, là où les soldats repeignent leurs bancs, leurs tables. Il trempa sa queue dans un pot de couleur. Et vlan ! un coup à droite, un coup à gauche, il fit sauter sur lui mille petites gouttes bleues. Un autre pot : mille petites gouttes jaunes. Il pensa, tout fier :
« Je voudrais me voir dans une glace ! »
Au milieu de la cour, il y avait un grand camion découvert.
« Voilà ma planche avec des roulettes », se dit-il.

CLAUDE AVELINE, *De quoi encore ?*

1. Lis le texte silencieusement.

2. Pourquoi Blanco veut-il être comme les jouets ? Qui veut-il imiter ? Que lui manque-t-il ?

3. Dans le passage en caractères gras :

- relève tout ce qui indique le moment où il se transforme ;
- relève les verbes.

4. Reconstitue le passage en caractères gras.

Le cheval

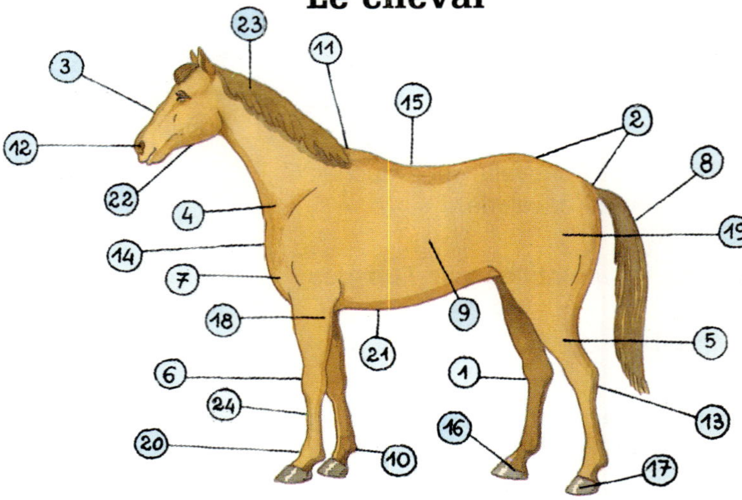

1. Retrouve les différentes parties du cheval sur le dessin.

EX : 1 → jarret

(17) sabot - (20) boulet - (5) jambe - (8) queue - (3) chanfrein - (21) ventre - (6) genou - (15) dos - (13) tendon d'Achille - (12) naseau - (23) crinière - (9) flanc - (22) ganache - (10) fanon -(1) jarret - (19) cuisse - (18) coude - (11) garrot - (7) bras - (24) canon - (4) épaule - (2) croupe - (14) poitrail - (16) couronne.

2. Cherche sur le dessin du cheval :

le garrot - le naseau - la ganache - le fanon - la couronne.

3. Cherche sur le dessin du cheval :

- les parties du corps dont le nom commence par **g** ;
- les parties du corps dont le nom se termine par **on**.

4. Donne le nom des différentes parties de la tête indiquées sur le dessin.

5. Dans chacune des colonnes, trouve le mot qui ne désigne pas une partie du cheval.

jambe	genou	croupe	sabot
dos	boulet	jarret	couronne
crinière	naseau	poitrail	cuisse
jarret	crinière	poignet	dos
bras	ganache	ventre	portail
cuisse	fanon	genou	jarret
bague	croupe	chanfrein	bras
flanc	aile	canon	croupe
jambe	couronne	épaule	boulet
sabot	queue	coude	naseau

COMPLAINTE DU PETIT CHEVAL BLANC

Le petit cheval dans le mauvais temps, qu'il avait donc du courage ! C'était un petit cheval blanc, tous derrière et lui devant.

Il n'y avait jamais de beau temps dans ce pauvre paysage. Il n'y avait jamais de printemps, ni derrière ni devant.

Mais toujours il était content, menant les gars du village, à travers la pluie noire des champs, tous derrière et lui devant.

Sa voiture allait poursuivant sa belle petite queue sauvage. C'est alors qu'il était content, eux derrière et lui devant.

Mais un jour, dans le mauvais temps, un jour qu'il était si sage, il est mort par un éclair blanc, tous derrière et lui devant.

Il est mort sans voir le beau temps, qu'il avait donc du courage ! Il est mort sans voir le printemps ni derrière ni devant.

PAUL FORT, « Cantilènes et Ballades », *Ballades françaises*, Flammarion.

LES AMIS D'ENFANCE

Je me souviens du grand cheval
Qui promenait tête et crinière
Comme une grappe de lumière
Dans la nuit du pays natal.

Qui me dira mon chien inquiet,
Ses coups de patte dans la porte,
Lui qui prenait pour un gibier
Le tourbillon de feuilles mortes.

Maintenant que j'habite en ville
Un paysage sans jardins,
Je songe à ces anciens matins
Tout parfumés de marguerites.

RENÉ-GUY CADOU, *Les amis d'enfance*, Seghers.

Le cheval blanc de Suho

Suho, petit berger de Mongolie, a trouvé Tchagan Morin, un petit poulain tout blanc qui a grandi et qui est devenu son ami. Un jour, le seigneur du lieu organise une grande course de chevaux. Il donnera sa fille en mariage à celui qui gagnera. Suho gagne. Mais le seigneur oublie sa promesse et renvoie le petit berger chez lui, en gardant son cheval.
Suho est désespéré. Pourtant, Tchagan Morin n'a pas oublié son maître. Et un jour, il réussit à s'échapper.

Le soir même, quand Suho s'apprêta à se coucher, il entendit un bruit dehors.

« Qui est là ? » demanda-t-il, mais pour toute réponse, il ne perçut qu'un bruit de galop. Sa grand-mère sortit voir ce qui se passait. Aussitôt, elle s'écria :

« C'est Tchagan Morin ! C'est Tchagan Morin ! »

Suho se leva d'un bond. Oui ! C'était bien Tchagan Morin. Son corps criblé de flèches était dégoulinant de sang et de sueur.

Le jeune cheval blanc, galopant, galopant, galopant sans s'arrêter malgré ses affreuses blessures, était revenu auprès de son cher Suho.

Suho, serrant les dents pour dominer son chagrin, retira une à une les flèches plantées dans le dos de son cheval. Le sang coulait à flot des blessures.

« Tchagan Morin ! Mon Tchagan Morin ! Ne meurs pas ! »

Mais Tchagan Morin était à bout de force. Son souffle devenait de plus en plus court, et ses yeux perdaient leur éclat.

Le lendemain, Tchagan Morin était mort.

De chagrin et de dépit, Suho perdit le sommeil. Une nuit, alors qu'il s'était assoupi de fatigue, il vit Tchagan Morin en rêve. Tandis qu'il le caressait, son cheval se serra contre lui et se mit à lui parler :

« Ne sois pas si triste ! Avec mes os, mon cuir, mes tendons et mes crins, tu vas fabriquer un instrument de musique. Ainsi, je serai toujours auprès de toi, et je te consolerai... » [...]

Et Suho fait ce que Tchagan Morin lui a dit.

Suho avait l'impression que son cheval blanc était toujours à côté de lui. Dans ces moments-là, il tirait de sa viole* des notes de plus en plus belles qui remuaient le cœur de tous ceux qui les entendaient. [...]

Le cheval blanc de Suho,
Conte populaire mongol, raconté par Yûzô Ôtsuka, Garnier.

* *viole :* instrument de musique à cordes.

Les types de phrases (2)

1. Relève, dans les bulles, tous les signes de ponctuation que tu connais.

2. Relève, dans les bulles, une phrase interrogative et une phrase exclamative.

3. Lis le texte des bulles à haute voix.

4. Observe la dernière phrase de Petit Tonnerre : « Monte ! » **Qu'a-t-elle de particulier ? Que dirait-il s'il parlait à plusieurs personnes ?**

> • Pour donner un **ordre** ou un **conseil**, on utilise une phrase à l'**impératif**.
> EX : monte - montons - montez.
> • L'**impératif** est souvent suivi d'un **point d'exclamation** (**!**).

5. Transforme les phrases suivantes selon l'exemple.

EX : Il faut que tu rentres. → **Rentre !**

1. Il faut que nous rentrions.
2. Il faut que vous rentriez.
3. Il faut que tu regardes bien.

6. Transforme les phrases suivantes en phrases à l'impératif.

1. Tu ne dois pas parler fort.
2. Il ne faut pas rester derrière le cheval.
3. Il est interdit de fumer.

7. Ponctue correctement les phrases suivantes.

1. Approche-toi doucement
2. Connais-tu le secret de Petit Tonnerre
3. Comme Yakari est triste
4. Ne fais pas de bruit

La ponctuation (4)

Le père Jules ne veut pas tuer son cheval Barnabé avant de partir en retraite. Il voudrait le vendre à son ami Gustave.

Gustave est bien embarrassé. Il pense : **«** Nous y voilà ! Il veut me vendre son cheval. Mais je ne peux pas l'acheter, non je ne peux pas... **»**

JEAN-PAUL NOZIÈRE, « Un cheval à l'école », *J'aime lire n° 86*, Bayard-Presse.

1. Observe le texte ci-contre et lis-le à haute voix. A quoi servent les signes « » **?**

> Quand on fait parler un personnage, on écrit ce qu'il dit **entre guillemets**.
> EX : Le père Jules demande **:**
> **«** Qui veut acheter mon cheval ? **»**

2. Transforme le texte ci-contre en bande dessinée.

3. Complète avec les signes de ponctuation qui manquent.

EX : Le père Jules dit je vais vendre Barnabé
→ Le père Jules dit **:** « Je vais vendre Barnabé**.** »

1. Il raconte partout c'est un cheval très doux et très affectueux
2. Il ajoute je ne peux pas tuer un aussi bon cheval
3. Il pense je vais être très triste quand je vais le quitter
4. Il se dit aussi je suis trop vieux et je dois aller chez ma fille à la ville

4. Relis le texte de l'exercice 4, ORTHOGRAPHE 1, page 29. **À quoi servent les tirets ?**

5. Regarde dans un livre comment sont présentés les dialogues entre les personnages.

6. Arrivé à la ville, le père Jules parle de Barnabé à sa petite-fille. Imagine le dialogue entre la fillette et son grand-père.

7. Transforme le dialogue entre Yakari et son cheval dans le deuxième dessin (page 36)**, selon l'exemple.**

EX : Yakari, demande :
« Pourquoi ? Et pourquoi ne m'avoir rien dit ?
— C'est un secret, Yakari ! » répond Petit Tonnerre.

CONJUGAISON 2

avoir et être (2)

Quand je **serai** grand, j'**aurai** un cheval comme celui-là.

1. La phrase raconte-t-elle un événement passé, présent ou futur ?

2. Donne l'infinitif des deux verbes en caractères gras. À quel temps sont-ils conjugués ? À quelle personne ?

3. Retrouve le sujet de chaque verbe.

vous •	• sera
tu •	• aurons
elle •	• serez
nous •	• auras

4. Conjugue les verbes de la phrase à toutes les personnes du futur.

Quand (être) grand, (avoir) un cheval comme celui-là.

5. Mets les verbes entre parenthèses au futur.

1. (Être)-vous là demain ?
2. (Avoir)-nous le temps de visiter les écuries ?
3. (Avoir)-ils peur ?
4. Je (être) là quand tu (arriver).

6. Emploie serons **et** seront **dans deux phrases de ton invention.**

7. Même exercice que l'exercice 6 avec aurai **et** aurez.

8. Emploie les verbes suivants dans des phrases.

1. **avoir** (présent de l'indicatif, 2e personne du singulier)
2. **être** (futur, 1re personne du singulier)
3. **avoir** (futur, 1re personne du pluriel)
4. **être** (présent, 2e personne du singulier)
5. **avoir** (présent, 1re personne du singulier)

Graphies de [ɛ]

Ces deux cavaliers qui peinent sous le soleil vivaient en Espagne. Don Quichotte, le maigre, monté sur une pauvre bête, était le maître. Sancho Pança, le gros, était son fidèle serviteur, mais n'avait qu'un mulet. Ils ne se quittaient jamais. Ils se battaient dans la plaine contre de terribles ennemis : les moulins à vent !

1. Lis le texte silencieusement, puis à haute voix.

2. Relève tous les mots dans lesquels tu entends le son [ɛ].

EX : fidèle

3. Encadre la lettre ou les lettres qui servent à transcrire le son [ɛ] dans les mots que tu as relevés.

EX : fid[è]le

4. Combien as-tu trouvé de façons de transcrire le son [ɛ] ? Lesquelles ?

5. Pour chaque façon de transcrire le son [ɛ], trouve deux autres mots de ton choix.

EX : fid[è]le → ch[è]vre

6. Cherche l'intrus.

1. fête - bête - cette - bête - hêtre - pêche.
2. neige - beige - peine - laine - treize -peigne.
3. siège - colère - mèche - lèvre - école - achète.
4. paire - liane - balai - laine - douzaine - semaine.

7. Ajoute les accents comme il convient.

1. une cuillere
2. une arete
3. le poete
4. la planete
5. il gele
6. la sirene
7. le progres
8. la grele
9. la chevre
10. la poele

8. Choisis le mot qui convient

1. Le { chaîne / chêne } est un très grand arbre.
2. { Cher / Chère / Chair } maman, je pense à toi.
3. Avant de manger sa pomme, il { l'appelle / la pelle / la pèle }
4. J'aime beaucoup { l'air / l'aire } de la campagne.
5. Le { mer / maire } a fait un discours.

9. Complète ces mots avec la graphie du son [ɛ] qui convient.

1. f. . .re
2. conn. . .tre
3. la l. . .ttre
4. une bal. . .ne
5. une m. . .che
6. un r. . .ve
7. la fen. . .tre
8. la ch. . .se

10. On peut transcrire le son [ɛ] de différentes façons. Emploie chacun des mots trouvés dans une phrase.

1. p. . .re
2. t. . .re
3. m. . .s
4. s. . .s
5. m. . .tre
6. r. . .ne

Chercher un mot dans le dictionnaire

1. Indique si :

1. **cheval** est avant ou après **chercher**.
2. **cavalier** est avant ou après **cauchemar**.
3. **poulain** est avant ou après **poulet**.
4. **selle** est avant ou après **sel**.

2. Donne un mot venant avant et un autre venant après :

monter - tirer - sauter - brouter - courir.

3. Trouve un mot pouvant être placé, selon l'ordre alphabétique, entre les deux mots donnés.

1. gambader ____________ garçon.
2. nord ____________ nourrir.
3. printemps ____________ problème.

4. Range les mots de chaque série selon l'ordre alphabétique.

1. doigt - domestique - docteur - dix - dominer.
2. gomme - gorille - gonfler - gosse - gorge.
3. partir - participer - partie - parti - particulier.
4. ranger - ranch - rapidité - rang - rappel.

5. Indique où se trouve chacun des mots suivants dans le dictionnaire.

cheval - selle - monter - lourd - victoire - devant - hue !

au début	au milieu	à la fin

6. Cherche dans le dictionnaire les mots suivants :

cavalier - étendard - ongle - bride - trot.

7. Cherche dans le dictionnaire les mots suivants :

dentaire - finesse - ouverture - perdant - vainqueur.

De l'oral à l'écrit

1. Imagine ce qu'a bien pu voir le cavalier indien.

2. Fais parler les personnages en français.

3. Raconte l'histoire oralement.

4. Raconte l'histoire par écrit. Attention aux majuscules et à la ponctuation !

Chevaux

Un merveilleux serviteur

D'abord, nos tout premiers ancêtres ont chassé le cheval comme un gibier. Puis, ils ont compris quel serviteur merveilleux il était. Il pouvait les transporter, eux et leurs marchandises, sur de grandes distances. Bien sûr, ils ont commencé par le monter sans selle.

Le cheval est aussi un moyen de conquêtes. C'est bel et bien grâce à leurs petits chevaux très robustes que les Barbares, venus d'Asie centrale, remportent au IVe siècle après Jésus-Christ leurs victoires sur les Romains. Rappelle-toi Attila et ses hordes de Huns déferlant sur la Gaule.

En plein Moyen Âge, le cheval est utilisé tant sur les routes et à la ferme que sur les champs de bataille, où il plie sous le poids des seigneurs en armure. C'est à partir de cette époque que l'on commence à voir apparaître des attelages perfectionnés. On vient d'inventer les fers à clous (Xe siècle) et le collier muni d'attelles qui permet au cheval de tirer de lourdes charges sans s'étrangler.

CL. CHABAULT,
Premiers regards sur... le cheval, Fleurus.

Aujourd'hui...

Aujourd'hui, on élève des centaines de races différentes, chevaux de course, chevaux de selle, de saut, mais aussi chevaux de trait* et de travail. En fait, dans beaucoup de pays, dans les régions sans routes ou dans les grandes plaines américaines, australiennes ou asiatiques, ainsi qu'en de nombreux endroits d'Europe, le cheval est toujours irremplaçable, et il y a encore près de soixante millions de chevaux dans le monde. [...]

PIERO VENTURA,
L'homme et le cheval, Fernand Nathan.

* *Chevaux de trait :* chevaux qui tirent des voitures, des charrettes...

1. Nos ancêtres ont-ils tout de suite pensé à monter sur le dos des chevaux ? Pourquoi ?
2. Combien y a-t-il de chevaux dans le monde actuellement ? À quoi servent-ils ?
3. Fais la liste de toutes les utilisations du cheval depuis le début de notre Histoire.
4. **Recherches.**
   - Qui était Attila ?
   - Quand commence le Moyen Âge ? Quand finit-il ?
   - Cherche d'autres utilisations du cheval qui ne sont pas citées dans ce texte.

JEUX

1. Comptine.

Faute de clou de sabot,
le sabot est perdu,
Et faute de sabot,
le cheval est perdu,
Faute de cheval,
le cavalier est perdu,
Faute de cavalier,
la bataille est perdue,
Faute de bataille,
le royaume est perdu,
Faute de clou de sabot,
tout cela est perdu.

D'après la traduction de Henri Parisot,
73 comptines et chansons, Nursery rhymes,
Aubier.

- **Lis la comptine.**
- **À ton tour invente une comptine avec un autre mot de ton choix.**

2. À lire.

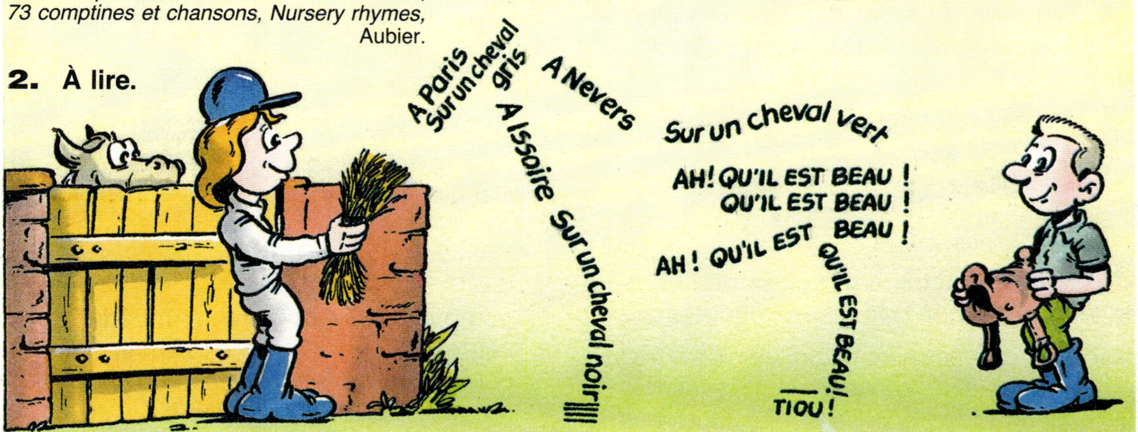

MAX JACOB, *Les œuvres burlesques et mystiques de Frère Matorel*, Gallimard.

3. À ton tour, choisis un animal, écris quelques phrases et dessine-le.

4. Remplis la grille.

Horizontalement
1. Le lion en porte aussi une.

Verticalement
A. Il est sur son cheval.
B. Petit du cheval.
C. Petit cheval.

Révisions

1. Transforme les phrases suivantes en phrases interrogatives, puis en phrases exclamatives.

1. Ce poney est calme.
2. Le manège est grand.
3. Le professeur est gentil.

2. Transforme les phrases suivantes en phrases à l'impératif.

1. Tu m'emmènes au poney-club.
2. Vous regardez de ce côté.
3. Nous partons tout de suite.

3. Retrouve le sujet de chaque verbe et emploie chacun de ces verbes dans une phrase.

EX : j'ai → J'ai de la chance.

j' •	• es
elle •	• ai
tu •	• est

4. Mets correctement la ponctuation dans le texte. N'oublie pas les majuscules.

hier nous sommes allés au poney-club qui s'est ouvert non loin de notre école nous avons visité le manège et les écuries le directeur nous a expliqué ce qu'il fallait faire pour garder les poneys en bonne santé après nous avons tous fait plusieurs tours de manège sur les animaux quelle bonne journée

5. Ponctue correctement les phrases suivantes.

1. Est-ce que tu viens avec moi
2. Quel beau troupeau
3. Nous reviendrons demain
4. Comme il y a du monde

6. Ponctue correctement les phrases du dialogue suivant :

« Quand es-tu allé au poney-club
— Hier après-midi avec toute la classe
— Est-ce que tu as pu monter sur un poney
— Oui, tout le monde a pu faire plusieurs tours de manège
— Comme tu as de la chance »

7. Trouve la dernière lettre des mots.

1. troi. . .
2. du lai. . .
3. un chan. . .
4. droi. . .
5. for. . .
6. une gru. . .
7. un po. . .
8. le galo. . .
9. le tro. . .
10. la ru. . .

8. Complète les mots avec les lettres qui servent à transcrire le son [ɛ].

1. la f. . .te
2. ma m. . .re
3. le m. . .re
4. la n. . .ge
5. la cr. . .me
6. la l. . .ne
7. la S. . .ne
8. un pon. . .
9. une gr. . .ne
10. le ch. . .ne
11. une p. . .re
12. la cr. . .e

9. Écris tous les mots de la famille de cheval **que tu connais.**

10. Indique si :

1. **galop** est avant ou après **gambader**
2. **sauter** est avant ou après **sauver**
3. **écurie** est avant ou après **écureuil**
4. **soigner** est avant ou après **soin**
5. **sabot** est avant ou après **sac**

11. Cherche dans le dictionnaire les mots suivants :

hennir - ruer - vétérinaire.

12. Dictée ou autodictée.

Le chevalier porte un casque, une armure, une lance, une épée et un bouclier. Il voyage à travers le pays, d'un château à l'autre. Il protège ceux qui ne sont pas assez forts pour se défendre.

13. Qu'as-tu retenu ?

1. À quoi servent les guillemets ?
2. Qu'est-ce qu'un **cavalier** ? Qu'est-ce qu'un **chevalier** ?
3. Comment appelle-t-on le petit du cheval ? Comment appelle-t-on sa mère ?
4. Qu'est-ce que la robe du cheval ?

Roulons, roulez

En sortant de l'école
Nous avons rencontré
Un grand chemin de fer
Qui nous a emmenés
Tout autour de la terre,
Dans un wagon doré...

JACQUES PRÉVERT,
Histoires, Gallimard.

Boule de gomme encore en panne

Boule de gomme, une voiture très vieille mais très belle, est en panne. Son propriétaire, Monsieur Chateauvieux, demande l'aide de Monsieur Lebœuf et de ses chevaux.

On attela les chevaux à Boule de gomme. Floc et Vlan étaient très forts, et ils partirent d'un bon petit trot. Le moteur toussa et se mit en route. Mais, en détachant ses chevaux, M. Lebœuf avait l'air très ennuyé.

« Bon ça marche, mais moi j'ai perdu mes lampes de cuivre, elles ne peuvent pas être loin. »

M. Chateauvieux était bien ennuyé lui aussi, mais il était pressé de retrouver les enfants. Aussi il remercia M. Lebœuf. Il chercha sa trompe pour prévenir qu'il allait démarrer mais elle n'était pas là, elle restait introuvable ! Il y avait un voleur par ici... Farfouille* ! Il l'a sûrement volée.

« Je sais qui est le voleur qui vous a barboté vos lampes, cria-t-il, il a un camion violet. »

M. Lebœuf sauta dans Boule de gomme.

« Courons-lui après, sapristi ! » jura-t-il. Et ils partirent.

Le camion violet n'était pas très loin et ils se lancèrent à sa poursuite. Mais, à un tournant, ils furent arrêtés par la plus belle voiture du monde. Le colonel Hubert de la Feuillerée avait l'air désolé :

« La statue d'argent de mon radiateur a disparu, avez-vous un voleur par ici ?

— Oui, dit M. Chateauvieux, et nous sommes à sa poursuite. »

Le colonel sauta dans sa Rolls-Royce « Fantôme d'Argent ».

« Courons-lui après, ventre bleu ! » ordonna-t-il.

Et soudain, ils virent le camion violet. Boule de gomme le rattrapa en vitesse. Farfouille eut peur, il arrêta son camion, sauta de son siège et courut dans un champ.

Mais là, il y avait Balthazar, le taureau, qui fonça sur Farfouille ! Alors, Horace* courut après le taureau et M. Chateauvieux courut après Horace, et tous coururent les uns après les autres.

Farfouille étant le plus rapide, il bondit dans son camion et s'enfuit. Balthazar piqua lui aussi une course, sauta la barrière, et atterrit sur le siège arrière de Boule de gomme et là, il s'enfonça... Et le moteur de Boule de gomme s'arrêta !

« Poussez ! Poussez ! » criait M. Chateauvieux, tout excité.

Ils n'eurent pas le temps de sortir Balthazar de Boule de gomme, ça n'avait d'ailleurs aucune importance, il se trouvait très bien comme ça. Et les autres poussèrent Boule de gomme jusqu'à ce que son moteur reparte.

« Mais où est passé Horace ?

— Je l'ai vu bondir dans le camion à la poursuite du voleur, dit M. Lebœuf.

— Courons-lui après, nom d'une pipe ! » grommela M. Chateauvieux en démarrant.

C'était la deuxième fois que Boule de gomme tombait en panne. [...]

VAL BIRO, *Boule de gomme encore en panne*, Bias.

* *Farfouille* est un ferrailleur que vient de rencontrer M. Chateauvieux. Il possède un camion violet.
* Horace est le chien de M. Chateauvieux.

La phrase négative (1)

Ces automobilistes **ne** sont **pas** très prudents.

1. Réponds par oui **ou par** non **aux questions suivantes :**

EX : Sont-ils prudents ?
→ **Oui,** ils sont prudents.
→ **Non,** ils **ne** sont **pas** prudents.

1. Sait-elle conduire une voiture ?
2. Avez-vous déjà voyagé en T.G.V. ?
3. Aimerais-tu te promener en calèche ?
4. A-t-il pris le métro ?

- **Phrase affirmative** :
  On peut passer.
- **Phrase négative** :
  On ne peut pas passer.
- On dit que **ne** . . . **pas** est une **négation**.

2. Quelles sont les phrases négatives ?

1. La voiture roulait vite.
2. La voiture roulait lentement.
3. La voiture ne roulait pas vite.
4. La voiture a accéléré brusquement.
5. La voiture ne s'est pas arrêtée.

3. Dans l'exercice 2, il y a deux phrases qui veulent dire la même chose. Trouve-les.

4. Écris une phrase pour expliquer ce que veulent dire ces panneaux. Emploie ne . . . pas.

5. Transforme les phrases suivantes en phrases négatives.

1. Il sait faire de la bicyclette.
2. Le train s'arrête dans toutes les gares : c'est un omnibus.
3. Il y a un car en fin d'après-midi.
4. La micheline circule tous les jours.
5. J'ai trouvé l'horaire des trains.

Les accents (1)

Cette machine s'appelle un vélocipède. Elle a été inventée au XIXe siècle.

1. Dans les phrases ci-dessus, relève les mots qui portent un accent et recopie-les.

2. Lis à haute voix les mots de l'exercice 1. À quel son correspond chaque accent ?

- L'**accent aigu** se place sur le **e** pour transcrire **le son** [e].
  EX : un v**é**lo - le bl**é**
- L'**accent grave** se place sur le **e** pour transcrire **le son** [ɛ].
  EX : un si**è**cle - un si**è**ge

3. Recopie les phrases suivantes en mettant les accents qui manquent.

1. Depuis 1903, le Tour de France se deroule chaque annee pendant l'ete.
2. Poulidor etait toujours deuxieme, mais il est reste tres celebre.
3. Aujourd'hui, les velos sont legers et rapides. On peut parcourir plusieurs dizaines de kilometres en une seule journee.

4. Un seul de ces mots ne s'écrit pas avec un accent aigu. Lequel ?

depart - etape - equipe - poignee - colere.

5. Un seul de ces mots ne s'écrit pas avec un accent grave. Lequel ?

progres - caleche - montee - arriere - modele.

6. Les mots suivants ne prennent aucun accent et ils ont tous un autre point commun. Lequel ?

descente - lettre - selle - veste - perdre.

7. Quelle différence y a-t-il entre les mots suivants ? Emploie-les dans des phrases.

1. porte - porté
2. ferme - fermé
3. laisse - laissé
4. place - placé

8. Cherche un mot où l'accent grave se trouve sur un a **et emploie-le dans une phrase.**

9. Cherche : un mot qui a **deux accents aigus** ; un mot qui a **un accent aigu** et **un accent grave**.

Le présent (1)

1. Quelles sont les phrases :

- au passé ?
- au présent ?
- au futur ?

1. Au XVIIIe siècle, on appelait **vinaigrette** une voiture à une place, tirée par un homme. On s'en servait surtout en ville.
2. Le record de vitesse sur rail a été battu en 1981 par un T.G.V. qui a roulé à 380 km/h.
3. Un jour, peut-être, les trains iront deux ou trois fois plus vite qu'aujourd'hui.
4. On ne voit plus de locomotive à vapeur.
5. De nos jours, les trains sont rapides et confortables.

2. À quels temps les verbes des phrases de l'exercice précédent sont-ils conjugués ?

3. Conjugue le verbe rouler **à toutes les personnes du présent de l'indicatif.**

- Les **verbes** en **-er** sont les verbes du **1er groupe**.
- **Présent** du verbe **passer**

je passe	**nous** pass**ons**
tu pass**es**	**vous** pass**ez**
il (**elle**) passe	**ils** (**elles**) pass**ent**

4. Trouve un sujet possible pour les verbes suivants.

1. ... passe tous les jours vers 8 heures.
2. ... n'existent plus.
3. ... regardes le paysage.
4. ... collectionne les photos de vieux trains.

5. Mets les verbes entre parenthèses au présent de l'indicatif.

1. Le Transsibérien (aller) de Moscou à Vladivostok.
2. Ces deux villes (être) éloignées de presque 10 000 kilomètres.
3. Le voyage (durer) une semaine.
4. Les voyageurs (occuper) des cabines très confortables.

Le e muet

Quand Monsieur Durand s'éveilla, ses voisins dormaient toujours. Il mit les gaz. Puis, il roula dans son lit jusqu'au **carrefour**. Déjà, beaucoup de gens se hâtaient vers leur travail par la **rue principale** : la plupart d'**entre** eux étaient très pressés. Quand ils virent cet objet **étrange** qui gênait la circulation, ils commencèrent à l'invectiver et à klaxonner. Monsieur Durand se contenta de **sourire,** lança l'**hélice** et s'éleva dans les airs pour **une petite promenade** au-dessus des toits.

ACHIM BRÖGER ET GISELA KALOW,
Le merveilleux lit volant,
K. Thienemanns/Casterman, adaptation française.

1. Lis le texte à haute voix. (Il faut prendre en compte les prononciations régionales.)

2. Classe les mots du texte écrits en caractères gras dans le tableau suivant. Que remarques-tu ?

tu entends [ə]	tu n'entends pas [ə]

3. Classe ces mots dans le tableau précédent.

premier - cheval - carte - cabane - gare - demander - dehors - tirelire - sûreté - prenez - parce que - bizarre.

4. Cherche l'intrus.

1. la boue - la voie - l'abri - la tortue.
2. l'air - l'épi - le sol - le génie.
3. dehors - gaiement - un grelot - la demeure.
4. le paiement - le nettoiement - la prairie - un aboiement.

5. Indique si les lettres encadrées se prononcent ou pas.

1. N'oubli[e] pas qu[e] d[e]main tu d[e]vras te l[e]ver d[e] bonn[e] heur[e] !
2. N[e] rest[e] pas d[e]bout, tu peux t'ass[e]oir !
3. La v[e]dett[e] est enfin d[e] r[e]tour au port.
4. La plui[e] m[e]nace.

6. Écris les mots avec ou sans e **comme il convient.**

1. une gru(e)
2. le gaz(e)
3. le col(e)
4. le mal(e)
5. la fil(e)
6. un sou(e)
7. du fil(e)
8. la mi(e)
9. la rou(e)
10. la cal(e)
11. la vu(e)
12. une cari(e)

7. Complète les mots entre parenthèses avec un e **final si nécessaire. Réfléchis bien.**

1. Le lit roule un moment, puis (vol) au-dessus des toits.
2. Les passants parlent tous du (vol) d'un lit au-dessus des toits.
3. Le ciel est (clair) et (pur).
4. La nuit est (clair) et (pur).

8. Choisis le mot qui convient. Aide-toi du dictionnaire.

1. Attention de ne pas glisser sur le { sole / sol } !
2. Le { gai / geai } est un bel oiseau.
3. Savez-vous faire { cuir / cuire } un œuf ?

9. Avec un e**, tout change ! Quel est le sens des deux phrases.**

1. Ici, on peut faire de la peinture sur **soi**.
2. Ici, on peut faire de la peinture sur **soie**.

Autour d'un mot : rouler

1. Remplace le verbe rouler **par un des verbes suivants :**
aplatir - avancer - gronder - pencher - pousser.

1. Le train **roule** lentement sur le viaduc.
2. Le ciel est noir, l'orage approche car on entend déjà le tonnerre **rouler** au loin.
3. C'est un vrai plaisir de **rouler** le chariot dans le supermarché.
4. Pris dans la tempête, le bateau **roule** fortement à droite et à gauche.
5. Pour faire une tarte, il faut d'abord **rouler** la pâte.

2. Choisis la bonne définition.

Se rouler dans une couverture, c'est :
- faire une roulade sur une couverture.
- s'envelopper dans une couverture.
- rouler la couverture en boule.

3. Forme d'autres mots de la famille de rouler.

en- -ement
roul -er
dé- -eur

4. Cherche la définition de chacune des expressions suivantes.

1. Rouler les épaules.
2. Rouler les yeux.
3. Se rouler les pouces.

Reconstitution de texte

Après le village, ils abordèrent la côte qui menait à la Ferme des Arcot. La côte était raide : la voiture ralentit puis ralentit encore. À hauteur de la ferme, on entendit comme un bruit de pétards et, du moteur, s'échappa un gros nuage de vapeur. Tante May ferma les yeux.
« J'en étais sûre, dit-elle. Voici notre dernière heure arrivée. » Et la voiture automobile s'immobilisa.
D'un bond, Gilbert descendit et se pencha pour inspecter le moteur d'où la vapeur sortait en sifflant. « Aucune raison de s'inquiéter, ma chère, dit-il à Millie, qui s'était mise à ricaner. La voiture a simplement besoin d'un peu de repos et d'eau fraîche. »

JOAN HICKSON,
Les sept moineaux, l'automobile et le vieux cheval, André Deutsch.

1. Où la panne s'est-elle produite ?

2. Que s'est-il passé ? Pourquoi tante May a-t-elle eu si peur ?

3. Réécris le texte au présent.

4. Reconstitue le passage en caractères gras.

La bicyclette

1. Certains numéros ne correspondent pas aux éléments désignés sur le dessin. Relève ces erreurs et corrige-les.

(4) poignée de frein - (2) pédale - (6) frein - (9) feu arrière -(19) jante - (16) moyeu - (13) pompe - (8) phare - (12) porte-bagages - (7) rétroviseur - (10) pneu - (18) garde-boue - (14) dérailleur - (3) valve - (17) guidon - (5) cadre - (15) rayon - (11) fourche avant - (1) selle.

2. Certains mots ne figurent pas dans la liste de l'exercice précédent. Retrouve-les.

guidon - pompe - radiateur - dérailleur - valve - vitesse - pneu - porte-bagages - garde-boue - poignée de frein - poignée de main.

3. Trouve le plus vite possible combien de fois le mot en caractères gras est répété dans chaque colonne.

pompe	**selle**	**pédale**	**rétroviseur**
tombe	selle	détale	récupérateur
pompe	telle	métal	rétrospective
nombre	celle	pétale	rétroviseur
sombre	selle	détale	aéroglisseur
pompe	sel	pédale	rétroviseur
bombe	belle	sépale	distributeur

4. Retrouve les phrases identiques.

1. Apprendre à faire du vélo, c'est plus facile qu'apprendre à faire du tricot.
2. Apprendre à faire du vélo, c'est plus difficile qu'apprendre à faire du tricot.
3. Apprendre à faire du tricot, c'est aussi facile qu'apprendre à faire du vélo.
4. Apprendre à faire du vélo, c'est plus difficile qu'apprendre à faire du tricot.

Étant enchaînée,
Je peux m'en aller.

J'ai deux grands zéros,
Pas de numéro.

Je tombe en étant immobile,
Mais en équilibre je file,

Je tourne, je roule, j'avance
Et je fais le tour de la France.

Qui suis-je ?

La bicyclette

JACQUES CHARPENTREAU,
Poésie en jeu,
Éditions ouvrières.

LE VÉLO MILLE-PATTES

avec mes mille pattes
avec mes mille roues
suis infatigable

avec mes mille pattes
avec mes mille roues
je suis increvable

avec mes mille pattes
avec mes mille roues
on me voit partout

de Bakou à Tombouctou
de Corfou à Koudougou
de Moscou jusqu'au Poitou
de l'Anjou jusqu'au Pérou
et chez les Mandchous
les Indous et les Zoulous
les Toubbous les Andalous

et itou itou
au pays des kangourous

avec mes mille pattes
avec mes mille roues
je m'en vais partout
et oui
je vois tout
tout
vraiment tout

ANDRÉE CLAIR, *Les vélodingues,*
Messidor/La Farandole.

Le train de Noël

Mélina est la fille de Basile, un chef de gare. Un soir de Noël, elle entend un grand bruit.

La voici qui court, Mao sur les talons. Parvenue au tunnel, elle voit ce qui vient d'arriver : un énorme rocher a dégringolé et bloque le passage. Que faire ? Et le train sera là dans une demi-heure ! Mais Mélina est la fille d'un chef de gare, elle ne s'affole pas.

« Je vais allumer un grand feu et faire des signaux avec la lanterne rouge », se dit-elle, tout en rentrant à la maison à toute allure.

Mais dans la cave, plus de bois coupé ! Avec quoi allumer le feu ? Elle regarde autour d'elle, désespérée, et soudain elle trouve : le sapin !

Tant pis pour les étoiles d'or, les boules roses, les bougies blanches...

Elle traîne l'arbre dehors et décroche en passant la grosse lanterne rouge.

Tout essoufflée, elle traverse en courant le tunnel.

Elle ne s'arrête que de l'autre côté, plus loin, lorsqu'elle peut voir la sortie du deuxième tunnel. Déjà on entend le train qui arrive... Vite, elle met le feu au sapin.

Le voilà ! La grosse locomotive toute noire, crachant ses nuages de vapeur blanche, jaillit du tunnel. Le conducteur sursaute : devant lui, la faible lueur d'un feu ; un peu plus loin, s'avançant entre les rails, une petite bonne femme à peine plus grande que sa lanterne. La sirène hurle ; l'énorme train freine en grinçant.

À l'intérieur, quelle panique ! Les voyageurs roulent les uns sur les autres au milieu des frites et des tartes aux pommes.

Le cuisinier dans sa cuisine voit sa marmite sauter en l'air et tous ses plats se renverser.

La locomotive s'est arrêtée juste devant Mélina. Le chauffeur et le conducteur sautent dans la neige.

« Mais qu'est-ce qui t'a pris, petite ? crient-ils furieux.

— Vous l'avez échappé belle ! répond Mélina, un énorme rocher est tombé sur la voie ! »

Les deux hommes sentent leurs cheveux se dresser sur leur tête.

Les voyageurs se pressent avec curiosité aux fenêtres :

« Que se passe-t-il donc ? »

Soudain l'un d'eux s'écrie :

« Mais cette fillette est transie de froid ! »

Aussitôt Mélina se retrouve bien au chaud dans un compartiment. On lui apporte un chocolat bouillant. Bientôt, tout le monde apprend qu'une toute petite fille vient d'éviter un terrible accident.

Tous entourent Mélina ; chacun la félicite et trouve un petit cadeau pour elle.

Enfin, voilà Papa qui arrive avec, blotti dans les bras, son cadeau de Noël : c'est un petit agneau tout blanc avec une tache noire sur l'œil.

« Qu'il est mignon, s'exclame Mélina avec joie, allons vite le montrer à Mao ! »

Mélina et son père disent au revoir aux voyageurs qui, eux, vont passer la nuit dans le train en attendant que la voie soit dégagée.

Le contrôleur et le chauffeur ont décidé d'aller passer la soirée avec Basile et sa petite fille. Mais auparavant, ils sont allés dans la nuit froide, baignée par la lune, chercher un nouveau sapin pour Mélina. Ils ont aussi apporté un panier rempli de bonnes choses. Il y a même un chou bien vert pour l'agneau et un bel os pour Mao.

Vous vous demandez comment je connais tous ces détails ? Eh bien voilà : moi aussi, il m'est arrivé une fois de fêter Noël dans cette petite gare, entre ma tante Mélina et mon grand-père, le chef de gare.

IVAN GANTSCHEV, *Le train de Noël,* Bohem press-Le Cerf.

La phrase négative (2)

On ne voit plus de locomotives comme celle-ci.

1. La phrase ci-dessus est une phrase négative. Quels sont les mots qui forment la négation ?

2. Les phrases suivantes sont des phrases négatives. Relève les mots qui forment la négation.

1. Ils ne prennent jamais le train.
2. Comme il faisait nuit, je n'ai rien vu.
3. On ne se rend pas compte de la vitesse du train, qui roule pourtant à plus de 200 km/h.
4. On n'entend plus dans les gares le sifflet des locomotives à vapeur.

3. Transforme les phrases suivantes en phrases négatives en utilisant ne ... jamais, ne ... pas, ne ... pas encore.

1. Le train est arrivé.
2. L'express est déjà arrivé.
3. L'omnibus arrive toujours à l'heure.

4. Transforme les phrases suivantes en phrases négatives en utilisant ne ... plus, ne ... jamais, ne ... pas.

1. Les voyageurs ont pu monter dans les wagons.
2. Les locomotives marchent au charbon.
3. La ligne a été électrifiée.

5. Transforme les phrases suivantes en phrases négatives.

1. L'heure de départ est affichée sur le grand tableau.
2. J'ai pu avoir la correspondance à Lyon.
3. Je rate toujours le train de 17 h 06.

6. Transforme les phrases de l'exercice 2 en phrases affirmatives.

EX : Ils ne prennent jamais le train.
→ Ils prennent **toujours** le train.

Les accents (2)

1. Le verbe de la bulle porte un accent. Comment s'appelle cet accent ?

2. Sur quelles lettres l'accent circonflexe est-il placé ?

tête - sûr - île - château - grêle - flûte - rôle.

- L'**accent circonflexe** se place **sur le e** pour transcrire **le son** [ɛ].

EX : bête - fête - tête - rêve

- On le trouve également **sur le a**, **le i**, **le o** et **le u**.

EX : château - île - drôle - brûler

3. Cherche trois mots avec un accent circonflexe. Aide-toi du dictionnaire.

4. Recopie les phrases suivantes en mettant correctement les accents qui manquent.

1. Le premier pneu a ete invente par Dunlop en 1888.
2. Depuis de nombreuses annees deja, beaucoup de trains marchent a l'electricite.
3. La cote est raide et le soleil brulant. Arretons-nous pour nous rafraichir.
4. Nous serons bientot arrives.

5. Trouve les mots qui manquent.

1. Elle est plus jeune que moi. Nous ne sommes pas du même ....
2. Ils sont partis en vacances au mois d'....
3. Ce poisson a beaucoup d'....
4. Son histoire n'est pas ....
5. J'aime me promener en ... à l'automne.

6. Qui est-ce ?

1. Il a mis la **patte** dans la **pâte**.
2. Sa **tâche** est d'enlever les **taches**.

7. Que manque-t-il dans les mots suivants ?

canoe - Noel - caiman.

8. Que faut-il ajouter dans cette phrase ?

Cette annee, le ble a bien pousse mais pas le mais.

Le présent (2)

Pour rendre visite à leurs amis Anne et Didier, Bruno et Jean, son corbeau, se sont installés dans une caisse et « se sont mis à la poste ». Les voici presque arrivés à destination.

Le matin, on les charge sur une petite remorque tirée par un vélo. Le facteur doit appuyer très fort sur ses pédales et s'étonne de traîner un paquet aussi lourd.

Bruno se réjouit à la pensée que leur voyage va s'achever. Jean croasse discrètement. Le facteur est de plus en plus surpris.

ACHIM BRÖGER, GISELA KALOW,
Le voyage de Bruno, « Le croque-livres »,

1. À quel temps les verbes du texte ci-dessus sont-ils conjugués ? Relève les verbes du 1er groupe.

2. Conjugue le verbe se réjouir **à toutes les personnes du présent.**

3. Parmi les verbes suivants, quels sont ceux qui se conjuguent comme choisir **?**

finir - cueillir - fleurir - rougir - sortir - venir.

4. Cherche deux autres verbes en -ir **qui se conjuguent comme** se réjouir.

Les **verbes** en **-ir** qui se conjuguent au présent comme **choisir - se réjouir - finir**... sont des **verbes** du **2e groupe**.

je chois**is**	**nous** chois**issons**
tu chois**is**	**vous** chois**issez**
il (**elle**) chois**it**	**ils** (**elles**) chois**issent**

5. Mets au présent les verbes entre parenthèses.

1. Le mécanicien (remplir) de charbon la locomotive à vapeur.
2. Tu (finir) ton travail et tu viens vite nous rejoindre.
3. Les herbes (envahir) la vieille maison.

Graphies de [o]

1. Raconte l'histoire en utilisant le plus possible de mots dans lesquels tu entends le son [o].

EX : auto - panneau...

2. Écris tous les mots de l'histoire dans lesquels tu entends le son [o].

3. Encadre les lettres qui servent à transcrire le son [o] dans les mots que tu as trouvés dans l'exercice 2.

EX : pann[eau]

4. Combien trouves-tu de façons de transcrire le son [o] ? Lesquelles ? En connais-tu d'autres ?

5. Pour chaque façon de transcrire le son [o], cherche deux autres mots.

EX : pann[eau] → pot[eau] - chap[eau]

6. Cherche l'intrus.

1. chaud - un crapaud - le fourneau.
2. le piano - le rouleau - la météo - la radio.
3. le saumon - mauve - la pause - le tableau.
4. l'abricot - l'escabeau - le cadeau.
5. rôder - l'impôt - la dynamo - le fantôme.

7. Complète ces mots avec la graphie du son [o] qui convient.

1. brav... - un b...lide - le jud... - un micr... - un r...man.
2. un ois... - un carr... - b...coup - nouv....
3. des chev... - les sign... - des trav....
4. c...ser - p...vre - s...ver - m...vais.
5. le tric... - un escarg... - un îl....
6. dr...le - l'h...tel - la c...te.
7. le d... - le rep... - un hér... - gr....

8. Complète les mots.

1. le r...ti
2. le ruiss...
3. un pann...
4. du gig...
5. le paqueb...
6. un déf...
7. un tuy...
8. le sab...

9. Complète les mots.

1. des combats brut...
2. des produits région...
3. des prix spéci...
4. des journ... loc...
5. les championnats nation...
6. des jeux mondi...
7. des signes amic...
8. des vins nouv...

10. Trouve le nom des petits des animaux suivants.

1. le renard → le renard...
2. la chèvre → le chevr...
3. le lion → le lionc...
4. la baleine → le balein...
5. le lapin → le laper...
6. l'éléphant → l'éléphant...
7. la souris → le souric...
8. le chien → le chi...

11. Certains mots se prononcent de la même façon, mais s'écrivent différemment. Retrouve-les.

1. d [o]
   - Note de musique.
   - Partie du corps.
2. v [o]
   - Petit de la vache.
   - Déterminant.
3. s [o]
   - Bond avec ou sans élan.
   - Récipient.
   - Peu intelligent.
4. p [o]
   - Récipient.
   - Enveloppe du corps.

VOCABULAIRE 2

Utiliser le dictionnaire (1)

Destinés initialement au transport du charbon, les premiers trains n'étaient que de modestes convois tirés par des chevaux, selon une technique déjà employée sur les voies ferrées des mines en Allemagne, en Grande-Bretagne et aussi en France.
La locomotive à vapeur fut expérimentée pour la première fois dans le monde en Grande-Bretagne en 1804. En 1827, elle bénéficie d'un important progrès technique : la chaudière à tubes de fumée imaginée par le Français Marc Seguin. Dès 1831, elle commence à être employée régulièrement à la traction des trains. L'année suivante sont effectués les premiers transports de voyageurs par chemin de fer.

S.N.C.F., *Chemins de fer français,* édition 1984.

1. Lis le texte.

2. Relève les mots du texte que tu ne comprends pas. Cherche-les dans le dictionnaire.

3. Par quoi peux-tu remplacer :

initialement - modeste - expérimentée ?

4. Choisis la bonne réponse.

1. **Le train**, c'est :
   - l'ensemble des wagons.
   - la locomotive et les wagons.
2. **La voie**, c'est :
   - une double ligne de rails.
   - l'espace entre les rails.

EXPRESSION 2

Toutes sortes de textes

BURKINA FASO ÇA ROULE !

Ouagadougou, capitale du Burkina Faso, connaît la folie du vélo ! La ville est devenue un immense vélodrome ! Le Burkina est le 3e pays du monde, après la Hollande et la Chine, où l'on trouve autant de vélos par rapport à la population. Au Burkina, on en connaît un rayon, question vélo !

Pif n° 905

Istanbul, le 27-09

Chers parents,

Je viens enfin d'arriver en Turquie, mais il faut m'envoyer de nouveaux pneus parce que j'ai

A VENDRE

Vélo d'enfant 5-6 ans.
Etat neuf. Prix à débattre.

Patrick MERLEAU
8, rue des Bouleaux.

FACTURE

1 chambre à air	31,80
5 rayons	25,00
main-d'oeuvre	63,50
	120,30 F

6 à 10 ans. Cadre brasé demi-course. Roues à moyeux acier. Jantes acier. Pneus de 500 A. Pédalier acier. Plateau 36 dents, roue libre 3 vitesses 16, 19 et 22 dents. Freins sécurité double commande. Garde-boue inox. Guidon réglable. Selle course réglable. Porte-bagages arrière chromé. Pompe. Poids 10,5 kg. Coloris rouge métallisé. Entrejambe de 60 à 66 cm. Cadre 40 cm

Réf. 0430 295 P
Prix Franco : **982,00**

1. Reconnais-tu ces textes ? De quoi s'agit-il ?

2. Tu cherches à acheter un vélo d'occasion. Rédige une petite annonce.

3. Décris le vélo de l'exercice 2 dans une lettre à un ami.

4. Rédige, pour un catalogue, la fiche technique du vélo précédent.

Le T.G.V.

Le T.G.V. français (train à grande vitesse) est le train de voyageurs le plus rapide du monde. Sa vitesse moyenne, qui est de 260 km/h, n'est pas tellement supérieure à celle qui était prévue pour le APT anglais*, mais celui-ci n'est pas encore en service.

Dans le futur immédiat, les trains de ce type, qui assurent un service rapide, régulier et confortable sur les grandes lignes, sont appelés à jouer un rôle important. [...]

Le premier T.G.V. a été mis en service entre Paris et Lyon en septembre 1981. Une voie sur laquelle les autres trains ne circulent pas a été spécialement construite pour lui, avec le moins de tournants et de déclivités* possible, de manière à ce qu'il puisse rouler à une vitesse constante très élevée. Un T.G.V. se compose de deux locomotives, situées à chaque extrémité du train et de huit voitures de voyageurs. Deux trains peuvent être couplés, ce qui permet de transporter 770 voyageurs.

Le T.G.V. marche à l'électricité. Un pantographe* capte le courant électrique provenant de câbles aériens. Un câble placé sur le toit de la locomotive et des voitures transmet le courant aux moteurs se trouvant sous chaque locomotive et sous chaque voiture.

Il n'y a aucun signal sur une ligne de T.G.V. En revanche, des signaux électroniques, émis par un seul centre de contrôle, sont affichés à l'intérieur de la cabine du conducteur. Ils lui indiquent à quelle vitesse le train doit rouler. Un système automatique vérifie qu'il applique correctement les consignes. Le conducteur peut communiquer avec le centre par radiotéléphone ; des téléphones de secours se trouvent à côté de la voie.

JONATHAN RUTLAND, *Les trains, Vers l'avenir du chemin de fer,* « Le jeune scientifique », Usborne.

* *APT :* train très rapide.
* *Déclivités :* pentes.
* *Pantographe :* appareil installé sur le toit de la locomotive.

1. Que signifie le sigle T.G.V. ?
2. Depuis quand le T.G.V. existe-t-il ?
3. Quel trajet a-t-il fait la première fois ?
4. Comment un T.G.V. est-il composé ?
5. Combien de voyageurs peut-il transporter ?
6. À quelle vitesse moyenne roule-t-il ?
7. Quels sont les avantages du T.G.V. ?
8. Comment le conducteur peut-il communiquer avec l'extérieur ?
9. Comment le conducteur sait-il à quelle vitesse il doit rouler ?
10. Vrai ou faux ?
    - Il n'y a pas de signaux sur la ligne du T.G.V.
    - Le futur train anglais ira beaucoup plus vite.
11. **Recherches.**
    - Cherche des renseignements sur les premières locomotives (photos, dessins, etc.).
    - Que signifie le sigle S.N.C.F. ?

Observe attentivement ce plan.
- **Trouve les huit erreurs.**
- **Trois personnes ne respectent pas le code de la route. Lesquelles ?**
- **Est-ce la voiture A ou la voiture B qui doit passer la première ?**

Révisions

1. Mets les phrases suivantes à la forme négative.

1. L'express pour Marseille partira du quai B, comme d'habitude.
2. Ils pourront prendre le train direct.
3. La micheline s'arrête à toutes les gares.

2. Mets les phrases suivantes à la forme négative en employant ne . . . plus **et** ne . . . jamais.

1. J'ai déjà fait le trajet Paris-Lyon en T.G.V.
2. Il y a encore des locomotives à vapeur.
3. Les rapides s'arrêtent dans cette gare.

3. Mets les phrases suivantes à la forme négative.

1. Le passage à niveau est ouvert.
2. Il y a encore des travaux dans la gare.
3. Nous partons toujours par le train.

4. Recopie les mots suivants en mettant correctement les accents.

chaussee	journee	rapidite	deja
fenetre	electricite	aussitot	chateau
television	arret	tete	etre

5. Cherche un sujet possible pour les verbes suivants.

rougis - accélère - arrivent - s'arrête - rebondit - freines - applaudit - réfléchis.

6. Mets au présent les verbes entre parenthèses.

Soudain... Bruno entend la voix d'Anne qui (demander) au facteur :
« Que nous (apporter)-tu de beau ? »
Et celui-ci répond :
« J'(avoir) quelque chose de bizarre pour vous : une très grande caisse qui (chuchoter) et qui (croasser).
— Une caisse qui (chuchoter) et qui (croasser) ! (s'exclamer) Anne et Didier. Mais cela n'(exister) pas ! »

Achim Bröger, Gisela Kalow,
Le voyage de Bruno, « Le croque-livres »,

7. Écris correctement les mots entre parenthèses. Faut-il un e **à la fin ?**

1. un (abri)	5. la (bou)	9. la (pair)
2. une (cari)	6. l'(air)	10. le (gaz)
3. la (rou)	7. la (ru)	11. le (col)
4. le (sol)	8. le (fil)	12. la (vu)

8. Complète les mots avec e **s'il y a lieu.**

1. elle pli(. . .)	7. il expédi(. . .)
2. un étui(. . .)	8. il essui(. . .)
3. elle pai(. . .)	9. un envoi(. . .)
4. elle envoi(. . .)	10. il recopi(. . .)
5. un pli(. . .)	11. elle tri(. . .)
6. la pai(. . .)	12. le tri(. . .)

9. Complète les mots suivants avec la graphie du son [o] **qui convient.**

1. un bat. . .	7. s. . .ter
2. l'h. . .pital	8. gal. . .per
3. un r. . .s. . .	9. gr. . .ssir
4. des cham. . .	10. . . .ter
5. un réch. . .	11. tr. . .
6. un boul. . .	12. ch. . .

10. Trouve le mot qui correspond à la définition et qui contient le son [o].

1. Liquide.
2. Contraire de **bas**.
3. Fleur.
4. Beaucoup, beaucoup.
5. On y met de l'eau et des fleurs.

11. Dictée ou autodictée.

Chaque année, au début du mois de juillet, il y a une course cycliste. Tout le village est dans la rue pour voir passer les coureurs sur leurs vélos de toutes les couleurs. Le soir, tout le monde se retrouve à la salle des fêtes pour féliciter le vainqueur.

12. Qu'as-tu retenu ?

1. Qui a inventé le premier pneumatique ?
2. Comment appelait-on les premiers vélos ?
3. Que signifie T.G.V. ?
4. Quels sont les deux sens du mot *vinaigrette ?*

Frères et soeurs

Ma tante Agathe
Vient des Carpates
À quatre pattes

Mon oncle André
Vient de Niamey
À cloche-pied

Mon frère Tchou
Vient de Moscou
Sur les genoux

Ma sœur Loulou
Vient de Padoue
À pas de loup

JACQUES CHARPENTREAU,
« La réunion de famille »,
La nouvelle guirlande de Julie,
Éditions ouvrières

La petite sœur de Cricri-Lapin

Cricri-Lapin est resté tout seul à la maison avec sa petite sœur Boulette.

Papa m'a dit avant de s'en aller :

« Toi, mon grand Cricri-Lapin, je te connais. On peut te confier Petite Boulette. Je compte sur toi. »

Ensuite les parents sont partis dans la nuit avec leurs sacs et leurs cabas. Et maintenant je vais m'occuper de ma petite sœur. Je vais la changer, la promener. Je ferai à manger et je lui donnerai sa bouillie. Jamais, jamais un renard n'approchera Petite Boulette. [...]

Cricri-Lapin commence par lire un livre à sa petite sœur, puis il décide de sortir.

Maintenant les renards-du-matin ont sûrement fini de courir. Ils doivent être couchés dans leur tanière, la langue pendante. On va mettre nos tennis. C'est difficile de faire des nœuds bien serrés, mais j'y arrive.

« Arrête de bouger ton pied... » Je vais y arriver. Bien sûr que je peux.

« Non, c'est fini le livre. On l'a déjà lu. Maintenant, on va se promener. »

Nous montons le couloir à petits pas. Moi d'abord, Petite Boulette après. Je regarde dehors en faisant bien attention. [...]

Nous allons au bac à sable pour creuser des trous.

« Non, pas comme ça. Tu n'y arrives pas, pauvre Petite Boulette. »

Juste à ce moment, je vois passer Cococrotte. Je la trouve plus belle que toutes les autres, avec ses longues oreilles droites. Je creuse, je creuse. Mon trou devient le plus beau, le plus profond que j'aie jamais fait ! Ses bords sont parfaitement lisses.

« Voilà comment il faut s'y prendre ! »

Ça fait du bien de sentir qu'on est le meilleur.

Mais Cococrotte est déjà partie.

Pépère Choucroute marmonne sur son banc : « De mon temps, oh là, si vous saviez... J'en creusais de ces trous autrefois. Des trous à faire tomber tous les renards, à leur casser le museau ! Mais le sable était plus fin de mon temps, oh là ! [...] »

En se promenant Cricri et Boulette rencontrent une grenouille, une souris... Mais bientôt les renards se rapprochent et il faut vite rentrer à la maison pour dîner et se coucher. Les autres enfants lapins n'ont pas de petite sœur à garder, eux.

Tout doucement, je sors du lit. Dehors, les autres enfants lapins sont en train de jouer. Je les entends sauter, gambader, taper avec leurs pieds. Ils poussent des cris de joie. J'ai envie de sortir moi aussi ! Cococrotte est sûrement là...

Bien sûr que je vais sortir. Petite Boulette dort tellement bien...

Est-ce qu'elle dort vraiment ? Elle ne bouge plus. Et si elle était morte ? Je la caresse et je chuchote dans son oreille :

« Petite Boulette ! Tu es vivante ? »

Alors elle se réveille et elle commence à pleurer. Je retourne me coucher et je lui dis :

« Arrête de sucer ton oreille ! [...] »

Au milieu de la nuit, maman et papa rentrent. Ils traînent de gros sacs pleins de bosses, remplis de carottes. Maman nous caresse avec sa patte fatiguée et pleine de terre. Et papa se jette sur son lit. Il s'endort sans avoir enlevé ses chaussures.

Et moi, j'ai réussi. J'ai gardé ma petite sœur toute la journée. Je savais bien que j'y arriverais.

Ulf Nilsson et Eva Eriksson,
La petite sœur de Cricri-Lapin, Centurion-Jeunesse.

La phrase (1)

Les enfants jouent dans le grenier.

1. Quels mots peux-tu supprimer dans la phrase ci-dessus ? Attention ! Il faut que la phrase reste une phrase possible.

2. Enrichis la phrase ci-dessus en répondant aux questions suivantes :

- **Quand** les enfants jouent-ils ?
- **Avec quoi** les enfants jouent-ils ?

EX : **Pendant les vacances**, les enfants jouent dans le grenier **avec de vieux jouets**.

3. Quels mots peux-tu supprimer dans les phrases suivantes ?

1. Les enfants parlent à voix basse.
2. Ils fouillent dans une malle.
3. Une petite souris se cache dans un coin de la pièce.
4. On voit le ciel bleu à travers la lucarne.

4. Enrichis les phrases suivantes en répondant aux questions où, quand, comment **ou** avec quoi**.**

EX : Christophe et sa sœur se sont déguisés.
→ Christophe et sa sœur se sont déguisés **avec de vieux vêtements**.
→ **Cet après-midi**, Christophe et sa sœur se sont déguisés.

1. Les enfants se baignent.
2. Toute la famille se promène.
3. Les deux sœurs s'amusent.

5. Même exercice que l'exercice 4.

1. Muriel et son frère vont à la piscine.
2. Le bébé pleure.
3. Nos cousins sont venus goûter.
4. Nous avons installé un train électrique.

L'apostrophe

L'éléphant n'est pas très aimable !

1. Que remplace le l' **dans la phrase ci-dessus ?**

2. Que remplacent s', l', n', qu', **dans les phrases suivantes ?**

1. Elles **s'**approchent de **l'**éléphant pour lui dire bonjour.
2. Mais il **n'**a pas **l'**air de comprendre ce **qu'**elles veulent.
3. Alors, les deux sœurs reçoivent toute **l'**eau sur la tête.
4. Elles **n'**ont pas eu le temps de se protéger de **l'**averse.

3. Mets les phrases suivantes à la forme négative.

1. Ma petite sœur aime nager.
2. Les jumeaux ont attrapé les oreillons.
3. J'ai le temps.
4. Elle a essayé de réparer son vélo.
5. Enlève la nappe !

Devant une voyelle (**a**, **e**, **i**, **o**, **u**, **y**) :
- **le** et **la** deviennent **l'**,
- **de** devient **d'**,
- **ne** devient **n'**,
- **je** devient **j'**,
- **me**, **te**, **se** deviennent **m'**, **t'**, **s'**.

4. Mets les groupes de mots suivants au singulier. Emploie trois d'entre eux dans une phrase.

les additions - les écureuils - les oreilles - les immeubles - les îles.

5. Le, la **ou** l' **?**

hiver - haricot - herbe - hibou - hameau - heure - hauteur.

6. Conjugue le verbe s'approcher **à toutes les personnes du présent de l'indicatif. Que remarques-tu ?**

7. Mets les verbes suivants à la première personne du présent de l'indicatif, puis emploie-les dans une phrase. Que remarques-tu ?

avoir - aimer - enlever - imaginer - oublier - user.

8. Le **ou** la **? S'agit-il d'un garçon ou d'une fille ? Explique tes réponses.**

1. L'élève est arrivée en avance.
2. L'enfant est blonde.
3. L'aîné est au collège.
4. L'élève a perdu sa clef.

CONJUGAISON 1

Le passé composé (1)

1. À quel temps les verbes soulignés en rouge dans les bulles sont-ils conjugués ? Donne leur infinitif.

2. Comment le passé composé est-il formé ?

EX : J'**ai levé** les yeux.

3. Conjugue le verbe de la phrase suivante à toutes les personnes du passé composé.

(imaginer) une histoire très compliquée.

Passé composé du verbe **rêver**

j'**ai**	rêv**é**	nous **avons**	rêv**é**
tu **as**	rêv**é**	vous **avez**	rêv**é**
il (elle) **a**	rêv**é**	ils (elles) **ont**	rêv**é**

4. Mets au passé composé les verbes entre parenthèses.

1. J'(oublier) de téléphoner à Catherine.
2. Il (préparer) du chocolat chaud.
3. Nous (inventer) un nouveau jeu.
4. Vous (chercher) le livre ?
5. Elles (travailler) un long moment.

-ail ou -aille ?
-eil ou -eille ?
-euil ou -euille ?

1. Complète les mots avec -ail **ou** -aille.

Tout est tranquille. La petite fille joue avec son train, sa sœur fait du tricot pour sa poupée. Mais voilà qu'elle a perdu un r. . . et elle lui a fait perdre une m. . . ! Alors, on se cham. . . et c'est la bat. . . !

2. Complète les mots avec -ail **ou** -aille. **Que remarques-tu ?**

1. À la ferme, on donne à manger au bét. . . et à la vol. . . .
2. Il fait froid, mets ton chand. . . !
3. La lumière passe à travers le vitr. . . .
4. Cette veste est trop serrée, elle n'est pas à ma t. . . .
5. L'autor. . . de Longueville ne va pas tarder à arriver.

3. Complète avec -eil **ou** -eille. **Que remarques-tu ?**

1. Il nous réchauffe : le sol. . . .
2. C'est un fruit rouge : une gros. . . .
3. Elle ressemble à un petit corbeau : la corn. . . .
4. Sa sonnerie fait beaucoup de bruit : le rév. . . .

4. Choisis le mot qui convient.

1. C'est toujours { pareille / pareil } quand il se { réveille / réveil } !
2. Après une aussi longue journée de { travaille / travail }, je tombe de { sommeille / sommeil }.
3. Nous vous remercions beaucoup pour votre { accueille / accueil }.
4. Tout ira bien si tu suis mon { conseil / conseille }.

5. Cherche deux noms d'animaux se terminant par -euil, **puis emploie chacun d'eux dans une phrase.**

6. Cherche l'intrus. Quelle remarque peux-tu faire sur l'orthographe de ces mots ?

1. un fauteuil - un treuil - l'orgueil.
2. une feuille - il cueille - un portefeuille.

> **Après c et g, on écrit -ueil au lieu de -euil.**
> EX : l'or**g**ueil - il **c**ueille

7. Complète les mots avec -euil **ou** -ueil.

1. le s. . .
2. un tr. . .
3. un éc. . .
4. un rec. . .

8. Complète les mots avec la terminaison qui convient.

-ail / -aille	-eil / -eille
le gouvern. . .	un ort. . .
la ferr. . .	une merv. . .
il dér. . .	un appar. . .
la mur. . .	une or. . .
une c. . .	il s'év. . .

9. À lire et à dire.

L'épouvantail
Se levant tôt
Met son chandail
Dans les champs d'aulx.

JACQUES CHARPENTREAU, *Poésie en jeu*, Éditions ouvrières.

Autour d'un mot : aimer

1. Complète avec le mot ou le groupe de mots qui convient. Fais attention aux accords.

attaché - avoir besoin - s'intéresser - amoureux.

1. Alexandre **aime** Sandrine : il est ..... d'elle.
2. Frédéric **aime** ses parents : il est très ..... à eux.
3. Mon père **aime** le football : il ..... à ce sport.
4. Les fleurs **aiment** la lumière : elles ..... de la lumière.

2. Que signifie aimer **dans les phrases.**

1. Amélie aime bien son petit frère.
2. Est-ce que vous aimez les huîtres ?
3. J'aime cette musique.
4. Adrien aime son village.
5. Les plantes aiment l'eau.

3. Remplace les mots en caractères gras par un verbe qui a le même sens.

1. Les filles **aiment mieux** la danse.
2. Les chats **n'aiment pas** l'eau, c'est bien connu.

4. Trouve l'intrus dans chaque série.

1. amour - amoureux - amorcer - amourette.
2. ami - amiral - amical - amitié - amicalement.

Reconstitution de texte

Le vilain petit canard ne ressemble pas aux autres petits canards : grand et laid, il est piqué, battu, repoussé, jusqu'au jour où il rencontre de magnifiques oiseaux : des cygnes...

Ils volaient très haut, très haut, et le vilain petit caneton éprouva une impression étrange ; il se mit à tourner en rond dans l'eau comme une roue, tendit le cou en l'air vers ces oiseaux, poussa un cri si fort et si bizarre que lui-même en eut peur. [...]

Il ne savait pas le nom de ces oiseaux, ni où ils allaient, mais il les aimait comme jamais il n'avait aimé personne ; il n'en était pas du tout jaloux, comment aurait-il pu avoir l'idée de souhaiter une telle grâce ? Il aurait été heureux si seulement les canards l'avaient supporté parmi eux... pauvre vilaine bête !

ANDERSEN, *Un vilain petit canard,* Albin-Michel.

1. Lis le texte.

2. Pourquoi le caneton est-il en admiration devant les cygnes ?

3. Savait-il le nom de ces oiseaux ? Savait-il où ils allaient ? Avait-il déjà aimé quelqu'un comme cela ?

4. Était-il jaloux d'eux ?

5. Qu'est-ce qui aurait suffi à le rendre heureux ?

6. Réécris le passage en caractères gras en commençant par « Il ne sait pas... »

7. Reconstitue le passage en caractères gras.

Les trois petites sœurs

Lili vient d'avoir trois petites sœurs qui grandissent vite et qui deviennent... terribles !

La première petite était toujours vêtue de rouge. Elle était si coléreuse, qu'on l'avait surnommée : Lili-Tempête. Quand elle se fâchait... *catastrophas !* Elle vibrait comme une chaudière et elle poussait des cris d'alarme ! De quoi réveiller les morts...

La seconde petite était toujours vêtue de jaune. On l'avait surnommée : Lili-Farfouille. Elle farfouillait, en effet, trifouillait, gribouillait, et quand elle était passée quelque part, *catastrophas !* Il ne restait que des confettis, des morceaux, bref trois fois zéro...

Et la troisième petite ? Elle était toujours vêtue de bleu et on l'avait surnommée : Lili-Chewing-gum. Quand elle vous aimait, *catastrophas !* Elle vous collait des baisers gluants, elle vous prenait le menton dans ses mains sales et elle vous empoisonnait avec toutes sortes de questions : « Ça sert à quoi ? Pourquoi ? »

Les parents auraient dû être effrayés devant leurs trois monstres. Eh bien, pas du tout ! Ils contemplaient les trois petites comme si c'étaient de vraies merveilles.

« Comme elles sont mignonnes... intelligentes... vivantes ! » disaient-ils en les regardant avec un œil humide de tendresse.

Mais Lili pensait :
« Comme elles sont vilaines... sottes... infernales ! Dire qu'il faut que je les supporte ! Un jour, je finirai par craquer. »

EVELINE REBERG, « Les Lili moutarde »,
J'aime lire n° 86, Bayard-Presse.

1. Retrouve les phrases suivantes dans le texte que tu viens de lire.

1. Elle vibrait comme une chaudière et elle poussait des cris d'alarme !
2. Elle était toujours vêtue de bleu et on l'avait surnommée : Lili-Chewing-gum.
3. Un jour, je finirai par craquer.

2. Indique si les phrases suivantes sont dans le texte que tu viens de lire.

1. Les parents adoraient leurs trois monstres.
2. Dire qu'il faut que je les supporte !
3. La seconde petite était toujours vêtue de bleu.
4. Quand elle se réveillait... *catastrophas !*

MAMAN-POMMIER

On est six, on se nomme
René, Louis, Fernand,
Albert, Lily, Simone,
On est comme des pommes
Sur le pommier-maman.
Maman a des feuillages,
Des jambes, des racines,
Des bras, des mains, des branches,
Des oiseaux dans les doigts,
Des cheveux tout en fleur
Et des yeux tout en ciel.
Nous mûrissons sur elle
Bien luisants de santé,
Nous sentons le savon,
Le lait frais, la reinette,
L'un pendu à son cou
Et deux tirant sa jupe,
Une petite au bras,
Un petit sur le dos,
Et la grande à la main.
Maman par son verger
Passe douce et royale.
On est six jolis mômes
Sur le mômier-maman.

NORGE, *Mirliton*,
« Tire-Lyre 1 », L'école des loisirs.

Les enfants sont en soie, les enfants sont en laine,
les enfants sont en sucre fin.
Caroline, Marjolaine,
Frédéric, Delphin.

Les enfants sont de blé, les enfants sont d'avoine,
d'orge, de riz ou de maïs.
Pierre, Paul, Antoine,
Marie, Anaïs.

Les enfants sont de feu, les enfants sont de braise,
de soleil, de ciel et d'azur.
Corinne, Suzette, Arthur,
Sylvette, Thérèse.

Les enfants sont de chair, les enfants sont de sang,
de tendresse et de patience,
d'amour, de souvenance,
Margot et Laurence,
Denis et Vincent.

PIERRE GAMARRA, dans Jacques Charpentreau,
Il était une fois les enfants,
Messidor/La Farandole.

TEXTE 2

Deux oursons trop gloutons

Deux frères oursons sont partis voir le monde. Un jour, ils ont faim.

Et tout à coup, l'un d'eux heurta du pied une boule ronde.

« Oh ! frère ourson ! Regarde ! C'est un fromage ! cria-t-il.

— Quelle chance ! cria l'autre. Nous allons le partager ! »

Mais au moment de fendre en deux le fromage, les oursons s'arrêtèrent. Et si les deux morceaux n'étaient pas pareils ?

« Si un des morceaux est plus gros, il sera pour moi, déclara le plus jeune des oursons.

— Pas du tout ! se fâcha l'autre ourson. Je suis le plus vieux, et il sera pour moi !

— Non, pour moi ! » glapit le plus petit.

Ils se disputèrent tant et firent tellement de vacarme qu'un renard attiré par le bruit s'approcha.

« Eh bien, que vous arrive-t-il, petits oursons ? demanda le renard. Qu'avez-vous à vous disputer ?

— Nous voulons partager le fromage ! crièrent ensemble les deux oursons. Et nous en voulons chacun autant !

— En voilà une affaire, répondit le renard en riant. Ça n'est pas difficile. Donnez-moi ce fromage et je vous ferai deux parts égales.

— Quelle bonne idée, dirent les oursons, enchantés. Partage vite, renard, nous avons faim ! »

Le rusé renard prit le fromage et le brisa en deux. Mais il fit en sorte qu'un des morceaux fût plus gros que l'autre.

« Le plus gros est pour moi ! crièrent les deux oursons d'une seule voix.

— Allons, allons, dit le renard. Calmez-vous ! Je vais les égaliser. Vous en aurez chacun autant. »

Et il mordit dans le plus gros des morceaux.

« Hum ! il est délicieux, ce fromage », dit le renard en avalant ce qu'il avait mordu.

Mais il avait si bien mordu que le morceau était devenu plus petit que l'autre.

« Oh ! s'inquiétèrent les oursons, ils ne sont pas pareils maintenant non plus !

— Attendez, attendez ! Je sais ce que je fais », dit le renard en arrachant une bonne bouchée de l'autre morceau qui devint à son tour plus petit.

— Mais ils ne sont toujours pas pareils ! crièrent les oursons, de plus en plus inquiets et furieux.

— Un peu de patience, voyons ! dit le renard, la bouche pleine. J'en coupe un tout petit bout au morceau le plus gros et tout ira bien... »

Et il l'entama de façon que le morceau devienne à son tour plus petit que l'autre...

Et il mordilla de nouveau l'autre morceau. Et il mordilla ainsi chaque morceau tour à tour sans jamais les égaliser tout à fait.

« Il y en a toujours un plus gros que l'autre ! se fâchaient les oursons.

— Mais non, mais non, disait le renard. Laissez-moi faire ! »

Et il coupait d'un côté, puis coupait de l'autre, tandis que les museaux noirs des oursons suivaient ses mouvements du plus grand morceau devenu le plus petit, au plus petit devenu le plus grand...

Tant et si bien qu'à la fin, il ne restait presque plus rien, sauf deux petits bouts de fromage bien égalisés de tous les côtés : le renard avait bien déjeuné.

« Et voilà, dit le renard. À votre tour, maintenant. Il n'en reste pas beaucoup, mais vous en avez chacun autant ! Bon appétit, petits oursons trop gloutons ! »

Et il se sauva.

Les oursons n'étaient pas contents, mais pas contents du tout. Et c'était tant pis pour eux, non ?

NATHA CAPUTO,
Contes des quatre vents, Fernand Nathan.

La phrase (2)

1. Quels mots peux-tu supprimer dans les phrases suivantes ?

1. Dans un coin de la chambre, le Petit Poucet écoute ses parents en silence.
2. Pendant la nuit, il ramasse des cailloux dans la rivière.
3. Il rentre à pas de loup, sans faire aucun bruit.

2. Enrichis la phrase en répondant aux questions :

- **Quand** partent-ils ?
- **Où** partent-ils ?

Le père, la mère et les septs enfants partent travailler.

3. Enrichis la phrase en répondant aux questions :

- **Où** laisse-t-il tomber ses cailloux ?
- **Comment** laisse-t-il tomber ses cailloux ?

Le Petit Poucet laisse tomber ses cailloux.

4. Enrichis les phrases en répondant aux questions où, quand, comment.

EX : Les parents s'éloignent.
→ Les parents s'éloignent **doucement**.

1. Les enfants restent tout seuls.
2. Ils se mettent à pleurer.
3. Le Petit Poucet montre ses cailloux.
4. Ils retrouvent le chemin de leur maison.

on a - on n'a pas
on est - on n'est pas

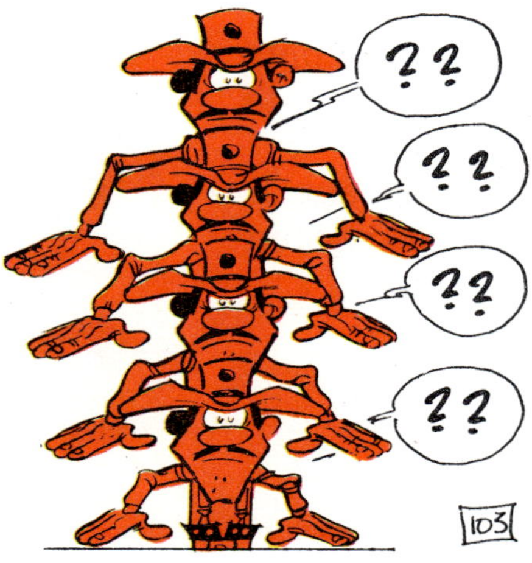

- **On a vu** les quatre frères s'enfuir vers l'Ouest.
  On n'a pas vu les quatre frères s'enfuir vers l'Ouest.
- **On est** content de les voir partir.
  On n'est pas content de les voir revenir.

1. Lis les quatre phrases ci-dessus à haute voix. Que remarques-tu pour les groupes de mots en caractères gras ?

2. Mets les phrases suivantes à la forme négative.

1. On a oublié les Dalton.
2. On a reconnu les bandits.
3. On est sorti pour les voir passer.
4. On a essayé de leur résister.

3. Mets les phrases à la forme négative en utilisant ne . . . rien, ne . . . plus **ou** ne . . . jamais.

1. Depuis le départ des Dalton, au village, on a peur.
2. On a vu quelque chose.
3. On a déjà vu quatre frères aussi bêtes.

4. Mets les phrases suivantes à la forme négative. Souligne les mots qui forment la négation.

1. À la fin de l'histoire, on est étonné.
2. Dans les villages de l'Ouest, on aime beaucoup les frères Dalton.
3. On arrive toujours à les faire fuir.

Le passé composé (2)

Atchi et Atcha sont furieux parce qu'ils **sont tombés** dans le bassin.

1. Quel est le temps du verbe en caractères gras ? Comment est-il formé ? Donne l'infinitif du verbe.

2. Conjugue oralement le verbe de la phrase suivante au passé composé.
(être) tombé dans le bassin.

> • Pour certains verbes, le **passé composé** se conjugue avec **avoir**.
>
> • Pour d'autres, il se conjugue avec **être**.
>
> EX : j'**ai rêvé** - je **suis tombé(e)**

3. Avoir **ou** être **? Lequel des deux verbes emploies-tu pour former le passé composé des verbes suivants ?**

chercher - raconter - partir - finir - revenir.

4. Emploie les verbes monter - sortir **au passé composé. Que remarques-tu ?**

EX : descendre
→ Je **suis descendu** chercher du pain.
→ J'**ai descendu** mes jouets.

5. Mets au passé composé les verbes entre parenthèses.

1. Hier, nous (aller) au square.
2. Martine (venir) avec nous.
3. Deux petits garçons (tomber) dans le bassin.
4. Ils (partir) très en colère.

> • Quand le **passé composé** se conjugue avec **être**, le **participe passé s'accorde** toujours **avec le sujet**.
>
> • **Passé composé** du verbe **arriver**
> **je suis** arriv**é**(**e**)
> **tu es** arriv**é**(**e**)
> **il**(**elle**) **est** arriv**é**(**e**)
> **nous sommes** arriv**é**(**e**)**s**
> **vous êtes** arriv**é**(**e**)**s**
> **ils**(**elles**) **sont** arriv**é**(**e**)**s**

6. Tu as vu quelque chose de drôle dans la rue, ou ailleurs. Raconte la scène en faisant au moins trois phrases au passé composé.

Graphies de [u]

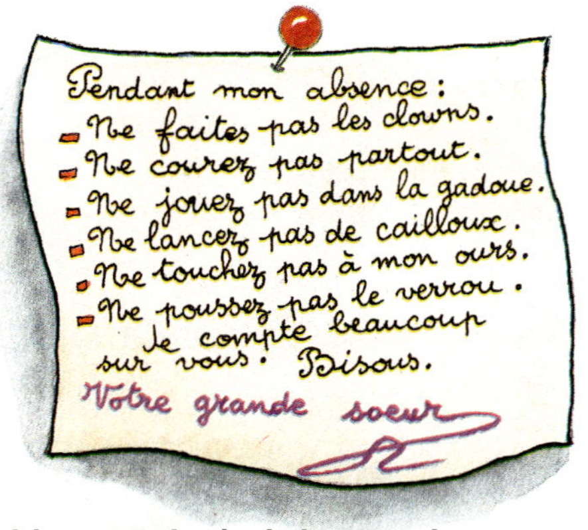

1. Lis ce qu'a écrit la grande sœur, puis relève tous les mots où tu entends le son [u].

EX : courez

2. Encadre les lettres qui servent à transcrire le son [u].

EX : c[ou]rez

3. Classe les mots suivants dans le tableau.

doux - le goût - le caoutchouc - vous - le loup - le mazout - le bouc - ouf ! - tous - plouf ! - du houx.

tu entends la dernière lettre	tu n'entends pas la dernière lettre

4. Cherche tous les mots que tu peux former.

EX : le cou

d c b t m s r

-ou -out
-oup -oue
-oux -ous

5. Choisis le mot qui convient.

1. Le médecin lui a donné un sirop pour calmer sa { tout / toux }.
2. Luc n'est pas { roux / roue } comme ses frères.
3. Il adore patauger dans la { bout / boue }.
4. J'ai réussi du premier { cou / coup / coût }.
5. Voulez-vous une { goûte / goutte } de lait ?

6. Complète les séries de mots.

1. un cl... - un caill... - un tr... - du bamb... - un bij... - un kangour... - le Pér....
2. n... - dess... - les f....
3. des ch... - Chateaur... - les caill....
4. elle j... - il sec... - la b... - il n....
5. dég...té - a...t - un cr...ton.
6. du caoutch... - le p... bat trop fort - le cl...n.

7. ou - oû ?

1. une m...che
2. la cr...te
3. une l...che
4. le c...vercle
5. le g...ter
6. c...ter

8. Complète les mots.

1. un écr...
2. un hind...
3. une g...tte
4. surt...
5. m...
6. il d...te
7. il g...te
8. il av...
9. t... à c...
10. la r...

9. Devinette.

Toujours en pleins phares
quand il fait très noir
ton hululement
effraie les enfants.
De qui s'agit-il ?

Daniel Reynaud (inédit)
dans Jean-Hugues Malineau,
Il était une fois les animaux...,
Messidor/La Farandole.

Utiliser le dictionnaire (2)

1. Cherche dans le dictionnaire les mots suivants :

familial - amicalement - camaraderie - bagarreur - farceuse.

2. Où peux-tu trouver les mots en caractères gras dans le dictionnaire ?

1. Voulez-vous que je vous **lise** une nouvelle histoire ?
2. La petite sœur de Frédéric ne **sait** pas encore marcher.
3. Nous **irons** jouer dans les bois.
4. Les enfants **peignent** leur cabane.

3. Remplace les mots en caractères gras par des mots qui ont le même sens.

1. Laurent a mauvais caractère, il n'est jamais **content**.
2. Ce n'est pas étonnant s'il se fait **gronder**.
3. Sa sœur est toujours **gentille** avec tout le monde.
4. Elle ne **pleurniche** pas pour un rien !
5. Le repas a été très **animé**.

Image et texte

Après la mort de leurs parents, la grande sœur Alionouchka et son petit frère Ivanouchka sont partis courir le monde.

Le soleil est haut, le puits est loin, la chaleur est cruelle, la sueur ruisselle. Ivanouchka a bien soif.
« Patiente, petit frère, dit Alionouchka. On va arriver au puits. »
Mais avant d'y arriver, ils voient un étang. Au bord, les vaches sont en train de paître. Ivanouchka dit :
« Alionouchka, ma sœur, je vais boire de l'eau de cet étang.
— Ne bois pas, petit frère. Tu deviendrais un petit veau. » [...]
Ivanouchka a soupiré, s'est laissé emmener. Mais le soleil est haut, le puits est loin, la chaleur cruelle, la sueur ruisselle. Au bord d'un lac des chèvres broutent. Ivanouchka dit :
« Alionouchka, ma sœur, je n'y tiens plus ! Je vais boire là.
— Ne bois pas, petit frère, tu deviendrais petit chevreau. »
Mais cette fois Ivanouchka n'a pas écouté sa sœur. Il a bu de l'eau du lac et aussitôt il est devenu un petit chevreau.

« Grande-Sœur et Petit-Frère », *Contes populaires russes,* traduits par Luda, Messidor/La Farandole.

1. Combien d'images seraient nécessaires pour transformer ce texte en bande dessinée ?

2. Dessine chaque image. Place des bulles pour faire parler les personnages, si c'est nécessaire.

3. Le dessin raconte la suite de l'histoire : imagine ce qui s'est passé.

4. Écris la suite de l'histoire.

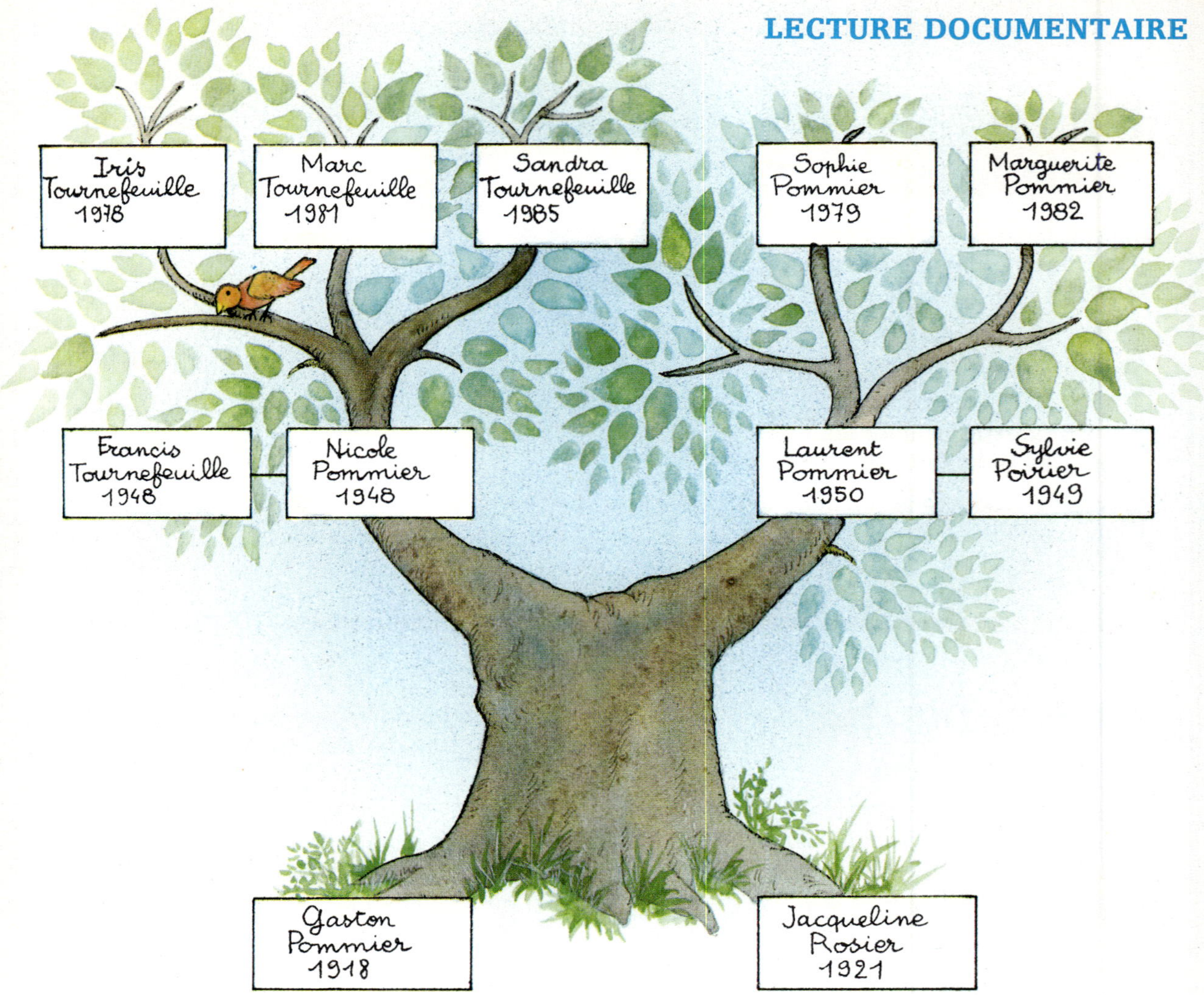

1. Comment appelle-t-on un document de ce type ? À quoi sert-il ?

2. Vrai ou faux ?
- Sophie Pommier est la sœur de Marguerite Pommier.
- Marc Tournefeuille est le mari de Sylvie Poirier.
- Laurent Pommier est le fils de Nicole Pommier.
- Nicole Pommier est la fille de Jacqueline Rosier.
- Laurent Pommier est l'oncle de Sandra Tournefeuille.
- Nicole Pommier est la mère de Sophie Pommier.

3. Dans cet arbre généalogique, cite tous les frères et sœurs.

4. Dans cet arbre généalogique, cite tous les cousins et toutes les cousines.

5. Observe attentivement cet arbre généalogique et complète les phrases par le mot qui convient.

EX : Sylvie Poirier est la ..... de Sophie Pommier.
→ Sylvie Poirier est la **mère** de Sophie Pommier.

1. Marc Tournefeuille est le ..... de Marguerite Pommier.
2. Nicole Pommier est la ..... de Sandra Tournefeuille.
3. Sylvie Poirier est la ..... de Nicole Pommier.
4. Iris Tournefeuille est la ..... de Sophie Pommier.

6. Qui est-ce ?
1. C'est la sœur de ma mère.
2. C'est la fille de ma sœur.
3. C'est le père de mon cousin.

LE JEU DU PETIT POUCET

POUR JOUER, IL FAUT UN DÉ ET DES PIONS DE DIFFÉRENTES COULEURS. CHAQUE JOUEUR JETTE LE DÉ À SON TOUR ET DÉPLACE SON PION SUR LES CASES (AUTANT DE CASES QUE LES DÉS INDIQUENT DE POINTS). LE GAGNANT EST CELUI QUI ARRIVE LE PREMIER À LA MAISON DES PARENTS. MAIS, ATTENTION, UN CERTAIN NOMBRE D'AVENTURES ATTENDENT LES JOUEURS.

. AUX CASES 7, 17, 24, 34 ET 54 ON JOUE UNE DEUXIÈME FOIS... AUX CASES 10, 26 ET 42 ON AVANCE DE 7 CASES... AUX CASES 12, 41 ET 56 ON RECULE DE 6 CASES... AUX CASES 9, 15, 29, 36, 48 ET 57 ON ATTEND UN TOUR... AUX CASES 23 ET 39 ON REVIENT À LA CASE DÉPART... SI ON DÉPASSE 63, ON RECULE DU NOMBRE DE CASES DÉPASSANT 63.

Révisions

1. Quels mots peux-tu supprimer dans les phrases suivantes ? Quels renseignements donnent-ils ?

1. Le bébé dort dans son berceau.
2. À huit heures et demie, tous les matins, ma sœur et moi nous partions à l'école.
3. Mercredi, nous nous sommes promenés à bicyclette.

2. Enrichis les phrases suivantes.

1. Les enfants prennent leur goûter.
2. Julien promène sa petite sœur.
3. Ils jouent au ballon.
4. Toute la famille s'est réunie.
5. Les enfants du quartier font du patin à roulettes.

3. Les verbes suivants se conjuguent-ils avec avoir **ou avec** être **au passé composé ?**

entrer - finir - acheter - choisir - lancer - montrer.

4. Mets les groupes de mots au singulier et emploie-les dans une phrase.

les images - les herbes - les hiboux.

5. Mets les phrases suivantes à la forme négative.

1. Au village, on est tranquille.
2. On a vu les Dalton.
3. On aime les voir arriver.

6. Mets les verbes entre parenthèses au passé composé.

1. Ils (jouer) ensemble tout l'après-midi.
2. Elle (aller) acheter des gâteaux.
3. Grand-mère nous (raconter) une histoire.
4. J'(regarder) des diapositives à la bibliothèque.

7. Trouve le sujet de chaque verbe et emploie-les dans des phrases.

elle •	• sommes sorties
nous •	• sont arrivés
ils •	• est partie

8. Complète les mots.

1. un autor...	(-ail ou -aille)
2. de la ferr...	(-ail ou -aille)
3. le somm...	(-eil ou -eille)
4. il somm...	(-eil ou -eille)
5. une f...	(-euil ou -euille)
6. l'org...	(-ueil ou -ueille)

9. Complète les mots avec la graphie du son [u] qui convient.

1. un kang...r...	5. le Pér...
2. des caill...	6. la cr...te
3. dess...	7. la j...
4. le g...	8. un ch...

10. Cherche dans le dictionnaire les mots suivants :
jumelles - prétentieux - réprimander -favoriser.

11. Cherche des mots qui veulent dire la même chose. Aide-toi du dictionnaire.

une querelle - un garnement - obstiné - jovial.

12. Dictée ou autodictée.

Les deux frères lapins se disputent souvent.

Mon grand frère a continué à pleurer de son côté, et parce qu'il m'avait fait tant de chagrin, j'ai pleuré moi aussi. Finalement, comme nos nez et nos pelages étaient tout mouillés, j'ai posé mon bras sur les épaules de mon grand frère, et celui-ci a posé lui aussi son bras sur mes épaules.

FRIEDEL SCHMIDT,
Je suis déjà un grand lapin,
Fernand Nathan.

13. Qu'as-tu retenu ?

1. Comment le Petit Poucet retrouve-t-il son chemin dans la forêt ?
2. Quel animal les deux oursons gloutons rencontrent-ils ?
3. Complète les phrases suivantes.
   - Le frère de ma mère est mon .....
   - La fille de ma tante est ma .....
   - Le mari de la sœur de ma mère est mon

Champions

Chausse, mon compagnon, tes espadrilles blanches ;
Il fait grand jour, et la montagne nous attend !...
Nous passerons le pont tremblant, le pont de planches ;
Nous irons vers ce lac que l'on voit miroitant.

LOUIS CADET, « La promenade matinale », *Poèmes et chansons*, Gallimard.

Comment devenir champion de football en mangeant du fromage

Jeannot et ses amis sont passionnés de football. Un jour, ils découvrent qu'avec cinq cents vignettes découpées dans un fromage, Le Petit Vacher, *on peut recevoir un magnifique ballon...*

Jamais on n'avait fait une telle consommation de fromage dans les familles du quartier. En revenant de l'école, à midi, la première question était partout :

« Alors, qu'est-ce qu'on mange ? Y a-t-il du fromage ? »

Comme tous les autres, Jeannot faisait les plus grands efforts. Ils se bourraient tous de fromage, à tous les repas, se découpant de larges portions, posant d'épaisses couches de fromage sur de minces tranches de pain, mangeant du fromage à la dérobée entre les repas, exigeant du fromage pour leur goûter, proposant, à table, d'une voix faussement indifférente :

« Encore un peu de fromage, papa ? C'est d'une grande richesse énergétique. »

Le mot leur plaisait. Il était un peu savant, mais on comprenait qu'il était question d'énergie. On n'en manquait pas dans la bande à Jeannot. Lulu, plein de zèle, avait même réussi à persuader ses parents que l'instituteur avait été très affirmatif : le fromage protégeait des radiations atomiques. Il en mangeait une bonne portion à son petit déjeuner.

Jeannot était chargé de réunir les points. Mais cela n'avançait guère. Il avait pu collectionner jusque-là une cinquantaine de vignettes en une semaine, et les parents commençaient à se lasser du fromage, de « ce » fromage : pas question de varier le genre ni la marque, évidemment. Tout le monde était condamné au « Petit Vacher » à perpétuité, un fromage cuit, assez moelleux, mais un peu fade, facilement bourratif, et, au bout de huit jours, franchement insipide. Le père Verstat avait déjà protesté. La mère de Marc, marchande des quatre-saisons, avait affirmé que le fromage était mauvais pour ses bronches (qu'elle avait fragiles). [...]

C'est alors que Marc, toujours riche en astuces, se posta tout un mercredi à la porte de la grande crèmerie qui fait face au marché, et repéra les ménagères qui portaient dans leur filet le fameux fromage. Il eut l'audace de demander les vignettes « pour sa collection ». Il eut bien des rebuffades, mais il eut aussi un joli succès, ses camarades l'imitèrent le dimanche suivant, pendant toute la matinée.

Puis ce fut au tour de Lulu : il était embauché de temps en temps pour faire les courses de la crémière, porter des paquets à domicile, ranger des caisses de yaourts, aller à la poste, etc. Il revint avec un paquet de cinquante vignettes. Il refusa de s'expliquer sur leur provenance. Jeannot hésita. Mais le temps pressait, et les clientes qui sortaient du magasin ne trouvaient pas toujours de vignette dans leur fromage.

En un mois, les cinq cents vignettes furent réunies. Ils les envoyèrent au « Petit Vacher ». Quelques jours après, ils reçurent « le ballon de football réglementaire, cousu main » qui arriva chez Jeannot, par la poste, à son nom, ce qui stupéfia son père qui, pourtant, en avait vu d'autres.

Jacques Charpentreau, *Comment devenir champion de football en mangeant du fromage*, « Ma première amitié », Éditions de l'Amitié.

La phrase (3)

Malgré la pluie, (1) les spectateurs attendent depuis une heure (2) sur les gradins. (3)

1. Trouve au moins trois nouvelles phrases possibles en changeant la place des groupes encadrés. Écris-les en faisant attention à la ponctuation.

EX : Depuis une heure, malgré la pluie, les spectateurs attendent sur les gradins.

2. Quel renseignement te donne :
- le groupe 3 ?
- le groupe 2 ?
- le groupe 1 ?

3. Quels groupes peux-tu supprimer dans la phrase ci-dessus ? Que remarques-tu ?

4. Complète la phrase suivante avec un groupe que tu peux déplacer et supprimer.

Les spectateurs sortent du stade.

- On appelle **compléments circonstanciels** les **groupes** que l'on peut **supprimer** et **déplacer** dans une phrase.
- Ces groupes apportent des **renseignements** de **temps**, de **lieu**, de **manière**, etc.

EX : Les spectateurs attendent **depuis une heure**.

5. Quels groupes peux-tu déplacer et supprimer dans les phrases suivantes ?

1. Le match va commencer dans quelques minutes.
2. À chaque but, les supporters applaudissent.
3. L'arbitre siffle à plusieurs reprises.
4. Certains agitent des drapeaux dans les tribunes.

6. Enrichis ces phrases avec un groupe que tu peux déplacer et supprimer.

1. Les joueurs se préparent.
2. On a construit un stade.
3. L'équipe des cadets jouera la finale.
4. Le match se termine.

et ou est ?

1. La petite fille **est** ceinture marron.
2. La petite fille **et** le petit garçon sont sportifs.

1. Dans la phrase 1, remplace le groupe souligné par je. **Que remarques-tu ?**

2. À quoi sert et **dans la phrase 2 ?**

Il ne faut pas confondre :

- **est**, verbe **être** à la 3e personne du singulier de l'**indicatif présent**. On peut changer sa personne ou son temps.
- **et**, **mot invariable** qui sert à relier deux éléments.

EX : Le kimono **est** blanc **et** la ceinture **est** marron.

3. et **ou** est ?

1. Le judo . . . un sport venu du Japon.
2. Jigoro Kano, l'inventeur du judo, . . . né en 1860.
3. Le kendo, l'aïkido . . . le karaté sont des sports de combat.
4. Un dojo . . . une salle d'entraînement.
5. Aujourd'hui, en France, de nombreux garçons . . . filles pratiquent le judo.

4. Même exercice que l'exercice 3.

1. Elle fait du judo . . . de la gymnastique.
2. Il a gagné tous les combats : il . . . le vainqueur de la compétition de judo.
3. Le judogi . . . le costume des judokas.
4. Ce costume ample . . . très confortable.
5. Le judo . . . un sport très intéressant.

5. et **ou** est ?

LE JUDOGI
OU COSTUME DES JUDOKAS

Tissage . . . coupe sont étudiés pour résister à de fortes tractions. Il . . . rare qu'une veste de judogi se déchire. Les revers sont renforcés . . . arrondis légèrement pour ne pas brûler la peau par leur frottement. Le pantalon . . . serré à la taille par un cordon . . . la veste fermée par une ceinture de tissu souple qui fait deux fois le tour des hanches . . . se noue par un nœud plat. Le judogi ne comporte aucun bouton, la ceinture aucun fermoir, aucune boucle, les judokas sont toujours pieds nus. Le judogi . . . très agréable à porter.

PIERRE MARTEL, JACK LACHIVER et CLAUDE FRADET,
Le judo, « En savoir plus », Hachette Classiques.

Le futur (1)

Demain, peut-être, il **gagnera** la course.

1. À quel temps le verbe en caractères gras est-il conjugué ? Donne son infinitif.

2. Voici des expressions de temps. Avec lesquelles peut-on trouver un futur ?

bientôt - l'année prochaine - l'été dernier - tout à l'heure - à Noël - le mois prochain - hier.

3. Conjugue le verbe de la phrase suivante à toutes les personnes du futur.

Demain, (terminer) l'entraînement.

Futur du verbe **gagner**	
je gagner**ai**	**nous** gagner**ons**
tu gagner**as**	**vous** gagner**ez**
il (**elle**) gagner**a**	**ils** (**elles**) gagner**ont**

4. Conjugue le verbe de la phrase suivante à toutes les personnes du futur.

Demain, peut-être, (accomplir) un exploit.

Futur du verbe **finir**	
je finir**ai**	**nous** finir**ons**
tu finir**as**	**vous** finir**ez**
il (**elle**) finir	**ils** (**elles**) finir**ont**

5. Mets les verbes entre parenthèses au futur.

1. Les spectateurs (envahir) le stade.
2. Les coureurs (arriver) en avance pour se préparer.
3. L'arbitre (donner) le départ.
4. Vous (encourager) votre favori.
5. Nous (rentrer) très contents.

Les lettres doubles

Le numéro 9 arrivait à toute allure devant les buts. Il allait frapper et mettre le ballon au fond des filets. Il a suffi à un arrière de l'autre équipe d'allonger la jambe pour le stopper grâce à un magnifique croche-pied et de le faire tomber à terre. Mais... coup de sifflet ! L'arbitre a tout vu et ordonne immédiatement un penalty. Le goal, immobile, s'arrache les cheveux. Réussira-t-il à arrêter la balle ?...

1. Lis le texte silencieusement.

2. Relève tous les mots qui contiennent des lettres doubles.

EX : a**rr**ivait

3. Classe les mots dans le tableau suivant :

-ff-	-ll-	-mm-	-nn-	-pp-	-rr-	-ss-	-tt-

4. Ajoute cinq autres mots dans chaque colonne du tableau précédent.

5. Cherche l'intrus.

1. un inconnu - une annonce - un ananas -une paysanne.
2. une malle - une cale - une balle - un collier.
3. un appareil - un appel - apercevoir - applaudir.
4. un atelier - l'attente - attirer - atterrir.
5. arrêter - une arête - arracher - arroser.

6. -l- **ou** -ll- **?**

1. une pe. . .e
2. il pè. . .e
3. elle est be. . .e
4. il bê. . .e
5. ce. . .e-là
6. une se. . .e
7. une éche. . .e
8. une bou. . .e
9. la co. . .e
10. la co. . .ine

7. -t- **ou** -tt- **?**

1. ba. . .re
2. gra. . .er
3. gâ. . .er
4. je. . .er
5. il je. . .e
6. une mie. . .e
7. une gale. . .e
8. la fê. . .e
9. une noise. . .e
10. une poche. . .e

8. -r- **ou** -rr- **?**

1. le ca. . .efour
2. la ma. . .e
3. une pie. . .e
4. un pa. . .asol
5. une cha. . .ue
6. un ma. . .on
7. le ca. . .é
8. la ba. . .iè. . .e
9. cu. . .ieux
10. fai. . .e
11. co. . .ect
12. ho. . .ible

9. Complète avec une ou deux lettres.

1. a. . .élérer - un a. . .ident - l'a. . .ordéon - o. . .uper.
2. un a. . .artement - la gri. . .e - un hi. . .o. . .otame - attra. . .er.
3. e. . .uyer - e. . .ayer - a. . .ommer - du poi. . .on.
4. un e. . .emi - ho. . .ête - ronro. . .er - la mie. . .e.
5. a. . .irmer - un co. . .re - o. . .rir - a. . .olé.
6. une e. . .eur - un pe. . .oquet - cou. . .ir - nou. . .ir.

Autour d'un mot : gagner

1. Classe les mots dans le tableau.

le gagnant - le vainqueur - triompher - la défaite - perdu - battu - la victoire - le vaincu - vaincre - le perdant.

gagner	perdre
la victoire	

2. Complète chaque phrase avec l'un des mots de l'exercice 1.

1. Nouvelle ..... pour l'équipe de Sélestat qui se retrouve première au classement.
2. Nouvelle ..... pour le boxeur américain qui a dû abandonner au sixième round.
3. Les joueurs de Saint-Étienne ont gagné à Madrid : ils ont ..... par 2 à 0.
4. Le ..... de la finale serre la main de son adversaire malchanceux.

3. Cherche ce que veut dire gagner **dans les phrases suivantes. Aide-toi du dictionnaire.**

1. Prenez ce raccourci, vous gagnerez du temps !
2. Les poursuivants gagnent du terrain.
3. Après le match, les spectateurs gagnent la sortie.

Reconstitution de texte

Le renard, le blaireau, le corbeau, la taupe et le lièvre étaient réunis dans un pré. La taupe lança au lièvre un défi :

« Je suis certaine de te battre à la course. Une course loyale : moi je creuse et toi, tu cours. En tout, dix mètres.

— Je suis d'accord », dit le lièvre.

La taupe se mit aussitôt à creuser. Le lièvre réfléchit : « La taupe a dix mètres à creuser. J'ai le temps d'aller déjeuner. » Apercevant un champ de choux, il courut s'y régaler de jeunes et tendres feuilles.

« Un mètre ! crièrent le renard, le blaireau et le corbeau. Reviens, lièvre, reviens ! »

Le lièvre ne revint pas. « Encore neuf mètres, pensa-t-il, cela suffit pour faire une bonne sieste... » mais il ne dormit que d'un œil.

« Deux mètres ! crièrent le renard, le blaireau et le corbeau. Reviens, lièvre, reviens ! »

HANS BAUMANN, *Le lièvre et la taupe,* Fleurus.

1. Lis le texte.

2. Ce texte ne te rappelle-t-il pas une autre histoire ? Laquelle ?

3. Pourquoi la taupe est-elle certaine de battre le lièvre à la course ?

4. Que fait le lièvre d'abord ? Ensuite ?

5. Pourquoi pense-t-il qu'il a toujours assez de temps ?

6. Imagine ce qu'on peut écrire lorsque la taupe vient de parcourir cinq mètres ? Neuf mètres ?

7. Préfères-tu le lièvre ou la taupe ? Pourquoi ?

8. Reconstitue le passage en caractères gras.

Une grande peur

Lis cette histoire silencieusement. Certaines lettres et certains mots ont été parfois effacés ou noircis.

1. Le Coyote était calmement assis dans la prairie lorsqu'il vit le lièvre passer en quatrième vitesse.
« S'il court tant que cela, c'est qu'il y a des chasseurs ; mieux vaut que je déguerpisse comme lui ! » se dit Coyote.

2. L'Élan, qui brou•ait tranqu•llement dans sa clai•ière, vit la cour•e •es deux compères.
« Si Coyo•e court tant que cela, c'est que le fleu•e est en crue ; mieux vaut •uivre •on exem•le ! » se dit Élan. [...]

Le Loup fit la même chose, puis l'Ours qui s'arrêta auprès de Loup, épuisé.

3. « Mais que fais-tu donc ici ? demande Ours en s'arrêtant à son tour. Je croyais qu'un [redacted] comme toi ne fuit qu'en cas de très grand [redacted]. Qu'était-ce ?
— Je n'en sais rien ; c'est à Élan qu'il faut le [redacted], répondit Loup. Quand je l'ai vu [redacted] si vite, je me [redacted] joint à la [redacted] pour plus de sûreté. Dis, Élan, [redacted] courais-tu ?
— Je n'en sais rien ; c'est à [redacted] qu'il faut le demander, répondit Élan. Quand je l'ai vu passer si [redacted], je me suis [redacted] à la course pour plus de [redacted]... Au fait, Coyote, pourquoi [redacted]-nous ?

4. — Je n'en sais [redacted] ; c'est à Lièvre qu'il [redacted] le demander, [redacted] Coyote. Quand je l'ai vu [redacted] si [redacted], je me suis joint à la [redacted] pour plus de [redacted]. J'en ai d'ailleurs [redacted] au cœur, aïe !... Et quand il [redacted] assis, [redacted] j'en ai [redacted] autant, car il doit [redacted] quel est le péril auquel nous avons à présent [redacted].
— Dis, Lièvre, quel était donc le [redacted] qui nous menaçait ? [redacted] Ours et Loup et Élan et Coyote d'une [redacted] voix.

5. — Oh ! Ce grondement effroyable ! gémit Lièvre, levant les yeux au ciel. Oooh ! Ce bruit de fin-du-monde d'un monceau de neige tombant d'un sapin, presque, oh ! presque sur ma tête ! »

D'après *Conte des Indiens Kutenai*, U.S.A., raconté par Béatrice Tanaka.

RONDE

Entrez dans notre ronde
vous qui passez au loin
nous cueillerons le monde
comme on coupe les foins.

Sautez dans notre ronde
en secouant vos cheveux
tous les trésors du monde
ne valent pas nos jeux.

Tournez dans notre ronde
en chantant avec nous
tous les soucis du monde
ne vaudront plus un sou.

Allez dire à la ronde
qu'en dansant avec nous
tous les bonheurs du monde
étaient à vos genoux
Hou !

PIERRE BÉARN, *Fables*,
Saint-Germain-des-Prés.

CAMPEURS

Tout là-haut, sur le mont,
Ils ont monté leur tente.

Sur le mât d'artimon
Est le soleil qui chante.

Aux filins de la nuit
Rêvent les doigts d'estelles*.

Chante même la pluie
Qui glisse par l'auvent.

Chante Cadet-Rousselle
Que l'on voit récurant

Son couvert, sa gamelle,
À l'auberge du vent.

Tout là-haut, sur le mont
Que noircira l'airelle,

Il est une maison
Sans poutres ni chevrons,

Il est une maison
Qui n'a pas d'arentelles*,

Une maison nouvelle
D'où partent des chansons.

PIERRE MENANTEAU,
Ah ! que la terre est belle.

L'AIR

Poumons,
Gonflés d'air pur sur la cime des monts.
Poumons,
Cet air est libre,
Il vibre, ô liberté !
Il vibre
Et va chantant
La joie de la jeunesse !
Le temps
Le temps nous presse
Chantez
Votre jeunesse
Chantez
La liberté !

ROBERT DESNOS,
Les quatre éléments,
Gallimard.

* *Estelles* : étoiles.
* *Arentelles* : toiles d'araignée.

Le fol Anatole

Le jour où il perdit son chien, Anatole pensa qu'il était né sous une très mauvaise étoile. Privé de compagnon, il ne pourrait plus garder ses moutons.

« Me voilà dans de beaux draps, se disait-il couché dans un fossé. Je ne suis qu'un misérable berger, sans le sou et maintenant sans ami.

— Sans ami ? C'est vite dit, souffla le vent. Qui te tient compagnie toute la sainte journée ? Qui te conte les légendes...

— Assez, le vent. Cesse ces bavardages. Pour garder mon troupeau qui s'égaille, il me faudrait des ailes aux talons.

— C'est une idée, ma foi. Mais tu n'es pas oiseau. Ce qu'il te faut plutôt, ce sont des rails à tes souliers. Cours à la fontaine et fouille la fougère. »

Anatole s'y rendit et trouva des patins étincelants. « Ce ne sont pas des patins ordinaires, souffla le vent. Montés sur chenilles et sur lames incorporées, ils sont tout terrain. Ils te mèneront où tu veux, plus vite qu'un équipage de six chevaux. Vois la petite manette blanche aux talons, elle est reliée aux chenilles qui t'assurent une parfaite stabilité et la bleue actionne des lames si fines qu'elles ne rayent pas la glace. »

Anatole était heureux. Il ne quittait plus ses merveilleux souliers. Le jour, on le voyait sur la lande avec ses moutons par les chemins les plus accidentés. Le soir, il terminait la tournée du facteur en portant le courrier dans les fermes éloignées.

Un jour, le cabaretier annonça que sa fille était malade. Les remèdes se trouvaient à la grande ville, à cent lieues de là. Le premier qui les lui porterait pourrait la marier. La belle Anabelle ne manquait pas de prétendants qui prirent la route à cheval, en voiture... et en patins.

Anatole parvint à la ville le premier. Ce qu'il vit le fascina : la foule dense et bigarrée, les étoffes chamarrées, les victuailles épicées. « Comment ai-je pu vivre jusque là en ignorant tout cela ? » se disait-il. Je vais m'établir ici.

« Anatole, souffla le vent, il faut d'abord sauver la fille du cabaretier.

— C'est ma foi vrai, je l'avais oubliée. »

Et Anatole s'en retourna, chargé des précieux onguents.

Le cabaretier fut bouleversé.

« Mon cher ami, dit-il, ma fille vous doit la vie, sa main vous appartient.

— La main, soit. Car votre fille a plus de bagues aux doigts que de doigts à ses mains. Mais pour le reste, je vous le laisse : elle est trop fière et trop pincée. » Ce disant, il fit mine* de trancher la main de la belle fille qui prit la fuite en criant « Au fou ! ».

La renommée d'Anatole grandit. Les patineurs affluaient de toutes parts pour se mesurer à lui. Anatole remportait coupe après coupe, éliminant un à un tous ses adversaires. À chaque épreuve, le vent soufflait « Vas-y mon gars, tu as des ailes aux pieds. » Et Anatole avait l'impression de voler. Devenu le champion incontesté, il défia le vent.

« Je les ai tous vaincus, je peux te vaincre aussi.
— Tu plaisantes, siffla le vent, personne n'est plus rapide que moi. Me braver serait de la folie. »

Il en vint de partout pour voir la course étrange.

Lorsque fut donné le signal du départ, une formidable bourrasque coucha tout le monde au sol. Et quand enfin, on put distinguer quelque chose à travers la poussière, il n'y avait plus qu'un point noir à l'horizon.

Anatole n'est jamais revenu au pays. On raconte au village qu'il a rejoint un cirque. On dit aussi que le vent l'a changé en une boule de ronces qui roule sur la lande par grand vent. On dit tant de choses... Le vent souffle de plus belle sur la lande et ne parle jamais de lui.

ÉDITH NIEL, droits réservés.

* *Fit mine :* fit semblant.

La phrase (4)

Les Gaulois applaudissent [leur champion]₁ [dans l'arène.]₂

1. Dans la phrase ci-dessus, peux-tu déplacer :
- le groupe 1 ?
- le groupe 2 ?

2. Dans les phrases suivantes, quels sont les groupes encadrés que tu peux déplacer ?

1. Elle a gagné [le 100 mètres] [avec une grande facilité.]
2. [Sur la ligne de départ,] les concurrents s'observent [en silence.]
3. La gymnaste exécute [les figures] [avec beaucoup d'élégance.]

3. Enrichis les phrases suivantes avec des groupes de mots que l'on peut déplacer.

1. L'équipe des juniors s'entraîne.
2. Les athlètes s'échauffent.
3. Les nageurs s'éclaboussent.
4. Les judokas se saluent.
5. Les coureurs se préparent.

4. Relis les phrases que tu as faites dans l'exercice 3. Quels renseignements as-tu apportés (temps, lieu, etc.) ?

5. Même exercice que l'exercice 3.

1. L'arbitre surveille le jeu.
2. Nous irons voir la finale.
3. Les résultats de l'épreuve ont été annoncés.
4. Les patineurs dansent.
5. Il lance le disque.

a ou à ?

Globi **a** inventé le patinage **à** voile.

1. Remplace Globi **par** je **dans la phrase ci-dessus. Que remarques-tu ?**

2. **À quel temps le verbe de la phrase ci-dessus est-il conjugué ?**

3. **Cherche trois expressions composées avec** à.

EX : patinage **à** voile

> • **a**, sans accent, est un **verbe** (**avoir**, présent de l'indicatif, 3e personne du singulier) ou **fait partie d'un verbe.** On peut donc changer sa personne (ou son temps).
>
> EX : Il **a** des patins à roulettes.
>
> • **à**, avec accent, est un **mot invariable** qu'on appelle une **préposition**. Il sert à introduire des compléments.
>
> EX : Il va **à** son travail en patins **à** roulettes.

4. **Réponds aux questions suivantes en employant** à.

EX : Où vas-tu ?
→ Je vais **à** la piscine.

1. À qui parlais-tu ?
2. Quand arriveras-tu ?
3. À qui appartiennent ces patins ?
4. Où pars-tu ?

5. à - a **ou** as **?**

1. L'arbitre ... accordé un penalty.
2. Nous sommes rentrés ensemble ... la fin du match.
3. ...-tu déjà essayé de faire du patin ... glace ?
4. Tu ... raison de continuer.
5. Il est tombé et il ... eu du mal à se relever.

6. **Même exercice que l'exercice 5.**

1. Tu ... fait beaucoup de progrès.
2. Les chars ... voile font la course le long de la plage.
3. ... quelle heure va-t-il ... l'entraînement ?
4. Je n'aime pas monter ... la corde.
5. Il y a de plus en plus de planches ... voile sur le lac.

CONJUGAISON 2

Le futur (2)

1. **Réponds oralement aux questions suivantes.**

EX : Iras-tu à la piscine samedi prochain ?
→ Oui, j'irai à la piscine samedi prochain.

1. Irons-nous voir les compétitions de judo ?
2. Sera-t-elle prête pour le match ?
3. Participerez-vous aux éliminatoires ?
4. Quand auront lieu les prochains Jeux Olympiques ?

2. **Mets au futur les verbes entre parenthèses.**

1. Si tu t'entraînes, tu (réussir) à battre ton record.
2. Si j'apprends le judo, je (tomber) sans me faire mal.
3. Si elle respire mieux, elle (nager) encore plus vite.
4. Si tu n'as pas peur, nous (sauter) du grand plongeoir.

3. **Remplace les expressions en caractères gras par un verbe au futur.**

EX : Il **va partir** dans une minute.
→ Il **partira** dans une minute.

1. Avec sa perche, il **va franchir** plus de deux mètres de haut.
2. Nous **allons organiser** une course et tout le quartier **va** y **participer**.
3. Ils **vont commencer** dans une demi-heure.
4. On **va donner** le départ dans quelques instants.

Graphies de [ɛ̃]

Le petit **malin** a **inventé** un truc formidable. Grâce à ses ailes, il passe par-dessus la barre en tenant la perche à deux **mains**. Espérons qu'il ne tombe pas à côté des **coussins**.

1. Lis le petit texte silencieusement puis à haute voix.

2. Cherche ce que les mots en gras ont en commun.

3. Dans la liste suivante, relève les mots qui contiennent le son [ɛ̃].

EX : Alain

Alain - simple - important - l'image - immense - le peintre - freiner - le lapin - le requin - inespéré - la laine - le copain - dominer - l'impôt - la faim - une pince.

4. Dans les mots que tu as relevés, encadre les lettres qui servent à transcrire le son [ɛ̃].

EX : Al[ain]

5. Classe les mots relevés dans le tableau suivant :

in	im	ein	ain	aim
			Alain	

6. Complète les quatre premières colonnes avec deux autres mots.

7. Cherche l'intrus.

1. la finale - le vinaigre - le printemps - une minute.
2. la limonade - dimanche - imbattable - le ciment.
3. la veine - la reine - la peine - la teinte.
4. le chien - le rein - le bien - le sien.
5. l'examen - un lycéen - la menthe.

8. Complète les mots avec la graphie du son [ɛ̃] **qui convient.**

1. la d. . .de - l'. . .cendie - le bass. . . - la prov. . .ce.
2. le gr. . . - le parr. . . - m. . .tenant - le tr. . . .
3. . . .possible - la t. . .bale - un t. . .bre - l. . .pide.
4. le fr. . . - p. . .dre - la c. . .ture.

9. Complète les mots avec la graphie du son [ɛ̃] **qui convient.**

1. ét. . .dre
2. gr. . .cer
3. . . .quiet
4. cr. . .dre
5. un poul. . .
6. un s. . .ge
7. la p. . .ture
8. un chem. . .
9. . . .patient
10. un d. . .

10. Cherche tous les mots que tu peux former.

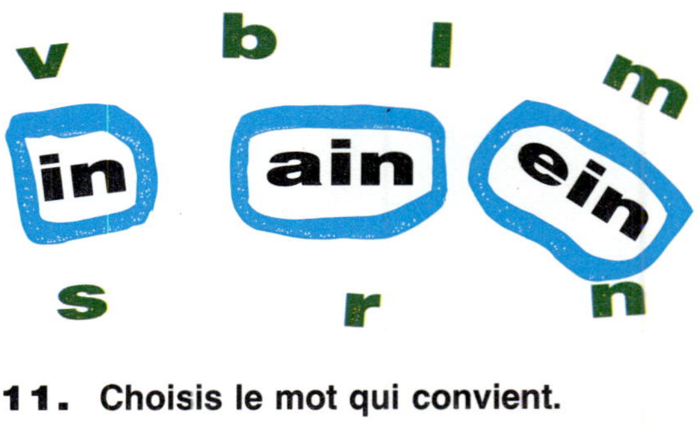

11. Choisis le mot qui convient.

1. À l'arrivée, l'un des coureurs se { plein / plaint } parce qu'il a été gêné par un spectateur.
2. Après un match de football, j'ai toujours une { fin / faim } de loup.
3. J'aime bien sentir l'odeur du { thym / teint }.

Les différents sens d'un mot (1)

1. Trouve à chaque fois le mot qui correspond aux deux définitions.

1/ a. On en mange quand il fait chaud.
   b. On se regarde dedans.
2/ a. Elles tombent à l'automne.
   b. Il y en a beaucoup dans les livres.
3/ a. On s'en sert pour bricoler.
   b. Celles du crabe sont redoutables.
4/ a. On le trouve sur la table de ping-pong.
   b. On y met les provisions du marché.
5/ a. Partie d'un escalier.
   b. Permet de se déplacer.

2. Complète les phrases avec le mot qui convient.

1/ a. As-tu une ... de monnaie ?
   b. Combien y a-t-il de ... dans la maison ?
2/ a. Pour ne pas faire de bruit, il faut marcher sur la ... des pieds.
   b. Nous avons marché jusqu'à la ....
3/ a. Le vieux tronc est couvert de ....
   b. J'aime bien la ... au chocolat.
4/ a. Ces œufs sont très ....
   b. Le vent est ... ce matin.
5/ a. Voici la ... du village.
   b. Il n'y a pas beaucoup de ....

3. Trouve au moins deux sens pour les mots suivants :

café - pièce.

Questions et réponses

1. Retrouve les questions de cette conversation.

« .....
— J'ai 26 ans.
— .....
— Le saut à la perche.
— .....
— Oui, elle est en fibre de verre et elle est très flexible, comme vous le voyez.
— .....
— Il faut s'entraîner très régulièrement, plusieurs heures chaque jour.
— .....
— J'espère dépasser les six mètres et devenir champion olympique. »

2. Interroge cette championne pour mieux la connaître.

Demande lui, par exemple, des renseignements sur :
- ses débuts,
- ses victoires,
- ses difficultés,
- sa vie de championne,
- ses projets sportifs,
- ce qu'elle fera plus tard,
- ses conseils aux jeunes.

3. Choisis l'un des sports suivants :

l'escrime - le golf - l'haltérophilie - le kayak - la boxe - la gymnastique - le trampoline.

- **Prépare les questions que tu voudrais poser à un champion ou à une championne pour mieux connaître ce sport.**

Les Jeux Olympiques

Dans l'ancienne Grèce, longtemps avant Jésus-Christ, les champions de l'époque se rassemblaient tous les quatre ans dans la ville d'Olympie pour courir, sauter, lancer le disque ou le javelot.

En 1894, Pierre de Coubertin, un passionné de sport, propose de faire revivre ces fêtes disparues depuis longtemps : les premiers Jeux Olympiques modernes ont lieu à Athènes, en 1896. Les premiers Jeux Olympiques d'hiver seront organisés en 1924.

L'emblème des Jeux est fait de cinq anneaux entrecroisés qui représentent les cinq continents : le bleu, c'est l'Europe, le jaune l'Asie, le noir l'Afrique, le rouge l'Amérique, le vert l'Océanie. Avec ces cinq couleurs, plus le blanc, on peut former les drapeaux de tous les pays du monde.

Le premier jour des Jeux, un (ou une) athlète apporte la flamme olympique dans le stade et, au nom de tous les champions présents, jure de se battre loyalement.

Les sports olympiques sont l'athlétisme, l'aviron, le basket-ball, la boxe, le canoë-kayak, le cyclisme, l'escrime, le football, la gymnastique, l'haltérophilie, le hand-ball, le hockey sur gazon, le judo, la lutte, la natation, le pentathlon, les sports équestres, le tir, le volley-ball, le water-polo, le yatching à voile. Le pays qui organise les jeux a le droit d'introduire un nouveau sport. Il existe également des Jeux Olympiques d'hiver avec des épreuves de ski, de patinage, etc.

Dans l'Antiquité, les champions recevaient des couronnes d'olivier. Maintenant, le vainqueur de chaque finale gagne une médaille d'or, le deuxième une médaille d'argent, le troisième une médaille de bronze.

1. D'où vient l'adjectif *olympique* ?
2. Situe la Grèce sur une carte du monde.
3. Quelle est l'année des premiers Jeux Olympiques modernes ?
4. Pourquoi, à ton avis, les premiers Jeux Olympiques modernes ont-ils eu lieu à Athènes ?
5. Peux-tu expliquer le choix des couleurs de l'emblème des Jeux ?
6. Que représente la flamme olympique ?
7. **Recherches.**
   - Connais-tu tous les sports olympiques cités dans le texte ? Cherche quelques renseignements sur ceux que tu ne connais pas.
   - Où et quand auront lieu les prochains Jeux Olympiques d'été et d'hiver ?
   - Sais-tu quand se sont déroulés les derniers Jeux Olympiques, et dans quelles villes ?

C'est un jeu de course et de poursuite : il faut toucher son adversaire pour le faire prisonnier sans se faire toucher soi-même.
Il y a deux équipes, A et B, et chaque équipe a son camp.
A
B
Pour commencer, un joueur sort du camp A, s'approche d'un joueur B qui sort de son camp, et il crie BARRE en lui tapant 3 fois sur la main.
BARRE !
Puis il essaie de revenir le plus vite possible vers son camp, poursuivi par le joueur B qui va s'efforcer, à son tour, de le toucher.
Pour protéger le joueur A, un autre joueur du même camp peut sortir et poursuivre le joueur B. Alors, un autre joueur B sort, etc...
Un joueur peut toucher et faire prisonnier tout joueur qui est sorti avant lui (il a barre sur lui).
Les prisonniers font la chaîne en se tenant par la main. Il suffit de toucher le bout de la chaîne pour délivrer tous les prisonniers.
Un joueur peut se reposer quelques instants dans le camp adverse.
L'équipe qui a gagné est celle qui a le moins de prisonniers quand on arrête le jeu.
A vous de jouer maintenant.

Révisions

1. Dans les phrases suivantes, quels groupes de mots peux-tu déplacer ?

1. Les marcheurs se sont mis en route avant le lever du soleil.
2. Vers midi, ils arriveront au sommet.
3. Ils se reposeront pendant un moment.
4. Ils redescendront avant la nuit.

2. Enrichis les phrases suivantes avec des groupes déplaçables. Quels renseignements as-tu ajoutés ?

1. La neige tombe.
2. Les enfants apprennent à nager.

3. et **ou** est ?

1. Le judo ... un sport qui vient du Japon.
2. Le football ... le rugby sont des sports d'équipe.
3. J'aime beaucoup nager ... plonger.
4. Le gymnase ... tout près de notre école.

4. a - as **ou** à **?**

1. Iras-tu ... pied ou ... bicyclette ?
2. Hier, il ... appris ... nager sur le dos.
3. ...-tu fini tes exercices d'échauffement ?
4. Veux-tu venir ... la plage avec nous ?

5. Écris correctement les verbes au temps et à la personne demandés.

1. **aller** - futur - 1re personne du singulier.
2. **nager** - futur - 2e personne du pluriel.
3. **applaudir** - passé composé - 1re personne du pluriel.
4. **plonger** - présent - 2e personne du singulier.

6. Choisis le mot qui convient.

1. Comment s'appelle ce petit oiseau au plumage jaune ? Le { serein / serin }.
2. Comment s'appelle cet arbre qui pousse souvent au bord de la mer ? Le { pin / peint / pain. }.

7. Complète les mots avec :

1. **-l-** ou **-ll-**
   i...isible - un î...ot - le co...ège.
2. **-m-** ou **-mm-**
   e...êler - une po...ade - co...ander - la co...une.
3. **-f-** ou **-ff-**
   un chi...re - une gri...e - une a...aire - a...oler.
4. **-t-** ou **-tt-**
   qui...er - une casque...e - a...endre - é...eindre.
5. **-n-** ou **-nn-**
   l'a...iversaire - le dî...er - l'ho...eur - la mie...e.
6. **-r-** ou **rr-**
   un ca...eau - fa...ouche - assu...é - a...iè...e.
7. **-c-** ou **-cc-**
   l'a...acia - a...rocher - un a...ord - l'o...asion.
8. **-s-** ou **-ss-**
   une bo...e - la le...ive - le rui...eau - un va...e.

8. Complète les mots en choisissant la graphie du son [ɛ̃] qui convient.

1. un b...
2. un fr...
3. un sap...
4. le lat...
5. un ess...
6. un ...stant
7. dem...
8. cr...dre
9. le p...tre
10. une ...passe

9. Dictée ou autodictée.

Le match commence à neuf heures, mais à huit heures déjà, le stade est plein à craquer. Les spectateurs agitent des drapeaux. Bientôt les joueurs entreront et feront le tour du terrain.

10. Qu'as-tu retenu ?

1. Comment s'appelle l'habit du judoka ?
2. Cite un sport collectif et un sport individuel.
3. Qui a fait revivre les Jeux Olympiques ?
4. Dessine l'emblème des Jeux Olympiques.

Le cirque

Auguste entre en piste avec un fusil sur l'épaule.

Clown : D'où viens-tu ?

Auguste *(avec évidence)* **:** De la chasse !

Clown : Et qu'as-tu chassé ?

Auguste *(avec importance)* **:** Des bêtes à cornes !

Clown : Quel genre ?

Auguste : Des escargots !

DOMINIQUE DENIS, « Auguste chasseur de fauves », *Découvrez le cirque,* « Kinkajou », Gallimard.

Un hiver dans la vie de Gros-Ours

Parce qu'il n'y a plus rien à manger dans sa forêt, Gros-Ours est entré dans un village où s'est installé un cirque.

Intrigué, Gros-Ours s'approche et glisse un œil par une fente de la toile. Et il vit : sur un fil tendu au-dessus de la piste une jeune fille dansait. Jamais Gros-Ours n'aurait imaginé créature plus gracieuse et plus légère — et lui qui était tout en graisse et en poils sentit soudain son cœur s'ouvrir à un sentiment inconnu.

Gros-Ours décide de se faire engager dans le cirque. Petit-Garçon devient son ami, mais Taniouchka — c'est le nom de la belle danseuse — ne fait pas du tout attention à lui. Elle n'aime que Messali, un petit fennec. Un jour, Gros-Ours essaie de l'étonner : une botte de paille brûle sur la neige.

Taniouchka, intriguée, tenant Messali dans ses bras, le regardait par la fenêtre, et Gros-Ours, affairé, soufflait sur la flamme dansante. Taniouchka applaudit en souriant. Alors Gros-Ours, au comble de la joie, voulut sauter d'un bond comme le tigre, à travers le rideau de flamme. Hélas ! il est trop lourd, il tombe dans le feu, son poil roussit. « Ah ! que ça brûle ! » Et il doit se rouler en criant dans la neige afin d'éteindre sa fourrure.

Taniouchka riait... riait... et Messali, je crois que Messali lui-même esquissait un sourire. « Cette fois, c'en est trop ! » rugit Gros-Ours, et tout fumant encore, ivre de rage, il se rua vers la roulotte, escalada les marches et d'un grand coup d'épaule enfonça la petite porte.

En le voyant surgir, énorme et rugissant, Taniouchka, affolée, laissa tomber son renardeau qui se mit à

tourner en rond sous la table. Et Gros-Ours le prenant par le cou le brandit au-dessus de sa tête ! Taniouchka devint très pâle : « Il va le tuer, pensa-t-elle. Mon petit Messali, mon cher petit fennec. Il va te tuer, cette brute ! » Et Gros-Ours en lisant ces mots dans ses yeux, en voyant la terreur de celle qu'il aimait, fut saisi d'une grande honte. Un assassin... il avait failli devenir un assassin. Baissant sa grosse tête, il posa délicatement Messali sur la table et lourdement, les yeux baissés, sortit de la roulotte.

Gros-Ours décide alors de retourner dans sa forêt. Mais les loups le guettent...

Soudain un cri dans le lointain, et les Loups qui avaient déjà pris Gros-Ours à la gorge oublient de reclaquer leurs terribles mâchoires. Oserait-on les déranger dans leur festin ? Mais l'un d'eux, tout à coup, a un rire silencieux, et d'un mouvement de museau il désigne à ses compagnons une petite silhouette armée d'un gros bâton qui s'avance péniblement vers eux dans la neige. Eh oui ! ce n'est que lui, Petit-Garçon qui s'est lancé sur les traces de son ami et qui, le voyant attaqué par la horde, essaie de lui venir en aide. Et les Loups se consultent des yeux. Petit-Garçon ferait un bon hors-d'œuvre. Ensuite ils reviendraient s'occuper de cet imbécile de Gros-Ours qui reste sur le dos les quatre fers en l'air. Et la horde en hurlant s'élance.

En la voyant voler vers lui, Petit-Garçon comprend qu'il va mourir. Mais au moment où le plus rapide des Loups va l'attaquer, un grognement terrifiant a retenti dans la forêt, et derrière les Loups se dresse une ombre gigantesque. « Gros-Ours ! » s'écrie Petit-Garçon. Oui, c'est Gros-Ours qui ne veut pas que son ami soit dévoré. En quelques coups d'épaule, il a déblayé le terrain, et la horde apeurée s'est enfuie ventre à terre.

Main dans la patte, sans regret, les deux amis s'éloignent de ce pays des hommes où ils n'ont pas été heureux. Au fond de la forêt les attend la maison de Gros-Ours. Ils se hâtent vers elle à travers la neige et le froid. Mais qu'importe l'hiver ! Les mauvais jours sont bien finis puisqu'ils sont pour toujours ensemble.

Danièle Bour et Jean-Claude Brisville,
Un hiver dans la vie de Gros-Ours, Grasset Jeunesse.

Le groupe sujet et le groupe verbal (1)

Le clown	salue	au milieu de la piste.
1	2	3

1. **Quel groupe peut-on déplacer et supprimer dans la phrase précédente ?**

2. **Quel est le verbe de la phrase ?**

3. **Réécris la phrase sans le groupe que tu as supprimé. Change le groupe 2 et invente au moins trois nouvelles phrases.**

EX : Le clown salue.
est très drôle.
fait rire les enfants.

4. **Change le groupe 1 et invente au moins trois nouvelles phrases.**

EX : Le clown
Le clown **blanc** salue.
Le clown **qui nous a tant fait rire**

Une **phrase** est composée de **deux éléments essentiels** : le **groupe sujet** et le **groupe verbal**.

EX :

groupe sujet	groupe verbal
Il	salue.
Le clown	salue.
Le clown blanc	salue le public.

5. **Retrouve le groupe sujet de chaque groupe verbal.**

groupes sujets	groupes verbaux
Le dompteur •	• participent au spectacle.
Le clown •	• installe son fil.
Les enfants du cirque •	• fait claquer son fouet.
Le funambule •	• se maquille.

6. **Trouve un groupe verbal pour chaque phrase.**

1. Marius, l'acrobate, ...
2. Les roulottes du cirque .....
3. Elle .....
4. Un petit singe .....
5. Les chiens savants .....

7. **Trouve un groupe sujet pour chaque phrase.**

1. ..... montent le chapiteau.
2. ..... visitent la ménagerie.
3. ..... répète son numéro.
4. ..... sont prêts à entrer en piste.
5. ..... s'amusent.

L'accord du verbe (1)

Il •	• es contorsionniste.
Je •	• sont écuyères.
Tu •	• sommes des gens du voyage.
Nous •	• suis acrobate
Elles •	• est cracheur de feu.

1. **Retrouve les cinq phrases qui ont été mélangées et recopie-les.**

2. **Donne les sujets des verbes. Essaie de les remplacer selon l'exemple.**

EX : **Il** fait de la voltige à cheval.
→ **Son frère** fait de la voltige à cheval.

3. **Donne l'infinitif des verbes.**

Le **verbe** change de forme avec le **sujet**. On dit qu'il **s'accorde avec son sujet**.
EX : **J'irai** - **tu iras** - **elle** ira, etc.

4. Complète avec le sujet qui convient.

1. Ce soir, . . . irons voir les zèbres et les dromadaires.
2. Est-ce que . . . avez vu les ouvriers monter le chapiteau ?
3. Aimes-. . . le cirque ?

5. Choisis le temps qui convient, puis écris correctement le verbe entre parenthèses.

1. Demain soir, il (travailler) sans filet tout en haut du chapiteau.
2. Nous (avoir) peur quand le funambule s'est élancé sur le fil.
3. Hier, nous (visiter) la ménagerie.
4. J'(regarder) attentivement le prestidigitateur pendant son numéro, mais je n'ai pas vu d'où venait le lapin.

L'imparfait (1)

- Autrefois, les gens du cirque **habitaient** des roulottes tirées par des chevaux.
- Aujourd'hui, ils **habitent** de confortables caravanes.

1. Quelle est la phrase qui raconte un fait passé ? Quelle est celle qui raconte un fait présent ? Explique ta réponse.

2. Donne l'infinitif et le temps des verbes en caractères gras.

- **Habitaient** est le verbe **habiter conjugué** à l'**imparfait**.
- L'**imparfait** sert à raconter un **événement passé**.

EX : **Autrefois**, les gens du cirque **habitaient** dans des roulottes.

3. Connais-tu un autre temps du passé ? Conjugue le verbe habiter **à ce temps et emploie-le dans une phrase.**

4. Dans quelles phrases y a-t-il un verbe à l'imparfait ?

1. Au Moyen Âge, des jongleurs et des funambules allaient de foire en foire.

2. Autrefois dans les cirques, les clowns devaient distraire le public entre deux attractions.
3. Au XIXe siècle, le chapiteau du cirque Barnum pouvait contenir près de quinze mille spectateurs.
4. Il existe encore de très grands cirques dans le monde.

5. Dans quelles phrases y a-t-il un verbe au passé composé ? Dans quelles phrases y a-t-il un verbe à l'imparfait ?

1. C'est un Anglais qui a inventé le cirque.
2. Cela se passait à Londres, au XVIIIe siècle.
3. Depuis, ce spectacle a eu beaucoup de succès.
4. Il y a quelques années, les cirques étaient plus nombreux qu'aujourd'hui.

-ent

Roulement de tambour et claquement des cymbales, voilà le moment tant attendu : le dompteur fait son entrée, mais... avec un cure-dent pour seul instrument ! Vous n'entendrez aucun rugissement, car Monsieur Léo est dresseur de puces. Ses puces dressées grimpent, sautent, se jettent dans le vide. Elles jonglent également. C'est un numéro que vous verrez rarement !

1. Lis le texte. Relève tous les mots qui se terminent par -ent.

2. Classe les mots que tu as relevés dans le tableau.

tu entends [ɑ̃]	**tu n'entends pas** [ɑ̃]
roulem**ent**	

3. Parmi les mots relevés, y a-t-il des verbes ? Dans quelle colonne du tableau se trouvent-ils ?

4. Complète avec le **ou** ils.

1. . . . vent
2. . . . tirent
3. . . . serpent
4. . . . sortent
5. . . . chargement
6. . . . déchirement
7. . . . moment
8. . . . lèvent

5. Remplace les expressions en caractères gras par l'un des mots suivants :
férocement - attentivement - lentement - facilement - paisiblement - heureusement.

1. Les éléphants avancent **avec lenteur**.
2. Le tigre royal saute **avec facilité** à travers un cercle de feu.
3. Lorsque le dompteur le touche avec son fouet, le tigre rugit **avec férocité**.
4. **Par bonheur**, les grilles de la cage sont solides.
5. Les garçons de piste suivent **avec attention** les mouvements du fauve.
6. Pendant ce temps-là, dans sa roulotte, le gros ours brun dort **en paix**.

6. Complète par -e **ou** -ent.

1. Pour travailler avec les fauves, il faut être pati. . . .
2. Les spectateurs applaudiss. . . l'artiste à la fin de son numéro.
3. Celui-ci les remerci. . . en faisant un tour de piste.
4. Dès que le public quitt. . . le cirque, les ouvriers commenc. . . à démonter les gradins.
5. Les gens du cirque s'arrêt. . . rarem. . . de travailler.

7. À lire et à dire.

ILS BRÛLENT
ILS BRAMALENT
ILS BRAUMONBLENT
ILS BROMOMBRUPTRULENT
ILS TRUSLENTROMBENTRULENT
ILS POTOMAMTRARBRUDRULENT
TREMPTRUDRUDRURDITRITRILE
ILS KATACHEMUSAMBRITENT

ANTONIN ARTAUD,
Textes détachés, Gallimard.

Autour d'un mot : sauter

1. Cherche toutes les sortes de saut **que tu connais.**

EX : un saut périlleux

2. Cherche des mots de la famille de sauter.

3. Cherche l'intrus.

un sautillement - l'assaut - le sauvetage - un sursaut.

4. Trouve la définition qui correspond à chaque expression en caractères gras dans les phrases suivantes.

1. Il lui **a sauté au cou** en la voyant.
2. Il lui **a sauté à la gorge**.
3. Le pont **a sauté**.
4. Cela **saute aux yeux**.
5. J'**ai sauté un mot**.
6. Il **a sauté au plafond** en apprenant la nouvelle.

---

a. S'élancer sur quelqu'un et le saisir avec violence.
b. Être très surpris.
c. Se jeter sur quelqu'un pour l'embrasser.
d. Oublier un mot dans un texte, en lisant ou en écrivant.
e. Être évident, certain.
f. Exploser.

5. Remplace chaque mot en caractères gras par un autre mot qui a le même sens.

1. Un champion américain a fait un **saut** de près de neuf mètres.
2. Il faudrait être **sot** pour croire cette histoire.
3. Le cheval boit dans un **seau**.

Reconstitution de texte

Il était une fois un cirque qui avait connu bien des malheurs ! Mais un jour, le fils de Monsieur Loyal, le présentateur, et sa souris magique rencontrèrent un millionnaire qui s'ennuyait... et alors tout s'arrangea...

Le cirque avait quitté la région. Il donnait des représentations au bord de la mer. Le dompteur et le clown étaient sortis de prison. Monsieur Loyal avait fort bien dépensé les dix mille livres du millionnaire. Il avait acheté des éléphants, des zèbres danseurs, et un jeune lion au rugissement terrible. Il avait réparé le grand chapiteau et engagé à nouveau l'Homme le plus fort du monde.

Les vacanciers emplissaient le cirque tous les soirs. Un frisson d'épouvante parcourait le public lorsque le nouveau lion rugissait. Le cirque rapportait beaucoup d'argent et tout le monde était heureux.

Robert Mc Crum, Michael Foreman,
La souris magique et le millionnaire,
Albin Michel Jeunesse.

1. Lis le texte.

2. Tout s'est arrangé : relève tout ce qui l'indique dans le texte.

3. Fais le programme du spectacle.

4. Reconstitue le passage en caractères gras.

Le petit cheval de cirque

On a mélangé des épisodes de cette histoire. Remets-les dans le bon ordre.

Valérie et François achètent un cheval pour aller à l'école qui est bien loin de chez eux.

Le lundi, pourtant, le Petit Cheval de Cirque trottine aux côtés de Valérie et de François sur la route de l'école. Mademoiselle Sanpou, l'institutrice, reste bouche bée en apercevant l'animal, mais il a l'air si enjoué qu'elle l'autorise à s'asseoir au fond de la classe, près des jumeaux.

Le Petit Cheval de Cirque ne manque jamais l'école. Il est très sage et étudie assidûment ses leçons. [...]

Une bande d'enfants exubérants déguisés en pirates, en Chinois, en fées, en laquais ou en diables entourent Monsieur Carolus. [...]

« Les affaires marchent mal, gémit-il, la Signora Provini vient de s'installer de l'autre côté de la rue avec ses chiens savants. Le public fuit le théâtre "Carolus" ».

— Pas pour longtemps, se récrient les jumeaux, si vous engagez notre Petit Cheval de Cirque !

Et ils montrent à Monsieur Carolus les prouesses de leur protégé. « Mais il est génial ! s'écrie Monsieur Carolus. Je lui donne le premier rôle dans "Aladin" et je commande tout de suite de nouvelles affiches ! » [...]

En une seule soirée, le Petit Cheval de Cirque devient une vedette. [...]

Cette année-là, hélas ! la récolte est mauvaise. Monsieur Pépin doit se défaire d'une grosse partie de son bétail.

Valérie et François supplient leur père de ne pas vendre leur Petit Cheval de Cirque. [...]

Valérie, François et le Petit Cheval de Cirque marchent longtemps dans la neige avant d'atteindre la ville.

Jamais encore ils n'ont vu autant de monde. La nuit tombe quand ils arrivent devant le théâtre « Carolus » [...].

« Et voilà ! Il ne m'en reste qu'un, aboie le crieur. Un animal ex-cep-tion-nel... Un Petit Cheval de Cirque. » [...]

Sur le chemin du retour, les jumeaux s'arrêtent pour manger. [...] Leur festin terminé, ils repartent pour la ferme.

« Quel drôle de cheval ! s'exclame le fermier. Je n'en ai jamais vu de semblable.

— Qu'il est petit ! intervient sa femme. Il ne pourra jamais vous emmener à l'école ! »

John Yeoman et Quentin Blake,
Le Petit Cheval de Cirque, Dupuis.

AU CIRQUE

Ah ! si le clown était venu !
Il aurait bien ri, mardi soir :
Un magicien en cape noire
A tiré d'un petit mouchoir
Un lapin, puis une tortue
Et, après, un joli canard.
Puis il les a fait parler
En chinois, en grec, en tartare.
Mais le clown était enrhumé :
Auguste était bien ennuyé.
Il dut faire l'équilibriste
Tout seul sur un tonneau percé.
C'est pourquoi je l'ai dessiné
Avec des yeux tout ronds, tout tristes
Et de grosses larmes qui glissent
Sur son visage enfariné.

MAURICE CARÊME, *À cloche-pied*,
© Fondation Maurice Carême,
Éditions ouvrières.

SALTIMBANQUES

Dans la plaine les baladins
S'éloignent au long des jardins
Devant l'huis* des auberges grises
Par les villages sans église

Et les enfants s'en vont devant
Les autres suivent en rêvant
Chaque arbre fruitier se résigne
Quand de très loin ils lui font signe

Ils ont des poids ronds ou carrés
Des tambours des cerceaux dorés
L'ours et le singe animaux sages
Quêtent des sous sur leur passage

GUILLAUME APOLLINAIRE,
Alcools, Gallimard.

* *Huis :* porte d'une maison.

Les clowns

Oui ou non

Le clown propose à l'Auguste un petit jeu, bien facile en apparence, mais qui renferme un piège dans lequel celui-ci va se précipiter. Il s'agit d'une comédie fort simple.

Clown : Ah ! Monsieur Auguste, je connais un jeu épatant où l'on gagne à tous les coups.
Auguste : Tiens donc ? Et qu'est-ce que c'est que ça ?
Clown : C'est très simple : tu dis « oui », tu gagnes ; tu dis « non », tu perds.
Auguste *(N'ayant pas très bien compris) :* Hé ?
Clown : Mais oui, ce n'est pas compliqué. Tu dis « oui », tu gagnes ; tu dis « non », tu perds.
Auguste *(Comprenant enfin) :* Oh ! mais ce n'est pas des ficelles *(se reprenant),* non, difficile.
Clown : Alors, tu veux jouer avec moi ?
Auguste : D'accord, d'accord, d'accord. *(En aparté, au public.)* Moi, je suis un malin, je dirai toujours oui.
Clown : Veux-tu parier 10 francs ?
Auguste *(Content de l'aubaine) :* Oh ! oui, alors ! *(Le clown et l'auguste misent chacun 10 francs, dans une enveloppe.)*
Clown : Bien. Tu es prêt ?
Auguste : Oui, oui, oui.
Clown : Tu te sens vraiment prêt ?
Auguste *(Sûr de lui) :* Oui, oui, oui.
Clown : Tu veux que l'on commence le jeu ?
Auguste : Oui, oui, oui, oui.
Clown *(Sur le ton du secret) :* Au fait, connaissais-tu déjà le jeu ?
Auguste : Non... ? ? ? ! ! !
Clown *(Prenant un temps)...* Eh bien, tu as perdu. *(Il empoche l'argent du pari et sort.)*

Dominique Denis,
Jouons aux clowns, Hachette Jeunesse.

Blagues de clowns

Auguste : Bonjour Môssieur clown. Savez-vous comment fait un éléphant pour descendre d'un peuplier ?
Clown : Monsieur Auguste, je ne vois pas du tout.
Auguste : Eh bien, il se met sur une feuille... et il attend l'automne !
Clown : À moi de vous proposer une petite colle : pourquoi Napoléon portait-il des bretelles tricolores ?
Auguste : Ah, celle-là, je la connais... *(il réfléchit)* mais je ne m'en souviens plus.
Clown : Voici la réponse : c'est pour tenir son pantalon !

DOMINIQUE DENIS,
Découvrez le cirque,
« Kinkajou », Gallimard.

Un drôle de chien

Auguste entre en piste avec un petit chien.
M. Loyal : Oh ! mais monsieur Auguste, vous avez un joli chien !
Auguste : Ça ne m'étonne pas.
M. Loyal : Comment cela ?
Auguste : C'est un chien policier !
M. Loyal : En tout cas, il n'en a pas l'air.
Auguste *(d'un ton confidentiel) :* Oui, mais il est dans la police secrète...
M. Loyal *(rassuré) :* Ah bon.
Auguste : Et il est très intelligent, d'ailleurs il joue aux cartes avec moi.
M. Loyal : Et il gagne souvent ?
Auguste : Jamais.
M. Loyal : Et pourquoi ?
Auguste : Parce qu'à chaque fois qu'il a un bon jeu, il remue la queue.

DOMINIQUE DENIS,
Découvrez le cirque,
« Kinkajou », Gallimard.

Le groupe sujet et le groupe verbal (2)

1. . . . . . danse.

2. . . . . . est assis sur un tabouret.

3. . . . . . joue du violon.

1. Que manque-t-il dans les phrases ci-dessus ? Complète-les oralement.

2. Réécris les phrases de l'exercice 1 avec c'est... qui**.**

EX : Le cheval danse.
→ **C'est** le cheval **qui** danse.

> On appelle **groupe sujet** ou **sujet du verbe** ce qui peut se mettre entre **c'est** . . . . . **qui** ou **ce sont** . . . . . **qui**.
> EX : Le cheval danse.
> → **C'est** le cheval (groupe sujet) **qui** danse.
> Les chevaux dansent.
> → **Ce sont** les chevaux (groupe sujet) **qui** dansent.

3. Trouve les groupes sujets.

1. Le vieux lion s'est endormi dans sa cage.
2. Les enfants jettent du pain aux animaux de la ménagerie.
3. L'éléphant sait compter jusqu'à dix.

4. Même exercice que l'exercice 3.

1. Les musiciens de l'orchestre se préparent à jouer.
2. Le chimpanzé de Max joue du saxophone.
3. Il se déplace au son de la musique.
4. Les chiens savants marchent sur des ballons.

5. Que s'est-il passé dans les phrases suivantes ?

1. Le fauve dresse le dompteur.
2. La souris mange le chat.

L'accord du verbe (2)

1. La panthère saute à travers le cercle.
2. Les panthères sautent à travers le cercle.

1. Encadre les verbes des phrases.

2. Souligne les sujets. Dans quelle phrase a-t-on un sujet au singulier ? Dans quelle phrase a-t-on un sujet au pluriel ?

3. Relève toutes les marques du pluriel dans la phrase 2.

- Quand le **sujet** est au **singulier**, le **verbe** se met aussi au **singulier**.
- Quand le **sujet** est au **pluriel**, le **verbe** se met au **pluriel**.

EX : **La** panthère saut**e**. **Elle** saut**e**.
Les panthère**s** saut**ent**. Elle**s** saut**ent**.

4. Trouve un sujet possible pour les phrases suivantes.

1. ... marchent sur les mains.
2. ... danse sur une corde.
3. ... montes à l'échelle.
4. ... applaudissent très fort.

5. Mets les phrases au pluriel.

1. La piste mesure exactement 13 mètres de diamètre.
2. Le mât s'élève à près de 20 mètres de haut.
3. L'homme-obus arrive presque tout en haut du chapiteau.
4. L'artiste répète son numéro pour la représentation de ce soir.
5. Le dresseur passe plusieurs années à apprivoiser ses animaux.

6. Complète les phrases suivantes avec un groupe verbal. Attention aux accords !

1. Les lions .....
2. L'orchestre .....
3. Les éléphants .....
4. Le dompteur .....

L'imparfait (2)

Quand **j'allais** au cirque, **j'aimais** beaucoup les clowns.

1. Conjugue oralement les verbes de la phrase à toutes les personnes de l'imparfait.

EX : Quand (aller) au cirque, (aimer) beaucoup les clowns.

2. Donne l'infinitif des verbes du texte suivant. Comment l'imparfait est-il construit ?

Je **jonglais** avec des assiettes, tu **chantais** faux en t'accompagnant d'un violon, les assiettes **tombaient** une à une, et les spectateurs **s'amusaient** beaucoup quand un troisième clown **arrivait** en pleurant.

Imparfait du verbe **arriver**

j'arriv**ais**	**nous** arriv**ions**
tu arriv**ais**	**vous** arriv**iez**
il (**elle**) arriv**ait**	**ils** (**elles**) arriv**aient**

3. Complète les phrases avec un des mots suivants :

je - nous - tu - on.

1. ... visitions la ménagerie.
2. ... te maquillais soigneusement.
3. ... s'amusait bien.
4. ... suivais des yeux le trapéziste.

4. Mets les verbes entre parenthèses à l'imparfait.

1. Quand un cirque (arriver) dans un village, il (attirer) beaucoup de monde.
2. Tous les animaux, éléphants, lamas, ours, zèbres, (défiler) dans les rues.
3. Quand les gens du cirque (installer) la piste et (monter) le chapiteau, nous les (regarder) faire.
4. Les enfants du village, parfois, les (aider).

Graphies de [ɑ̃]

Cet éléphant a
l'air très élégant...
mais, emporté
par son élan,
il risque
de se casser
une jambe.
Un éléphant,
ça trompe
énormément !

1. Lis le texte à haute voix.

2. Relève tous les mots du texte dans lesquels tu entends le son [ɑ̃], puis encadre les lettres qui servent à transcrire ce son.

EX : él[an]

3. Quelles sont les graphies du son [ɑ̃] que l'on trouve en fin de mot ?

4. Connais-tu d'autres façons d'écrire le son [ɑ̃] en fin de mot ?

EX : grand

5. Quelles sont les graphies que l'on trouve en début et en milieu de mot ?

6. Connais-tu d'autres façons d'écrire le son [ɑ̃] en début ou en milieu de mot ?

EX : entrer

7. Cherche l'intrus.

1. le toboggan - un kangourou - un anneau - un géant.
2. une entrée - un instrument - les gens - un moyen.
3. l'ennui - l'enfance - l'ennemi - l'enveloppe.
4. une flamme - un champion - flamber - le tambour.
5. l'embarras - l'émotion - ressembler - emporter.
6. Amboise - Amérique - Amsterdam - Amazonie.

8. Relève les mots dans lesquels tu entends le son [ɑ̃].

le serpent - vraiment - ils installent - il ment -le vent - ils commencent - le rugissement - le commencement - gaiement - ils rugissent - soigneusement - il sent - ils tirent - lent - gravement - ils président - le président - intelligent - comment - la dent.

9. Complète les mots avec la graphie du son [ɑ̃] qui convient.

1. gr... - amus... - tr...quille - ch...ter - des p...toufles.
2. les j...bes - un t...pon - une l...pe - la ch...bre - un b...bin.
3. la t...pérature - l'...bouchure - la t...pête - r...placer - ...piler.
4. susp...du - l... - t...dre - tellem... - se p...cher.

10. Complète avec an **ou** am.

1. le fun...bule	6. r...per
2. une plais...terie	7. f...tastique
3. une pl...che	8. ab...donner
4. l'...biance	9. t...ponner
5. un ch...pion	10. c...per

11. Complète avec en **ou** em.

1. le t...ps	6. ...fin
2. une c...taine	7. ress...bler
3. la t...pête	8. vivem...t
4. le mom...t	9. s...sationnel
5. r...bourser	10. ...brasser

12. Trouve deux mots qui se terminent par :

-anc →	-ans →
-ang →	-ant →

13. Choisis le mot qui convient.

1. Les ouvriers du cirque montent la { tante / tente }.
2. La { vente / vante } des billets a commencé.
3. Nous avons appris un nouveau { champ / chant }.

Les différents sens d'un mot (2)

1. Que signifie numéro **dans chacune des phrases ?**

1. Les trapézistes présentent un **numéro** extraordinaire.
2. J'ai oublié son **numéro** de téléphone.
3. Le **numéro** 10 est toujours très applaudi.
4. Vous connaîtrez la suite de l'histoire dans le prochain **numéro**.
5. Ce garçon a l'air d'être un drôle de **numéro**.

2. Cherche les autres sens des mots en caractères gras.

EX : Le **batteur** de l'orchestre annonce un numéro difficile par un roulement de tambour.
→ Autre sens de **batteur** : ustensile ménager.

1. Les hôtesses conduisent les spectateurs jusqu'à leur **place**.
2. Par ses applaudissements, le public salue l'**entrée** des artistes sur la piste.
3. Les clowns **portent** des vêtements trop grands pour eux.
4. Top ! Juste un petit coup de **baguette** et le prestidigitateur sort un lapin de son chapeau.
5. J'ai trouvé que le dompteur était très **dur** avec les tigres.
6. Je trouve que tu es vraiment trop **curieuse**.

3. À ton tour, cherche un mot qui peut avoir plusieurs sens. Fais une phrase pour chacun de ces sens.

Faire une affiche

1. Relève tous les renseignements que te donne l'affiche sur :
- le lieu du spectacle,
- ses horaires, etc.

2. Qu'est-ce qu'une matinée **quand on parle d'un spectacle ?**

3. Que faut-il, à ton avis, pour faire une affiche de cirque ?

4. À ton tour, invente une affiche de cirque. Pense :
- aux numéros les plus importants,
- à ce qui intéresse le plus les spectateurs,
- à la date,
- au lieu.

La rencontre d'un fauve

Les parents de Tom travaillent dans un cirque et lui-même participe au spectacle. Il nous présente ici le dresseur de fauves.

Wolfgang, le dresseur de fauves, est le seul artiste qui voyage par le train du cirque, il prétend que s'il n'était pas constamment avec eux, ses animaux se croiraient abandonnés et deviendraient anxieux*. Dès l'arrivée, il va saluer ses tigres et ses lions, les caressant un à un sur la joue. C'est lui qui leur donne à manger, lui qui change les litières ; il tient beaucoup à être celui par qui toutes les bonnes choses arrivent. Wolfgang vient de recevoir une jeune panthère noire, Zafra, qu'il aimerait pouvoir intégrer à son numéro* d'ici deux à trois ans. Dresser un fauve prend du temps et particulièrement si, comme Zafra, il n'a jamais travaillé dans un cirque. Pour l'instant, le dresseur cherche à faire connaissance avec elle, à mettre Zafra en confiance afin qu'elle s'habitue et s'intéresse à lui. Pour y parvenir, tous les après-midi, il s'assied devant la cage centrale, près des barreaux, et reste là pendant deux heures en lisant son journal. Dans quelques jours ou quelques semaines, Zafra s'approchera de lui. Lentement, pour ne pas l'effrayer, Wolfgang lui tendra un morceau de viande piqué sur un bâton et recommencera ce geste chaque fois que la panthère s'approchera. Au bout de quelques mois, Wolfgang pourra entrer dans la cage centrale, s'y asseoir et lire son journal exactement comme il le faisait devant la cage. C'est moi qui ouvrirai alors la porte pour laisser entrer la panthère. J'ai été choisi pour cette tâche* parce que Zafra me voit souvent et qu'elle n'a pas peur de moi. Zafra ne sera pas surprise et s'approchera de Wolfgang, qui lui tendra à nouveau un morceau de viande. C'est ainsi que l'homme et le fauve font connaissance. Naturellement, c'est plus compliqué que de se serrer la main, mais il en résulte une amitié inaltérable*.

PIERRE MOESSINGER,
Les gens du cirque, Berger-Levrault.

* *Anxieux :* très inquiets et nerveux.
* *Intégrer à son numéro :* faire entrer dans son numéro.
* *Tâche :* travail.
* *Inaltérable :* que rien ne peut détruire.

1. Le dresseur aime-t-il ses animaux ? À quoi le voit-on ?
2. Combien de temps faut-il pour dresser un fauve ?
3. Relève toutes les expressions qui montrent que le dressage se fait lentement.
4. Comment le dresseur s'y prend-il ici pour apprivoiser sa panthère ?

1. **Le cracheur de lettres.**
Forme le plus grand nombre possible de mots avec toutes les lettres ou une partie d'entre elles.

2. **Les jongleurs de syllabes.**
Retrouve les mots cachés.

3. **De nouveaux numéros au programme !**
Coupe les expressions et mélange-les pour en inventer d'autres.

EX : un lanceur de couteaux
un dresseur de puces
→ un lanceur de puces
→ un dresseur de couteaux

Un lanceur de couteaux
Un dresseur de puces
Un acrobate à cheval
Un coq de combat
Un lion d'Afrique
Une girafe à long cou
Une danseuse de corde
Un dompteur de fauves

Révisions

1. Trouve un groupe verbal pour chaque phrase. Attention aux accords !

1. Le cracheur de feu .....
2. Les éléphants .....
3. Vous .....
4. Le dromadaire .....

2. Trouve un groupe sujet pour chaque phrase.

1. ..... rient beaucoup.
2. ..... se maquille.
3. ..... font un dernier tour de piste.
4. ..... vont exécuter un numéro difficile.

3. Trouve le sujet qui va avec chaque groupe verbal.

Tu •	• se préparent.
On •	• avons vu un zèbre.
Elles •	• entend de la musique.
Nous •	• finiras ton repas.

4. Indique le groupe sujet.

1. Le présentateur porte un habit couvert de paillettes.
2. Tous les soirs, il annonce les artistes qui vont entrer en scène.
3. Le magicien a demandé à un spectateur de descendre sur la piste.
4. Sylvain arrive à rester debout sur un cheval au trot.

5. Mets les phrases à l'imparfait.

1. Vous regardez le spectacle.
2. Nous habitons une grande roulotte.
3. Les gens du cirque déroulent la toile du chapiteau.
4. Marie-Pierre jongle avec six balles.

6. Mets les verbes entre parenthèses à l'imparfait, puis au passé composé.

1. L'orchestre (jouer) de la musique en attendant le début du spectacle.
2. Le chapiteau (se remplir) petit à petit.
3. Les clowns (arriver) les premiers.
4. Puis ils (laisser) la place au montreur d'ours.

7. Cherche ce que veut dire sauter **dans les phrases suivantes.**

1. Le bateau a sauté.
2. La voiture saute sur les cailloux.
3. La chaîne de mon vélo vient de sauter.

8. Trouve un autre sens pour chaque mot en caractères gras. Fais une phrase à chaque fois.

1. La **marche** est mon sport préféré.
2. Je viens de voir quelque chose de **curieux**.
3. La **pièce** de 10 F est plus grosse que celle de 1 F.
4. La **case** est une maison en Afrique.

9. Trouve le plus vite possible dans chaque colonne le nombre de mots dans lesquels tu entends le son [ɑ̃].

rapidement	comment
ils veulent	ils se séparent
le lancement	séparément
vraiment	drôlement
décidément	l'accident
ils plaisantent	un appartement
ils décident	ils emportent
tellement	l'entraînement
ils galopent	méchamment
un instrument	ils s'entraînent

10. Dictée ou autodictée.

Une grande agitation régnait sur la place du supermarché : le cirque Lamador s'installait pour deux jours. Les caravanes entouraient le chapiteau vert. On entendait des coups de marteau. Quand on allait faire ses courses, on croisait un poney, un lama ou un dromadaire. Les enfants du quartier étaient bien contents !

11. Qu'as-tu retenu ?

1. Comment s'appelle la danseuse dans l'histoire de Gros-Ours ?
2. Cite au moins trois numéros de cirque.
3. Quel est le nom du clown qui ne comprend jamais rien ?
4. Comment s'appelle l'endroit où l'on peut voir les animaux dans un cirque ?

Sur la piste

Le zèbre, cheval des ténèbres,
Lève le pied, ferme les yeux
Et fait résonner ses vertèbres
En hennissant d'un air joyeux.

Au clair soleil de Barbarie,
Il sort alors de l'écurie
Et va brouter dans la prairie
Les herbes de sorcellerie.

Mais la prison, sur son pelage,
A laissé l'ombre du grillage.

ROBERT DESNOS, « Le zèbre »,
Chantefables et chantefleurs, Gründ.

Un petit éléphant poilu

Dans une forêt vierge lointaine, vivaient ensemble des animaux très différents : le lion, le tigre, le paon, le renard, le blaireau... Tout cela faisait bon ménage. Mais il y avait Tobie, le petit éléphant. Il était couvert de longs poils ! Des poils partout, de la queue jusqu'aux oreilles, une vraie toison. Et cela agaçait tout le monde, sauf les parents de Tobie qui, eux, ne l'en aimaient que davantage. [...]

Un jour, le lion décide que Tobie doit partir. Il reviendra quand il sera devenu adulte.

Les parents ne trouvèrent rien à redire. Tobie partit. Longuement, ses parents le suivirent du regard. Il allait droit devant lui. Au-delà des dunes l'attendait un nouveau monde. Tobie se réjouissait.

Il marcha longtemps, longtemps. Derrière les dunes s'étendait une immense plaine. De l'herbe, quelques arbres par-ci, par-là, c'était la brousse. Des gazelles et des antilopes déambulaient parmi des girafes.

Soudain, apparut le petit blaireau.

« Ne t'occupe donc pas de ce que racontent ces imbéciles d'animaux ! C'est très bien, une fourrure. Ça tient chaud et ça protège du soleil. »

Tobie regarda le blaireau avec amitié, mais celui-ci se préparait déjà à repartir.

« C'est ce que je voulais te dire. Ne prends pas tout cela à cœur », ajouta-t-il encore, et il disparut. Tobie continua son chemin.

La nuit tomba brusquement. Tobie contempla le désert sous le ciel étoilé. Quelle merveille ! Jamais il n'avait imaginé pareille immensité. La nuit était glaciale, mais Tobie n'avait pas froid. Sa fourrure lui tenait bien chaud.

Le lendemain, Tobie rencontra un fennec, qui lui tint compagnie un bout de chemin. Puis, ce furent les gerboises, ces souris qu'on ne trouve que dans le désert. Elles sautillaient autour de ses grosses pattes en s'exclamant :

« Comme tu es grand ! »

Elles étaient pleines d'admiration. [...]

Une nuit, Tobie se réveilla en sursaut. Un loup se tenait devant lui.

« Je me sentais seul, expliqua-t-il. Comme tu es sympathique ! Viens, je vais te montrer l'oasis ! »

Tobie fut content de trouver un ami. Et puis, il avait un peu soif. Ils marchèrent toute la nuit. À l'aube, ils atteignirent l'oasis. Sous les palmiers, l'eau était fraîche ! Le loup but, se pelotonna sous un arbre et s'endormit. Tobie, lui, continuait à boire et à s'asperger de la tête aux pieds. Il n'avait pas sommeil du tout !

Tobie était heureux de retrouver des arbres. Tout d'un coup, il entendit un bruit familier. Et c'était un petit éléphant ! Un petit éléphant aussi velu que lui ! Ils se plurent immédiatement.

« Je m'appelle Tobie, dit Tobie.

— Et moi, Lisa », dit Lisa.

Tobie raconta ce qui lui était arrivé. Cela fit beaucoup rire Lisa.

« Ils sont vraiment bêtes, ces animaux dans ta forêt ! Nous sommes poilus ; et alors ? »

Tobie sourit jusqu'aux oreilles. Il la taquina de ses longues défenses.

« Et alors, tu viendrais avec moi ? »

Et alors... Et alors, ils partirent.

BERNADETTE, *Un petit éléphant poilu*,
Nord-Sud.

Le groupe verbal (1)

La lionne guette...

La mère éléphant protège...

1. Complète les phrases en répondant aux questions suivantes.

1. Que guette la lionne ?
2. Que protège l'éléphant ?

2. Indique le verbe et le groupe sujet des phrases que tu as trouvées dans l'exercice 1.

3. Peux-tu changer l'ordre des mots dans les phrases de l'exercice 1 ?

La lionne	guette **une antilope**
groupe sujet	groupe verbal

Une antilope est un **complément du verbe**. On ne peut pas le déplacer. Il fait partie du **groupe verbal**.

4. Quels sont les verbes auxquels il manque un complément ?

1. Le lion rugit
2. La girafe a
3. Les singes cherchaient
4. L'hippopotame a chargé
5. La lionne a tué

5. Invente une phrase avec :

- un complément que tu ne peux pas déplacer (complément du verbe) ;
- un complément que tu peux déplacer (complément circonstanciel).

EX : Le singe mange une banane (complément du verbe) dans un arbre. (complément circonstanciel)

L'accord du verbe (3)

1. La lionne se repose dans les herbes.
2. Les lions se reposent dans les herbes.
3. Le lion, la lionne et les lionceaux se reposent dans les herbes.

1. Quel est le groupe sujet de la phrase 1 ? Celui de la phrase 2 ? Celui de la phrase 3 ?

2. Pourquoi le verbe est-il au singulier dans la phrase 1 ? Au pluriel dans les phrases 2 et 3 ?

3. Remplace les groupes sujets par il - elle - ils **ou** elles**.**

EX : **Le lion** dort.
→ **Il** dort.

4. Invente une phrase où le groupe sujet est construit comme dans la phrase 3.

5. Cherche deux sujets possibles pour les verbes des phrases suivantes.

EX : . . . sont des singes.
→ **Les ouistitis** sont des singes.
→ **Le gorille et le ouistiti** sont des singes.

1. . . . ont de longues cornes.
2. . . . vont boire à la mare.
3. . . . fuient quand le lion rugit.
4. . . . vivent en liberté sur de grands espaces.

6. Écris correctement les verbes entre parenthèses au présent.

1. L'éléphant et le rhinocéros (rester) à l'ombre pendant les heures chaudes de la journée.
2. L'hippopotame (flotter) facilement.
3. Les éléphants (aimer) patauger dans la boue.
4. Quand le lion (rôder), le buffle, le gnou et la gazelle (s'affoler).

7. Trouve un groupe verbal et accorde correctement le verbe.

1. L'autruche et la girafe . . .
2. Les chimpanzés . . .
3. L'okapi . . .
4. L'impala et le gnou . . .
5. Les singes . . .

L'imparfait du verbe être

Tous les samedis, Onésime **allait** au zoo, parce que ce jour-là les enfants paient demi-tarif. Oui, Onésime **était** sage et économe. Ce samedi-là, le ciel **était** couvert. Onésime n'oublia pas de prendre son parapluie pour aller au zoo. [...]

MARILYN SADLER, *L'éléphant d'Onésime,* Le Seuil.

1. À quel temps les verbes en caractères gras sont-ils conjugués ?

2. Réponds oralement aux questions selon l'exemple.

EX : Où était-il samedi dernier ?
→ Samedi dernier, il **était au zoo**.

1. Où étais-tu samedi dernier ?
→ Samedi dernier, j'. . . . .
2. Où étiez-vous samedi dernier ?
→ Samedi dernier, ...
3. Où étaient-elles samedi dernier ?
→ Samedi dernier, ...

Imparfait du verbe **être**

j'ét**ais**	**nous** ét**ions**
tu ét**ais**	**vous** ét**iez**
il (**elle**) ét**ait**	**ils** (**elles**) ét**aient**

3. En t'aidant de l'encadré, écris les réponses de l'exercice 2.

4. Complète les phrases avec le verbe être **à l'imparfait.**

1. Nous . . . sur le point de partir quand une lionne s'est approchée.
2. La mare . . . calme, les hippopotames ne se montraient pas.
3. Les singes . . . dans les arbres et dans les rochers.
4. Vous . . . en train de photographier une gazelle.

-n- ou -m- ?

Un singe qui se balance suspendu à une branche, une panthère qui rampe entre les bambous. Mais où est donc passé Tarzan ?

1. Relève les mots du texte précédent dans lesquels tu entends le son [ɑ̃].

2. Classe dans le tableau ces mots selon les différentes façons de transcrire le son [ɑ̃]. Écris en tête de chaque colonne la graphie du son [ɑ̃] qui convient.

3. Classe dans le tableau ci-dessous les mots suivants.

un serpent - la tempête - emporter - emmener - enrouler - le sentier - ressembler - empêcher - endormi - entasser - la température - le menton.

en	em

4. Encadre chaque fois la lettre qui suit immédiatement am **et** em **dans les mots des deux tableaux précédents. Devant quelles lettres écrit-on** m **au lieu de** n **?**

EX : les bam[b]ous

Devant m - b - p :

- le son [ɑ̃] s'écrit **am** ou **em**.

EX : **em**mener - b**am**bou - **em**pêcher

- le son [ɔ̃] s'écrit **om**.

EX : c**om**bien - c**om**prendre
(**mais** on écrit : **bonbon**)

- le son [ɛ̃] s'écrit **im**.

EX : t**im**bre - **im**patient

5. Cherche l'intrus.

1. l'endroit - la pente - emmitoufler - enlever.
2. impatient - incomplet - imbattable - limpide.
3. annoncer - compter - le bâton - ronfler.

6. Cherche l'intrus en complétant les mots avec n **ou** m**.**

1. un cha. . .pignon - le la. . .padaire - du ja. . .bon - une la. . .terne.
2. e. . .prisonner - e. . .foncer - re. . .bourser - e. . .mêler.
3. un pi. . .ceau - un ti. . .bre - une éti. . .celle - l'épi. . .gle.
4. co. . .bien - un co. . .pliment - une o. . .bre - un co. . .cours.

7. Complète les mots avec n **ou** m**.**

1. une ra. . .gée
2. une e. . .veloppe
3. une a. . .poule
4. une ti. . .bale
5. e. . .viron
6. e. . .se. . .ble
7. co. . .plet
8. i. . .portant
9. ga. . .bader
10. e. . .mener
11. i. . .primer
12. co. . .prendre

Autour d'un mot : animal

1. Voici une liste d'animaux. Comment pourrais-tu les classer ?

la fourmi - la truite - le corbeau - l'hirondelle -le boa - le requin - la sole - la vipère - le papillon - le cobra - la coccinelle - la buse - le goujon - la couleuvre - l'aigle - la raie - la sauterelle - le pélican - le python - le termite.

2. Comment appelle-t-on le petit de ces animaux ? Aide-toi du dictionnaire.

1. la souris	4. l'âne	7. la brebis
2. l'éléphant	5. le chat	8. la jument
3. la chèvre	6. le canard	9. la biche

3. Quel est le cri de chaque animal ?

le chat •	• le rugissement
le chien •	• le grognement
le serpent •	• le barissement
le lion •	• le miaulement
l'ours •	• le sifflement
l'éléphant •	• l'aboiement

4. Indique le sens des mots et des expressions en caractères gras.

1. J'ai vu un très beau film de Frédéric Rossif sur les **bêtes** sauvages.
2. Il **cherche** toujours **la petite bête**.
3. Les tables de multiplication, c'est sa **bête noire**.
4. Ne sois donc pas si **bête** !
5. Je suis **bête** de n'y avoir pas pensé plus tôt.

Reconstitution de texte

LE LION ET LE LIÈVRE

Le Lièvre fait croire au roi des animaux qu'un jeune lion réfugié dans un puits veut prendre sa place.

Le Lion s'approcha du puits, s'accouda à la margelle et regarda au fond. Il n'aperçut que sa propre image. Persuadé qu'il s'agissait de son ennemi, il décida de l'attaquer. Il enjamba la margelle et sauta dans le puits où il se noya.
Quant au Lièvre, il courut retrouver les autres animaux pour leur raconter ce qui s'était passé.

JEAN MUZI, *Dix-neuf fables du roi Lion*,
« Castor Poche », Flammarion.

1. Lis le texte.

2. À ton avis, est-ce que le Lièvre a vraiment rencontré un jeune lion ?

3. Où le Lièvre conduit-il le Lion ?

4. Réécris le passage en caractères gras en commençant par : « Le Lion s'approche... »

5. Remplace persuadé **par un mot qui a le même sens.**

6. Quant au Lièvre, ... **Invente trois phrases en remplaçant Lièvre par :**

crocodile - girafe - moi.

7. Reconstitue le passage en caractères gras.

La tortue, l'éléphant et l'hippopotame

1. Voici le début d'une histoire. Les phrases ont été mélangées. Remets-les dans le bon ordre.

1. « Écarte-toi de mon chemin, mauviette, ou je vais te marcher dessus ! »
2. Alors la tortue l'invita à se trouver là le lendemain matin, sur ce même coteau.
3. Un jour, la tortue rencontra l'éléphant qui lui dit en trompettant :
4. « Ne te vante donc pas, éléphant, je suis aussi forte que toi ! »
5. La tortue, sans s'émouvoir, resta là où elle était.
6. L'éléphant lui mit le pied dessus, sans pourtant arriver à l'écraser.
7. Ainsi parlait la tortue, mais l'éléphant se mit à rire.

2. Replace les phrases suivantes dans la suite de l'histoire.

- L'hippopotame se mit à rire, mais il accepta le pari.
- Puis elle remonta vers le haut de la colline.

Avant le lever du jour, la tortue descendit la pente jusqu'au bord de la rivière ; [...]

« Monsieur Hippo ! Que diriez-vous d'un petit jeu de lutte ? Je parie que je suis aussi forte que vous. »

La tortue déroula une longue corde et dit à l'hippopotame d'en prendre un bout entre ses mâchoires et d'attendre son signal pour tirer. Là, sur l'autre versant, l'attendait l'éléphant qui s'impatientait déjà. Elle lui donna l'autre bout de la corde et lui dit :

« Quand je crierai « hé ! », tirez, s'il vous plaît. Et vous verrez qui de nous deux est le plus fort. »

3. Choisis la fin de l'histoire qui convient.

- L'éléphant et l'hippopotame attendaient calmement le signal qui ne vint pas. Alors, à la tombée de la nuit, chacun rentra fièrement chez lui : la tortue avait compris qu'ils étaient les plus fort.

- La tortue alla se camoufler à mi-pente et cria : « hé ! ». L'éléphant et l'hippopotame se mirent à tirer chacun de son côté, à tirer, à tirer, mais ils étaient d'égale force. Et chacun dut admettre que la tortue était beaucoup plus forte qu'il ne l'aurait cru.

d'après Jan Knappert, *Fables d'Afrique*,
« Castor Poche », Flammarion.

GIRAFE

— Quand je serai grand, je serai girafe
Pour être bien vu par les géographes.

— Pas éléphant blanc, c'est trop salissant,
Ni serpent python, ni caméléon.

— La girafe est belle, elle est une échelle
Entre sol et ciel, l'herbe et le soleil.

— Mammouth, c'est trop tard, et marsouin trop loin,
Le chameau a soif, le saurien a faim.

— Tandis que girafe, on a de ces pattes !
— Un cou bien plus haut que le télégraphe !

— Le kangourou boxe, il reçoit des coups,
Il a une poche, mais jamais un sou.

— Non, décidément, quand je serai grand,
Je serai girafe et vivrai cent ans.

Alors sa maman lui dit tendrement :
— C'est trop d'ambition, mon petit gardon !

MARC ALYN, *L'arche enchantée*, Éditions ouvrières.

LES ÉLÉPHANTS

Trois éléphants sur un banc vert
Regardent la mer, trompe en l'air.

Ne sont-ils pas sûrs tous les trois
Que barques, steamers* ou trois-mâts

Sont conduits par des éléphants,
Petits, mais très intelligents,

Que ces villas riant au vent,
Sont faites pour les éléphants ?

N'est-il pas normal qu'éléphant,
On voie partout des éléphants

Et, puisqu'on est là en vacances
Et que l'on regarde la mer

Bien à l'aise sur un banc vert,
Qu'on soit éléphant d'importance,

Honneur que naturellement
N'ont jamais les maigres manants

Qui ne sont pas des éléphants.

MAURICE CARÊME,
Au clair de la lune,

Éditions ouvrières.

LE RHINOCÉROS

Le rhinocéros est morne
et il louche vers sa corne.
Que veut le rhinocéros ?
Il veut une boule en os.
Ce n'est pas qu'il soit coquet :
c'est pour jouer au bilboquet
(car l'ennui le rend féroce,
le pauvre rhinocéros).

CLAUDE ROY,
Enfantasques, Gallimard.

* *Steamers* : bateaux à vapeur.

Takuman le crocodile

Fofana, un petit africain, a trouvé un gros œuf au bord de la rivière. Il le rapporte chez lui.

Et un jour... Quelle surprise !

Fofana qui regarde le bel œuf le voit bouger tout à coup... L'enveloppe éclate... Une petite tête paraît... Une petite tête qui n'a pas de bec... pas du tout de bec... une petite tête pointue...

Et voilà un drôle de poussin qui sort de cet œuf. Il a quatre pattes et une longue queue... Il se tortille... Il se tortille...

Vous avez deviné... C'était un petit crocodile... Oh ! à peine plus gros qu'un beau lézard...

Quelle joie pour Fofana !...

Il a montré la petite bête à tous ses camarades... Et il leur a dit :

« Vous allez voir... je vais l'apprivoiser, moi, ce crocodile... »

Car Fofana aimait beaucoup les bêtes. Dans sa maison, c'était une vraie ménagerie. Il y avait un petit singe apprivoisé qui sautait au cou du garçon, et qui s'appelait Golo. Il y avait un chat. Il y avait une tortue... Toutes sortes de bêtes...

« Il faudra faire bon ménage avec Takuman », dit Fofana à son chat, à son singe, à sa tortue et à son chien.

Parce qu'il avait donné un nom à son bébé-crocrodile. Il l'avait appelé Takuman...

Takuman le crocodile était très heureux dans la maison du petit Fofana. Le garçon lui donnait à manger de beaux poissons. Et le crocodile devint vite une grosse bête couverte d'écailles brillantes. Il s'entendait très bien avec les autres bêtes. La tortue montait sur son dos et Takuman la promenait.

Et puis, un jour, Takuman refusa de goûter au poisson que Fofana lui faisait manger dans sa main.

Il était triste, Takuman. Il était un crocodile, lui... Pour vivre heureux, il lui fallait une rivière, plonger, nager entre deux eaux, et attraper tout seul les poissons qui passent et les grenouilles qui sautillent. [...]

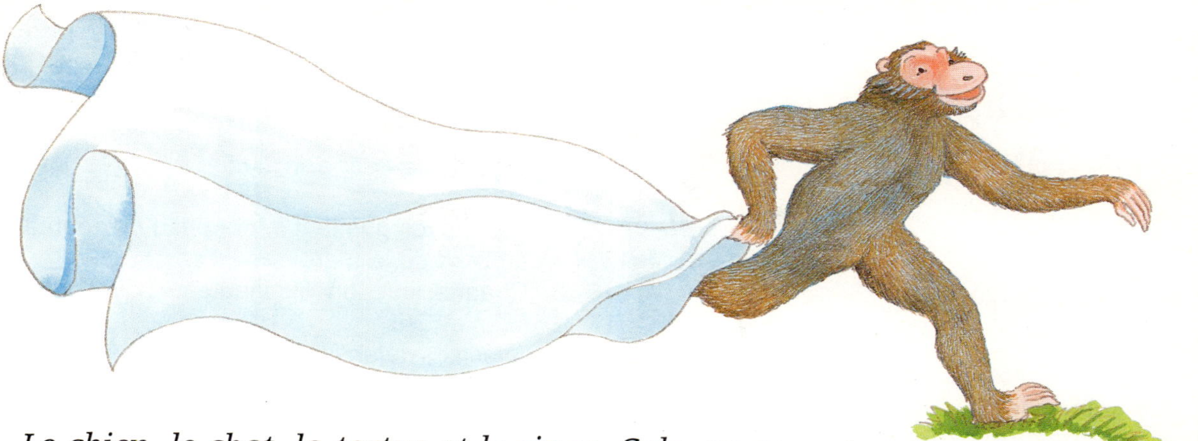

Le chien, le chat, la tortue et le singe, Golo, ne savent pas que faire. Soudain, Golo a une idée.

« Quel nouveau tour as-tu trouvé, Golo ? » dit Fofana en riant.

Et il courut derrière le singe qui portait le drap blanc. Golo alla jusqu'au coin de la case où Takuman le caïman dormait. Il lui enroula la queue, et fit une grosse boule avec le crocodile qui se laissait faire.

« Aide-moi ! mais aide-moi donc ! semblait dire le singe à son petit maître... »

Puis quand le crocodile fut roulé en boule, le singe aidé du garçon commença à envelopper Takuman dans le drap blanc... Cela faisait un paquet qui ressemblait à un œuf énorme... Un gros œuf tout blanc...

« Et que veux-tu faire de cet œuf, Golo... ? » dit Fofana à son ami singe...

Golo lui fit comprendre qu'il fallait l'aider à faire rouler cet œuf dans la prairie, jusqu'à la rivière...

« J'ai compris, Golo, dit Fofana... J'ai compris. Allez, à nous deux... Tu y es.. Un... Deux... Trois... »

Et ensemble, d'une secousse, Golo et Fofana firent basculer l'œuf dans la rivière...

Flouc !...

Takuman en plongeant dans l'eau se réveilla... Il donna de grands coups de queue... Il revint à la surface. Et là, ouvrant toute grande sa gueule, il fit claquer ses mâchoires... Il disait à sa façon, dans le langage des crocodiles...

« Merci, Golo... Merci Fofana... »

Takuman revenait à son royaume des eaux... et à ses roseaux où Fofana l'avait trouvé autrefois, dans un œuf qui tenait dans sa main.

René Guillot, *Il était 1001 fois,* Magnard.

Le groupe verbal (2)

Un petit homme peint...

1. Complète la phrase en répondant aux questions suivantes.

1. Que peint le petit homme ?
2. Avec quoi peint-il ?
3. Où peint-il ?

2. Réécris la phrase de l'exercice 1 en changeant l'ordre des compléments. Cherche au moins deux solutions possibles.

3. Dans la phrase de l'exercice 1, quel est le complément du verbe ? Quels sont les compléments circonstanciels ?

4. Complète avec un complément du verbe.

1. Le fauve dévore ....
2. Le zèbre a ....
3. Le lion attaque ....
4. Le gardien de la réserve protège ....
5. Ils ont visité ....

5. Indique les compléments du verbe et les compléments circonstanciels.

1. L'éléphant frappe le buffle avec ses longues défenses.
2. Les fauves guettent le troupeau de zèbres au bord de la mare.
3. Chaque jour, un éléphanteau boit douze litres de lait.
4. Avec ses défenses, le vieil éléphant creuse la terre sèche pour trouver un peu d'eau.
5. Le lion guette sa proie dans les hautes herbes de la savane.

6. Complète les phrases.

1. [Les animaux de la savane] [cherchent] [ ] [ ]
   complément du verbe — complément circonstanciel
2. [Le voyageur] [photographie] [ ]
   complément du verbe
   [ ]
   complément circonstanciel
3. [Le crocodile] [attrape] [ ]
   complément du verbe
   [ ]
   complément circonstanciel

7. Réécris les phrases de l'exercice 6 en changeant l'ordre des groupes.

L'accord du verbe (4)

Le roi des animaux porte une longue crinière.

1. Dans la phrase précédente, indique le groupe sujet, le verbe et le complément du verbe.

2. Comment le groupe sujet est-il formé ? Pourquoi le verbe est-il au singulier ?

3. Mets les verbes entre parenthèses au temps demandé.

1. Les pattes de la girafe (être, présent) très longues.
2. Le troupeau d'éléphants (marcher, passé composé) longtemps pour trouver de la nourriture.
3. Les rayures du zèbre (être, présent) amusantes.
4. La saison des pluies ne (durer, futur) pas très longtemps.
5. Le pire ennemi des zèbres (être, présent) le lion.
6. Les cornes de l'antilope (avoir, présent) une belle forme.

4. Indique les groupes sujets.

1. Les crocodiles, avec leurs pattes, creusent des trous quand la rivière est à sec.
2. La girafe, avec son long cou, est le plus grand des animaux.
3. L'éléphante, la trompe en l'air et les oreilles déployées, défend son petit.

5. Mets au présent les verbes entre parenthèses.

1. La peau des rhinocéros (être) très épaisse.
2. Les crocodiles, quand ils ont saisi une proie, ne la (lâcher) plus.
3. Les rugissements du lion (éloigner) les autres animaux.

L'imparfait du verbe avoir

Il était une fois un enfant anglais aux cheveux couleur carotte. Il **s'appelait** Tommy et **avait** un ami éléphant du nom de Pac.
Pac (diminutif de pachyderme...) **était** un éléphant un peu spécial, imaginaire. Il **était** donc invisible, mais pour le reste il **était** comme tant d'autres, ni trop grand, ni trop petit et même plutôt sympathique.

JUAN BALLESTA,
Tommy et l'éléphant, Jean-Pierre Delarge.

1. À quel temps les verbes en caractères gras sont-ils conjugués ? Donne leur infinitif.

2. Conjugue les verbes de la phrase suivante à toutes les personnes.

J'(avoir) un éléphant et je le (promener).

Imparfait du verbe **avoir**	
j'av**ais**	**nous** av**ions**
tu av**ais**	**vous** av**iez**
il (**elle**) av**ait**	**ils** (**elles**) av**aient**

3. Complète avec le verbe avoir **à l'imparfait.**

1. Tu n'. . . pas le temps de photographier la girafe qui s'est enfuie.
2. Nous . . . une carte détaillée.
3. J'. . . très envie de voir des lions de près.
4. Vous . . . de renseignements sur la région.

4. Mets à l'imparfait les verbes entre parenthèses.

Il (avoir) deux frères et trois sœurs. Les parents et les frères d'Eustache (être) tous de grands éléphants gris, alors que lui (être) blanc et plutôt petit. De plus, le pauvre Eustache (avoir) une trompe vraiment très longue. Bien sûr, ses parents l'(aimer) beaucoup, mais tous les autres enfants le (trouver) bizarre.

DOMINIQUE LECLAIRE,
Eustache, l'éléphant blanc, Le Cerf.

Graphies de [ɔ̃]

1. Décris oralement la scène en utilisant le plus possible de mots dans lesquels tu entends le son [ɔ̃].

EX : le lion - tomber

2. Écris tous ces mots dans lesquels tu entends le son [ɔ̃] et entoure les lettres qui servent à transcrire ce son.

EX : t[om]ber

3. Combien as-tu trouvé de façons de transcrire le son [ɔ̃] ? Lesquelles ?

4. Cherche l'intrus.

1. la fontaine - la compote - le congélateur - bonjour.
2. le contrôle - une bombe - le dompteur - la pompe.
3. rencontrer - poisson - compléter.
4. la tombola - un bonbon - le nombre - le combat.

5. Complète les mots suivants avec la graphie du son [ɔ̃] qui convient.

1. le c...cierge - le c...trôle - j...gler - un c...fetti - une r...delle.
2. Le c...partiment - les c...pères - un c...bat - b...barder - s...bre.
3. un b...b... - la b...bonne - la b...bonnière.
4. un c...pagn... - un c...cert - un n...bre - la p...pe - un tri...phe.

6. Complète les mots avec on **ou** om.

1. l...gtemps
2. c...plètement
3. un ...cle
4. m...trer
5. renc...trer
6. acc...pagner
7. un gr...dement
8. un c...pliment
9. un vagab...d
10. une m...tre
11. une ...brelle
12. une tr...pette

7. Choisis chaque fois le mot qui convient.

1. Le { ton / thon }, c'est { bon / bond }.
2. Le { compteur / conteur } est en panne.
3. { Ont / On } ne voit pas le { fond / font } de la rivière.
4. Les bons { contes / comtes / comptes } font les bons amis.

8. Trouve les réponses aux définitions suivantes.

1. Je joue à marcher sur elle quand il fait soleil. Qui est-ce ?
2. Celle de l'éléphant est bien longue. De quoi s'agit-il ?
3. C'est un instrument de musique et une attache en fil de fer pour maintenir des feuilles de papier. De quoi s'agit-il ?
4. Celle d'un ami est agréable, celle du capitaine compte de 120 à 180 soldats, une autre s'occupe de transports. De quoi s'agit-il ?

Les synonymes (1)

Le tigre a un caractère assez difficile. Il chasse seul et parcourt toute l'année son vaste territoire dont il marque les limites par des odeurs et des **feulements**.
Il arrive pourtant qu'un **congénère** pénètre sur ce territoire. S'ils se rencontrent, les deux tigres commencent par s'observer, se menacer en se montrant leurs **crocs** et en feulant. Il s'agit d'**un langage d'intimidation** : il faut faire peur à l'autre. Bien souvent, tout s'arrête là. Mais parfois, aucun des deux ne **renonce**.

JEAN-MICHEL MAZIN,
Comment les animaux communiquent-ils ?
Fernand Nathan.

1. Choisis le mot qui a le même sens.

1. **feulements** : feux - cris - signes.
2. **congénère** : jour de congé - vent froid - autre tigre.
3. **leurs crocs** : leurs griffes - leurs dents - leurs pattes.
4. **un langage d'intimidation** : des menaces - une voix timide - une langue étrangère.
5. **renoncer** : dire quelque chose - parler fort - abandonner.

2. Remplace chacun des mots suivants par un mot de même sens.

EX : vaste → grand

limite - pénétrer - s'observer - faire peur.

Inventer un titre

1. Relève dans ce livre des titres :
- de leçons,
- d'histoires,
- de livres.

2. De quoi parlent les textes dont voici les titres ?

1. La journée d'un éléphant sauvage.
2. Cameroun : de moins en moins d'eau.
3. Du vent et du sable.
4. Protégeons la nature.
5. 15 ans d'Afrique.

3. Lis ces petits textes, puis donne un titre à chacun.

Ouncoulouncoulou était le maître de la Vie et le maître de toutes les choses.
Il se montrait bienveillant envers les hommes qui vivaient sur la Terre. Un jour il dit au Caméléon :
— Pars ! Va dire que les hommes ne mourront pas !
Le Caméléon, lent et paresseux s'attarda sur la route. Ouncoulouncoulou, très fâché, envoya aux hommes un second messager. Le Lézard avec la parole de mort. Lorsque le Caméléon arriva, le Lézard était déjà passé et c'est pourquoi, depuis ce temps, les hommes sont mortels.

Pif n° 905.

Le Sahara est le plus grand désert du monde. Il couvre une surface grande comme quinze fois celle de la France et il continue de s'étendre vers le sud. Les vents violents, les écarts de température et la sécheresse rendent la vie difficile à ceux qui y habitent.

Pif n° 905.

Sur la carte officielle du Congo, une indication surprenante est donnée. Le dernier (ou les derniers) dinosaure du pays et peut-être du monde vivrait dans la région marécageuse et à peu près inconnue du Likouala, au nord du pays. Avis aux amateurs !

Pif n° 905.

La girafe

fiche d'informations

La girafe est un mammifère ruminant.

Un mâle adulte atteint une tonne et sa hauteur peut dépasser 5 mètres ; une femelle ne pèse que 600 kilos.

Le cou de la girafe ne possède pas plus de vertèbres, sept, que celui de la plupart des mammifères, vache, chat ou souris, par exemple !

On rencontre parfois des girafes en montagne et même jusqu'à 1 700 mètres d'altitude.

La girafe ne sait pas nager.

Les girafes vivent en groupe de 10 à 20 individus, composé d'un ou deux mâles, de femelles et de petits.

Le girafon grandit de 1 mètre la première année de sa vie.

Il est adulte à 4 ou 5 ans.

Une girafe a de 7 à 9 petits au cours de sa vie.

Elle vit de 16 à 28 ans. Comme c'est le cas pour la majorité des animaux, son pire ennemi est l'homme, qui la chasse sans raison. [...]

ANNE-MARIE DALMAIS,
Mon amie la girafe, Le chat perché/Flammarion.

1. Cherche le sens des mots suivants : *mammifère, ruminant.*
2. Quelle est la taille d'une girafe ? À combien d'étages d'immeuble cela correspond-il ?
3. Comment s'appelle le petit de la girafe ?
4. Vrai ou faux ?
   - La girafe, la vache, le chat et la souris sont des mammifères.
   - La girafe ne supporte pas l'altitude.
   - La girafe ne sait pas nager.
   - Les girafes vivent en troupeaux.
   - La girafe vit très vieille.
5. **Recherches.**
   - Cherche d'autres renseignements sur les girafes.
   - Cherche des photos de girafes.
   - Choisis un autre animal sauvage et rédige sur lui une fiche d'informations. Cherche des renseignements sur :
     — sa taille,
     — son poids,
     — ce qu'il mange,
     — l'endroit où il vit,
     — la durée de sa vie,
     — le nom de son petit,
     — ses particularités, etc.

1. Trouve le plus grand nombre d'animaux dans la grille, horizontalement (→) et verticalement (↓).

G	I	R	A	F	E	L	B	U	F	F	L	E
A	C	A	N	K	A	B	S	G	G	U	E	F
Z	H	Y	T	Z	D	L	I	I	G	N	O	U
E	A	L	I	O	N	M	N	B	T	Z	P	H
L	C	C	L	E	D	I	G	B	K	E	A	S
L	A	T	O	J	N	Y	E	O	R	B	R	C
E	L	E	P	H	A	N	T	N	B	R	D	X
Q	O	W	E	E	O	I	I	H	Y	E	N	E
C	A	I	M	A	N	R	G	M	P	J	Q	H
F	A	N	E	G	G	O	R	I	L	L	E	P
P	A	N	T	H	E	R	E	S	Z	E	B	U

2. Charade

Mon premier est une voyelle.
Mon deuxième est une carafe.
Mon troisième est mon deuxième.
Mon quatrième est la moitié d'un tam-tam.
Mon tout est un gros animal d'Afrique.

3. Charade

Mon premier est une consonne.
Mon deuxième est un petit animal rongeur.
Mon trois réchauffe.
Mon tout est un animal au long cou.

4. Reconnais les animaux cachés dans ce dessin.

Révisions

1. Complète avec un complément du verbe.

1. L'éléphant boit ......
2. La girafe mange ......
3. L'antilope a aperçu ......
4. La lionne surveille ......

2. Dans les phrases de l'exercice 1, indique les groupes sujets et les groupes verbaux.

3. Enrichis les phrases de l'exercice 1 avec un complément circonstanciel.

4. Quels compléments peux-tu déplacer dans les phrases suivantes ?

1. Pendant la saison sèche, les animaux creusent la terre pour trouver un peu d'eau.
2. Avec ses rayures, le zèbre passe souvent inaperçu.
3. Le lion poursuit sa proie sans pitié.

5. Mets les verbes entre parenthèses au présent.

1. Le lion et la gazelle ne (s'aimer) pas beaucoup.
2. Les défenses de l'éléphant (être) en ivoire.
3. Les gardiens de la réserve (surveiller) les animaux.
4. Le buffle et le phacochère (habiter) les mêmes régions.

6. Mets les verbes à l'imparfait.

1. La mare est à sec et les animaux ont très soif.
2. Les pistes sont en bon état.
3. Nous avons une très belle photo de girafe.
4. Le soleil est très haut dans le ciel.

7. Complète les mots avec n **ou** m.

1. la ja...be	7. re...verser
2. e...paqueter	8. la la...gue
3. un ti...bre	9. la cha...bre
4. ca...brioler	10. un bo...bon
5. e...mêler	11. do...pter
6. resse...bler	12. la to...bola

8. Trouve, à chaque fois, un mot se terminant par :

-ons →	-ond →
-on →	-ont →
-onc →	-ong →

9. Réécris les phrases en remplaçant les mots en caractères gras par des mots de même sens.

1. Le tamanoir se nourrit de termites et de fourmis qu'il **capture** avec sa langue.
2. L'autruche est très **véloce** : elle peut courir à plus de 60 kilomètres à l'heure pendant plusieurs kilomètres.
3. Le phacochère ressemble au sanglier et porte deux **volumineuses** défenses.
4. Les lycaons, chiens sauvages d'Afrique, chassent les zèbres et les gazelles qu'ils **traquent** à la course sur de longues distances.

10. Trouve un mot de même sens pour chacun des mots suivants :

rapidement - découvrir - saisir - avertir - briser.

11. Dictée ou autodictée.

Il s'appelait Kai-to. C'était un tout petit éléphant, qui restait à l'abri sous le ventre de sa mère. De cet endroit-là, il voyait les herbes, les fleurs et les pieds des autres éléphants. C'était son univers bien à lui.
À cette époque déjà il se passait une chose étonnante : Kai-to chantait.
« Chut ! faisait sa mère. Tais-toi ! Les éléphants ne chantent pas ! »

GINA RUCK-PAUQUET et MONIKA LAIMGRUBER,
Kai-to, l'éléphant qui chantait, Centurion Jeunesse.

12. Qu'as-tu retenu ?

1. Fais la liste de tous les animaux dont on a parlé.
2. Quelle taille la girafe peut-elle atteindre ?
3. Le cheval et le lion ont quelque chose en commun. De quoi s'agit-il ?
4. De quoi le lion se nourrit-il ?

Potions et remèdes

Si vous passez par la cour neuve
arrêtez-vous au Chat-Qui-Dort
on y vend du sirop de pieuvre
de la thériaque et du drap d'or
(à des prix modiques)
mais où est donc cette cour neuve ?

RAYMOND QUENEAU, « Un conte d'apothicaire »,
Courir les rues, Gallimard.

La potion magique de Georges Bouillon

En mélangeant au hasard toutes sortes de produits, le petit Georges Bouillon, huit ans, a fabriqué une potion qui fait grandir et grossir les hommes et les animaux. Son père, qui est agriculteur, voudrait bien retrouver la recette...

Georges et son père étaient dans la cuisine, et le chaudron trônait sur le fourneau. M. Bouillon avait rangé tous les produits qu'il avait achetés près de l'évier.

« Allons, fiston ! commença le père Gros Bouillon. Quel est le premier ingrédient* que tu as mis dans le chaudron ?

— Celui-ci, répondit Georges en vidant le flacon de shampooing pour cheveux gras. Ensuite, le dentifrice... puis, la mousse à raser... puis, la crème de jour... puis, le vernis à ongles...

— Continue, fiston ! exultait* M. Bouillon en dansant dans la pièce. Vas-y ! Ne t'arrête pas ! N'hésite pas ! Quel plaisir de te voir à l'ouvrage, fiston ! »

Un à un, Georges vida les flacons, les paquets, les boîtes ; il vaporisa les bombes. Comme tout était à portée de main, il acheva la besogne en moins de dix minutes. Mais, à la fin, le chaudron lui sembla moins plein que la première fois.

« Et après qu'as-tu fait ? demanda M. Bouillon. As-tu remué ?

— J'ai porté à gros bouillons, répondit Georges. Pas longtemps, mais en remuant bien. »

Le père Bouillon alluma le gaz sous le chaudron, et Georges remua le mélange avec la longue cuillère de bois qu'il avait déjà utilisée.

« La potion n'est pas assez brune, dit Georges. Attends ! Je sais ce que j'ai oublié.

— Quoi ? s'écria M. Bouillon. Vite, dis-moi quoi ? Si nous avons oublié le moindre ingrédient, la potion ne marchera pas ! En tout cas, pas de la même façon !

— J'ai besoin de peinture marron, dit Georges. Voilà ce que j'ai oublié. [...] »

Un peu plus tard, on donne la potion à un poulet.

L'effet de la potion numéro deux se révéla fort différent, mais il ne manquait pas d'intérêt.

« *Ouache !* » caqueta le poulet et il bondit à deux mètres du sol, puis retomba sur ses pattes. Son bec cracha des étincelles, comme si quelqu'un affûtait un couteau* dans son ventre. Son corps ne changeait pas mais ses deux pattes jaunes s'allongeaient, s'allongeaient...

« Mais, que lui arrive-t-il ? cria le père Gros Bouillon.

— Ça ne marche pas », dit Georges.

Plus les pattes s'allongeaient, plus le poulet s'élevait. Quand les pattes atteignirent la hauteur de cinq mètres, elles s'arrêtèrent de grandir. Le poulet avait l'air particulièrement ridicule avec ses pattes longues, longues et son petit corps perché là-haut. On aurait dit qu'il était monté sur des échasses. [...]

Il manque donc quelque chose...

« Ça y est, j'ai trouvé ! s'exclama Georges.

— Vite, qu'est-ce que c'est ?

— La poudre insecticide* pour chiens, répondit Georges.

— Tu es sûr que tu en as ajouté, la première fois ?

— Oui, papa, j'en suis sûr. Un plein paquet.

— Voilà qui résout le problème !

— Attends un peu, dit Georges. Avais-tu marqué du cirage brun dans ta liste ?

— Non, répondit M. Bouillon.

— J'en ai utilisé, dit Georges.

— Eh bien ! s'écria M. Bouillon. Pas étonnant que ta potion n'agisse pas. »

Déjà, il courait vers la voiture, et fonçait vers le village pour acheter l'insecticide et le cirage.

ROALD DAHL, *La potion magique de Georges Bouillon*,
traduction française Marie-Raymond Farré, « Folio Junior », Gallimard.

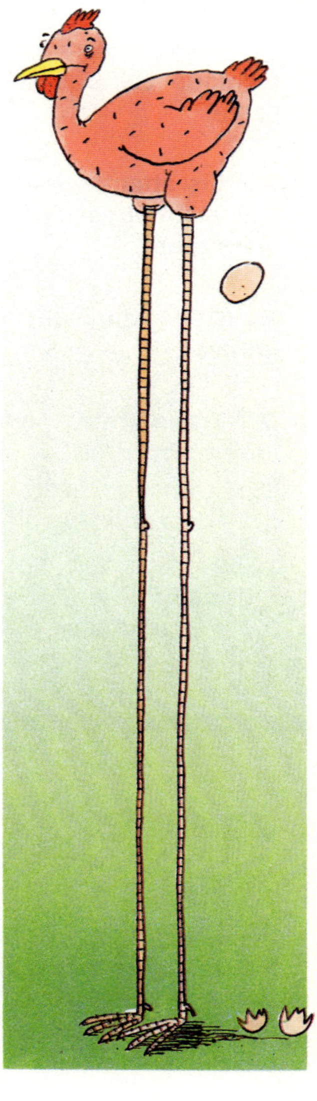

* *Le premier ingrédient :* le premier produit.
* *Exulter :* dire quelque chose en montrant qu'on est très content.
* *Affûter un couteau :* le rendre plus coupant.
* *Insecticide :* qui tue les insectes.

Le groupe verbal (3)

Le druide Panoramix a préparé **la potion magique**. Les Gaulois **la** boivent avant de se battre.

1. Lis attentivement la première phrase. Comment appelle-t-on le groupe en caractères gras ?

2. Que remplace la **dans la deuxième phrase ?**

3. Transforme les phrases selon l'exemple.

EX : Le druide prépare **la potion**.
→ Le druide **la** prépare.

1. Les Romains ne connaissent pas **la recette**.
   → Les Romains .....
2. Jadis, les druides cueillaient **le gui** avec une serpe d'or.
   → Jadis, les druides.....
3. On pensait autrefois que le gui guérissait **les fièvres**.
   → On pensait autrefois .....
4. Tout le village admire **le druide**.
   → Tout le village .....

4. Comment appelle-t-on les groupes en caractères gras dans les phrases de l'exercice 3 ?

5. Quels mots as-tu employés dans l'exercice 3 pour remplacer les groupes en caractères gras ?

> **le - la - l' - les** sont ici des **pronoms** qui remplacent des **compléments du verbe**.
> EX : Il prépare **la potion**.
> → Il **la** prépare.

6. Comment peux-tu supprimer les répétitions ?

1. Le druide va cueillir les herbes dans la forêt. Il connaît bien les herbes.
2. Obélix aimerait bien boire la potion magique comme les autres. Mais il n'a pas le droit de goûter la potion magique.
3. Obélix chasse le sanglier. Il aime beaucoup le sanglier.
4. Les Romains ont peur des Gaulois. Ils n'aiment pas les Gaulois.

on ou ont ?

Pendant des siècles, de terribles maladies ont tué des hommes par milliers parce qu'on ne savait pas les soigner. Mais un jour, on a découvert les vaccins et les épidémies ont presque disparu.

1. Mets la phrase suivante au singulier. Que remarques-tu ?

De terribles maladies ont tué des milliers d'hommes.
→ Une terrible maladie...

2. Par quoi pourrais-tu remplacer on **dans le texte ci-contre ?**

• **ont** est un **verbe** (**avoir**, présent de l'indicatif, 3ᵉ personne du pluriel) ou **fait partie d'un verbe**. On peut donc **changer sa personne** (ou **son temps**).

EX : Ces maladies **ont tué** des milliers d'hommes. *(verbe)*
→ Cette maladie **a tué** des milliers d'hommes.

• **on** est un **pronom sujet**. On peut donc **le remplacer par un autre sujet**.

EX : **On** / Quelqu'un / Il / Un savant } a découvert un vaccin.

3. Remplace les mots en caractères gras par on **ou** ont.

1. **Tout le monde** doit se faire vacciner contre certaines maladies.
2. **Ce médecin** a trouvé un médicament très efficace.
3. Ils nous **avaient** donné des pastilles.

4. on **ou** ont **?**

1. Grâce aux vaccins, des maladies comme la peste et la variole . . . disparu de la planète.
2. . . . doit à un médecin anglais, Edward Jenner, la découverte du premier vaccin, en 1796.
3. Avant Pasteur, . . . ne connaissait pas les microbes.
4. Pasteur a inventé un moyen pour détruire les microbes dans les aliments : . . . l'appelle la pasteurisation.
5. . . . a fait d'importantes découvertes.

L'imparfait du verbe aller

Thibaut connaissait les bonnes herbes des montagnes. Il allait les choisir tôt le matin, encore humides de rosée, pour son maître le sorcier Sigismond dont il suivait les leçons. Car Sigismond guérissait les gens avec des tisanes, des décoctions, des philtres et des baumes préparés avec les plantes.

MARIE TENAILLE (d'après un poème de Goethe), *L'apprenti-sorcier,* Gautier-Languereau.

1. Relève les verbes conjugués du texte. Indique à quel temps ils sont employés et donne leur infinitif.

2. Conjugue oralement le verbe aller **à toutes les personnes dans la phrase suivante.**

(aller) cueillir des herbes.

3. En t'aidant de l'encadré, écris les phrases de l'exercice 2.

Imparfait du verbe **aller**	
j'all**ais**	**nous** all**ions**
tu all**ais**	**vous** all**iez**
il (**elle**) all**ait**	**ils** (**elles**) all**aient**

4. Mets les phrases suivantes à l'imparfait.

1. Ils vont chaque matin travailler au laboratoire.
2. Nous allons à la pharmacie acheter du sirop.
3. Vous allez faire une tisane.
4. Je vais chercher de la menthe.

-sion ou -tion ?

Quand on veut fabriquer une **potion**, il faut faire bien **attention** et respecter les **proportions** : dix gouttes et pas une de plus !

1. Lis et recopie les mots en caractères gras de la phrase précédente. Quel est leur point commun ?

2. Cherche d'autres mots qui se disent et s'écrivent de la même façon.

3. Cherche l'intrus.

1. la respiration - une invention - la récréation - nous écoutions.
2. une question - une indigestion - un bastion - une réparation.
3. une profession - l'aviation - une discussion - une commission.
4. des portions - nous portions - des collections - des solutions.

4. Complète par nous **ou** des. **Explique ton choix.**

1. ... additions
2. ... hésitations
3. ... arrêtions
4. ... conditions
5. ... informations
6. ... prêtions
7. ... rapportions
8. ... précautions
9. ... comptions
10. ... plantations

5. Complète les mots.

1. nous ca...ions - nous cha...ions - nous pre...ions - nous dre...ions.
2. nous ver...ions - nous pen...ions - nous traver...ions - nous dan...ions.
3. une ac...ion - une puni...ion - la décora...ion - la révolu...ion.

6. Complète les mots avec s **ou** t. **Aide-toi du dictionnaire.**

1. une excur...ion
2. la distribu...ion
3. des muni...ions
4. les dimen...ions
5. la compréhen...ion
6. une abrévia...ion

7. Complète les mots. Aide-toi du dictionnaire.

1. Nous discu...ions de la circula...ion au carrefour et de la construc...ion d'un pont au-dessus de la route na...ionale.
2. La consomma...ion de lait est en augmenta...ion, celle de viande est aussi en progre...ion.
3. L'addi...ion, la soustrac...ion et la multiplica...ion sont des opéra...ions.

8. Pour chaque verbe, indique le nom correspondant et la forme du verbe à l'imparfait.

1. discuter → une .....
   → nous .....
2. répéter → une .....
   → nous .....
3. hésiter → l'.....
   → nous .....
4. exploiter → une .....
   → nous .....
5. exécuter → l'.....
   → nous .....

9. Complète les mots.

Quelle agita...ion dans la famille Ponctua...ion !
« On a pris ma place ! s'écrie le point d'exclama...ion.
— Faut-il donc une autorisa...ion ? rétorque le point d'interroga...ion.
— Ce n'est pas une obliga...ion, disent ensemble les points de suspen...ion.
— Assez de discu...ion ! » Point.

10. Cherche pour chacun des mots suivants un mot de la même famille qui se termine par -sion, -ssion **ou** -tion. **Aide-toi du dictionnaire.**

1. discret →
2. posséder →
3. agresser →
4. protéger →
5. corriger →
6. succéder →
7. finir →
8. tendre →

Autour d'un mot : prendre

1. Dans chaque phrase, remplace prendre **par un verbe qui a le même sens.**

1. N'oublie pas de prendre ton sirop !
2. Prends ton parapluie.
3. On m'a pris mon vélo !
4. Finalement, je prends celui-ci.
5. Ça y est, le feu prend !
6. Il n'a pas pris un seul poisson.

2. Cherche tout ce qu'on peut prendre.

EX : prendre un bain

3. Invente des phrases dans lesquelles prendre **a tour à tour le sens des verbes suivants :**

attraper - voler - boire - emporter.

4. Choisis la définition qui convient pour chaque expression.

1. **Un bateau prend l'eau** :
   - Quand on le met sur l'eau.
   - Quand l'eau rentre à l'intérieur.
   - Quand il emporte de l'eau.
2. **Prendre quelqu'un pour un autre**, c'est :
   - Emmener quelqu'un chez une autre personne.
   - Rendre service à quelqu'un.
   - Se tromper de personne, quand deux personnes se ressemblent.

Reconstitution de texte

Géraldine, une fillette de dix ans, a inventé une potion pour grandir. Mais sa mère Clémentine, ayant trouvé le sirop, en a bu un verre...

Maman se ridait petit à petit, son joli visage se ratatinait, ses cheveux blanchissaient et, avant d'avoir pu dire flûte, elle était au moins centenaire ! Clouée sur place, terrorisée, je fixais ce terrible spectacle sans pouvoir bouger le petit doigt. Et puis, brusquement, maman se mit à rajeunir. Les rides s'effaçaient, les yeux reprenaient leur éclat, le teint rosissait à nouveau.
Je comptai machinalement : « Cinquante ans... Quarante ans... Trente ans... Arrête-toi ! »
Mais elle ne s'arrêtait plus. [...]
Ensuite, elle commença à rétrécir... rétrécir...

MARIE-RAYMOND FARRÉ, *Le Jour où Clémentine a rétréci.* « Toboggan », Hachette.

1. Lis attentivement le texte.

2. Est-ce que la potion préparée par Géraldine a eu l'effet qu'elle avait imaginé ?

3. Retrouve dans le texte les phrases qui montrent :

- que Clémentine vieillit,
- que Clémentine rajeunit.

4. Relève les verbes du texte qui sont conjugués à l'imparfait. Donne leur infinitif.

5. Réécris la phrase qui contient clouée sur place **et** terrorisée **en les remplaçant par des mots ou des expressions de sens équivalent.**

6. Reconstitue le passage en caractères gras.

Le géant aux chaussettes rouges

Le géant aux chaussettes rouges est amoureux. Mais, pour épouser Mireille, il doit retrouver une taille normale. On lui a conseillé d'aller voir un sorcier chinois.

Le sorcier vint ouvrir et le géant lui dit : « Yong tchotchotcho kong kong ngo. »

Ce qui, en chinois, signifie : « C'est bien vous, le grand sorcier ? » À quoi le sorcier répondit, sur un ton légèrement différent :

« Yong tchotchotcho kong kong ngo. »

Ce qui veut dire : « Oui, c'est moi. Et alors ? [...] »

« C'est bon, dit le Chinois en chinois également, attendez une minute. »

1. Lis attentivement le début de l'histoire. Puis retrouve la place des deux phrases suivantes dans ce passage.

1. Une fois devant la maison du sorcier, il frappa à la porte.
2. « Je voulais rapetisser, dit le géant, toujours en chinois.

2. Retrouve la place du paragraphe suivant dans la suite de l'histoire.

Quand il eut bu, il attendit. Or, non seulement il garda la même taille, mais ses chaussettes, de rouges qu'elles étaient, devinrent vertes. Le grand sorcier chinois s'était tout simplement trompé de potion.

Il rentra, puis revint avec un verre de potion magique. Mais le verre était trop petit, le géant ne le voyait même pas. Alors le sorcier disparut de nouveau, puis revint avec une bouteille. Mais la bouteille était trop petite, le géant ne pouvait même pas la saisir.

Le sorcier eut alors une idée. Il roula hors de la maison le grand tonneau de potion magique, puis il le mit debout et en fit sauter l'un des fonds. Le géant but dans le tonneau comme nous dans un verre.

Alors le géant entra dans une grande colère et se mit à crier très fort [...]

Le Chinois s'excusa et revint avec un tonneau, que le géant but, et ses chaussettes devinrent rouges comme avant.

PIERRE GRIPARI,
Contes de la rue Broca, La Table Ronde.

3. Que va-t-il se passer ? Le géant aux chaussettes rouges va-t-il pouvoir rapetisser et épouser Mireille ? Imagine la suite.

LE LAPIN À L'OREILLE QUI PEND

On ne sait pas pourquoi
Une de ses oreilles
— A-t-il peur des abeilles ? —
Est toujours de guingois.

— Allons, Jeannot Lapin,
Fais donc comme les autres !
Que ton oreille gauche
Suive le droit chemin !

La douceur, la colère,
Hélas ! n'y peuvent rien :
Même un vétérinaire
Y perdrait son latin.

Pierre Menanteau,
Au rendez-vous de l'arc-en-ciel,
« Enfance heureuse », Éditions ouvrières.

Si tu veux voyager loin
Voler plus vite que le faucon
Prends un peu d'huile,
Un peu de neige
Fais-les bouillir dans la marmite
Pendant une lune et demie
Sur un feu de charbon de bois.
Mets tout ça dans un sac,
Laisse bien reposer
Puis mélange avec le charbon calciné,
Écrase le tout sur une table d'albâtre
Et verse la poudre dans une corne,
Prends-en une pincée
Que tu glisses dans un gros livre.
Mets le livre dans ta robe,
Dans une poche bien cachée.
Prends le livre dans ta main,
Pense à l'endroit où tu veux aller ;
Penses-y fort, fort, fort.
Quand tu seras prête à t'envoler
Dis trois fois *sispi, sispi, sispi*
Et te voilà bien arrivée.
Si tu veux t'en retourner
Dis trois fois *tsi, tsi, tsi*
Et te voilà bien retournée.

Monika Beisner,
Enchantements et sortilèges,
traduction française Jenny Ladoix, Gallimard.

La tisane arc-en-ciel

Martin est le bourgmestre d'une ville imaginaire. Comme il est paresseux, gourmand et méchant, tout le monde le déteste.*
Il a, par exemple, décidé que tous ceux qui ont la peau jaune seraient enfermés dans la prison n° 1, ceux qui ont la peau rouge dans la prison n° 2 et ceux qui ont la peau noire dans la prison n° 3.
Une petite fille, Marie-Véronique, propose une tisane arc-en-ciel pour se débarrasser du tyran.

« Qu'est-ce que c'est que cette tisane arc-en-ciel? demanda un menuisier.

— C'est une tisane dont ma grand-mère m'a parlé. Elle rend les hommes raisonnables...

— Alors, il lui en faudrait beaucoup, remarqua un boulanger.

— Comment la prépare-t-on? questionna une épicière.

— Je crois que je m'en souviens, dit Marie-Véronique. Il s'agit d'aller dans la montagne pour cueillir un grand nombre de plantes. On les fait sécher, on les mélange et on obtient la tisane arc-en-ciel. [...]

Le cuisinier du palais verse donc une pincée d'herbes séchées dans la tisane du bourgmestre. Celui-ci, le lendemain, sent sur tout son corps des picotements bizarres. Alors, il se regarde dans la glace.

Eh bien, le bourgmestre Martin avait maintenant :
un bras droit de couleur blanche,
une main droite de couleur rouge,
un bras gauche de couleur rouge,
une main gauche de couleur blanche,
une jambe droite de couleur jaune,
un pied droit de couleur noire,
une jambe gauche de couleur noire,
un pied gauche de couleur jaune.

Ce n'était pas tout.
Le bourgmestre Martin avait :
la poitrine noire,
le dos jaune
et le reste rouge cuivré.

Ce n'était pas tout.
Le bourgmestre Martin avait :
des cheveux lisses et blonds du côté gauche,
des cheveux crépus et noirs du côté droit.
Ce n'était pas tout.
Le bourgmestre Martin avait :
un œil gauche tout rond,
un œil droit en amande. [...]

Le bourgmestre appelle le chef de la police qui se précipite sur les lieux.

En arrivant près de la porte, il entendit les derniers mots criés par le bourgmestre. Il se souvint alors des ordres impératifs que lui avait donnés le bourgmestre Martin. Et très vite, dans sa tête, le Chef de la Police repassa sa leçon : « Couleur jaune, prison n° 1. Couleur rouge, prison n° 2. Couleur noire, prison n° 3... »

« Au secours ! Alerte ! À la garde ! » répéta le bourgmestre qui rugissait de colère devant son miroir.

Alors, le Chef de la Police appela ses gardes et ils se ruèrent dans la salle de bains.

« Alors, canaille, hurla le bourgmestre, c'est maintenant que tu arrives ? Ne t'ai-je pas dit de m'obéir au premier appel et sans discuter ?

— Parfaitement, Excellence, parfaitement ! balbutia* le Chef de la Police fort étonné d'apercevoir toutes ces couleurs sur le corps de Martin.

— Eh bien, tu vois ce qui m'est arrivé. Fais quelque chose. Je... »

Le bourgmestre n'eut pas le temps de terminer sa phrase.

Le Chef de la Police s'était retourné vers les gardes : « Attention, vous autres. Obéissez. Portez-moi cette jambe gauche à la prison n° 3. L'autre, vous la porterez à la prison n° 1. Le bras droit, laissez-le en liberté, le bras gauche, à la prison n° 2. L'œil gauche, laissez-le en liberté, l'œil droit, portez-le à la prison n° 1... Attendez, ce n'est pas fini ! ces cheveux crépus, portez-les à la prison n° 3... [...]

Pierre Gamarra,
La tisane arc-en-ciel, Messidor/La Farandole.

* *Bourgmestre :* maire.
* *Balbutier :* parler en hésitant.

Le groupe verbal (4)

Le sirop est prêt. La tisane est prête.
groupe verbal — groupe verbal

- **Prêt** et **prête** sont des **adjectifs**.
- Ils font partie du **groupe verbal**.
- Ils **s'accordent avec le sujet**.

1. Peux-tu changer la place du mot en caractères gras ?

2. Avec quel verbe le mot en caractères gras est-il employé ?

3. Complète les phrases selon l'exemple. Que remarques-tu ?

EX : Ce sirop est très **bon**.
→ Cette tisane est très **bonne**.

1. Le verre est **plein**.
   → La tasse est . . . .
2. Le médicament est **prêt**.
   → La boisson est . . . .
3. Ces comprimés sont trop **vieux**.
   → Ces pastilles sont trop . . . .

4. À qui s'adressent les phrases suivantes ?

1. Vous étiez fatigu**é**.
2. Vous étiez fatigu**ée**.
3. Vous étiez fatigu**és**.
4. Vous étiez fatigu**ées**.

5. Cherche toutes les phrases possibles.

Pasteur •		• un médecin pour animaux.
Le vétérinaire •		• efficace.
La rage •	**est**	• très connu.
Le vaccin •		• une maladie très grave.
Elle •		• un savant.

6. Complète le groupe verbal par un adjectif.

1. Ce médecin est . . . .
2. Nous sommes . . . .
3. La pharmacienne était . . . .
4. Ces médicaments sont . . . .
5. Le magasin est . . . .
6. Ce rhume n'est pas . . . .
7. Le laboratoire est . . . .

son ou sont ?

Isabelle et **son** petit frère **sont** malades. Ils ont attrapé la rougeole.

1. Réécris la première phrase en la commençant par : Le mois dernier...
- **Que remarques-tu à propos des deux mots en caractères gras ?**

2. Réécris la première phrase en imaginant qu'Isabelle a une petite sœur, et non un petit frère. Que remarques-tu ?

3. Peux-tu expliquer maintenant pourquoi son **et** sont **ne s'écrivent pas de la même façon ?**

4. À ton tour, invente une phrase avec sont **et** son.

• **sont** est un **verbe** (**être**, présent de l'indicatif, 3e personne du pluriel) ou **fait partie d'un verbe**. On peut donc changer **son temps** (ou **sa personne**).
EX : Ils **sont** malades.
→ Ils **étaient** malades.

• **son** (comme **sa** - **ses** - **leur**...) est un **déterminant**. Il **accompagne un nom**.
EX : **Son** frère est malade.
→ **Sa** sœur est malade.

5. Complète les phrases suivantes.

1. Autrefois, certaines maladies étaient mortelles. Maintenant, elles ne le . . . plus.
2. On pensait jadis que les médecins étaient très ignorants. On pense aujourd'hui qu'ils . . . très instruits et très compétents.
3. Autrefois, les médicaments étaient rares. De nos jours, ils . . . nombreux et efficaces.

6. Quels sont les autres sens du mot son **? Emploie-les dans des phrases de ton invention.**

7. son **ou** sont **?**

1. Les sorciers faisaient parfois semblant de connaître la maladie et . . . traitement.
2. Les plantes médicinales . . . des plantes qui soignent certaines maladies.
3. Les microbes . . . partout autour de nous.
4. Pasteur est resté célèbre pour . . . vaccin contre la rage.

CONJUGAISON 2

L'imparfait des verbes en -ir

Le petit Marcellin Caillou aurait pu être un enfant très heureux comme beaucoup d'autres enfants.
Malheureusement, il était affligé d'une maladie bizarre : il **rougissait**. Il **rougissait** pour un oui pour un non.

Sempé,
Marcellin Caillou, Sempé/Denoël.

1. Quel est l'infinitif des verbes en caractères gras ? À quel temps sont-ils conjugués ?

2. Conjugue oralement le verbe rougir **à l'imparfait. Conjugue-le ensuite au présent de l'indicatif. Que remarques-tu ?**

Imparfait du verbe **rougir**

je roug**iss**ais	**nous** roug**iss**ions
tu roug**iss**ais	**vous** roug**iss**iez
il (**elle**) roug**iss**ait	
ils (**elles**) roug**iss**aient	

3. Cherche trois autres verbes en -ir **qui se conjuguent comme** rougir.

4. Quel est l'intrus ? Pourquoi ?

jaunir - remplir - cueillir - réussir.

5. Mets les phrases suivantes à l'imparfait.

1. Tu grandis très vite.
2. Les arbres jaunissent à vue d'œil.
3. Il rougit, il pâlit : il est très timide.
4. Nous avons applaudi très fort.

Graphies de [k]

« Bonjour, monsieur Rintintin ! Avez-vous le sirop qui rend sage ?
— Sage comme quoi ? Comme une image ?
— Comme plusieurs, je vous en prie ! C'est pour mon jeune ami Pirlipipi, qui ne me laisse pas dormir de la nuit !
— Très bien », m'a dit le pharmacien.
Il a pris une bouteille dans sa main :
« Tenez ! Une cuillerée avant le coucher. Une seule, vous entendez ! C'est un sirop carabiné !
— Avec cela il sera sage, vous croyez ?
— Comme toute une bande dessinée ! »

C. Lapointe et Pierre Gripari, *Pirlipipi, 2 sirops une sorcière,* Grasset Jeunesse.

1. Relève tous les mots du texte qui contiennent le son [k].

2. Encadre les lettres qui servent à transcrire le son [k] dans les mots que tu as trouvés.

3. Connais-tu d'autres façons de transcrire le son [k] ? Lesquelles ?

4. Remplis le tableau en trouvant deux mots pour chaque colonne.

graphies de [k]		
c	qu	k

5. Relève les mots qui sont terminés par le son [k].

un banc - un porc - avec - un arc - un coq - un bouc - l'estomac - cinq - le bec - crac !

6. Cherche l'intrus.

1. un sac - le lac - du tabac - le bac.
2. un roc - un accroc - sec - un bloc.
3. quatre - un aquarium - le quart - le quai.
4. le chirurgien - un cheveu - la chambre - la chorale.

7. Complète les mots avec les lettres qui conviennent, puis trouve l'intrus. Aide-toi du dictionnaire.

1. ra...onter - é...outer - fabri...er - re...onnaître.
2. l'or...estre - un ar...éologue - du mercuro...rome - l'atta...e.
3. un fla...on - le s...i - un ...angourou - le ...épi.
4. indi...er - é...lairer - man...er - pi...er.

8. Complète les mots comme il convient.

1. ...ristophe a la rougeole : son ...orps est ...ouvert de pla...es rouges.
2. La fièvre a disparu brus...ement et le garçon a pu ...itter la chambre et retrouver ses ...amarades.

9. Complète les mots avec c **ou** cc**. Aide-toi du dictionnaire.**

1. un a...ordéon
2. l'a...euil
3. un a...acia
4. a...ompagner
5. a...rocher
6. un a...ident
7. l'a...ent
8. a...epter
9. a...élérer
10. au...un

10. Devinette.

C'est un drôle d'infirmier : il joue de la musi...e, il fait des pi...ûres et il atta...e surtout la nuit. C'est le mousti...e.

Les synonymes (2)

1. Remplace, dans les phrases suivantes, les mots ou expressions en caractères gras par des mots de sens équivalent. Aide-toi du dictionnaire.

1. Un soir, j'étais **souffrant** et j'avais de la température.
2. Le **médecin** est arrivé dans la soirée.
3. Il m'a **ausculté**.
4. Il a rassuré mes parents en leur disant que ce n'était pas **grave**.
5. Il m'a donné des remèdes et il m'a dit de **garder la chambre** pendant deux jours.
6. Moi, j'**adore** le sirop.
7. Quand j'ai été **rétabli**, je suis retourné à l'école.

On appelle **synonymes** des **mots** ou des **expressions** qui ont des **sens voisins**.
EX : le médecin → le docteur

2. Remplace les mots ou expressions en caractères gras par des synonymes. Aide-toi du dictionnaire.

1. Sa rhinopharyngite **l'a beaucoup fatigué**.
2. Sébastien **a peur** des piqûres.
3. Pendant huit jours, **prendre** une cuiller à café de sirop après chaque repas.
4. Je vous souhaite **une rapide guérison**.

3. Cherche tous les synonymes du mot fatigué **que tu connais. Ont-ils toujours le même sens ? Quand les emploie-t-on ?**

4. Aide-toi du dictionnaire pour remplir la grille avec les synonymes des mots suivants.

Horizontalement

A. Douleur.
B. Malade.
C. Urgent.

Verticalement

1. Tout à coup.
2. Hématome.
3. Température.
4. Patient.
5. Abdomen.

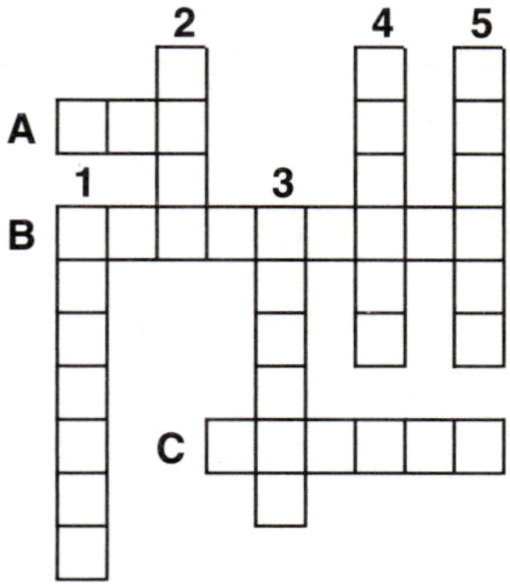

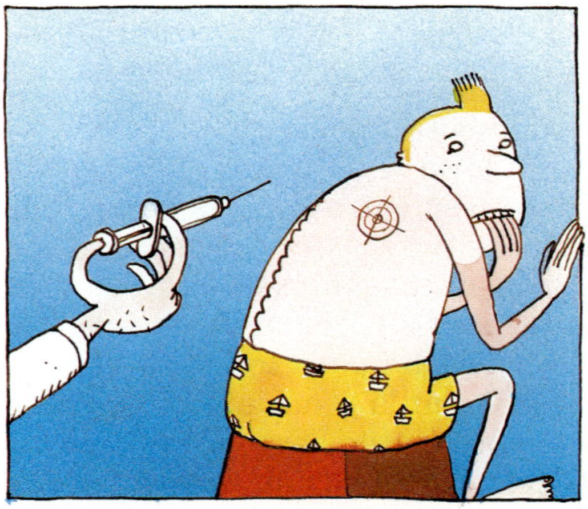

L'article de journal

1. Un médicament extraordinaire vient d'être inventé. Rédige l'article de journal qui va annoncer la nouvelle. Pour cela, aide-toi du questionnaire.

- Qui a inventé ce médicament ? Où ?
- À quoi sert-il ?
  EX : médicament contre la colère...
- Comment se présente-t-il ?
  EX : sirop, comprimé...
- Qui va-t-il aider ?
- A-t-il été essayé ? Sur qui ?
- Quels résultats a-t-il donnés ?
- Qu'en penses-tu ?

2. Choisis un titre pour ton article.

3. Relis le texte que tu as rédigé. Attention à l'orthographe et à la ponctuation.

Dents de loup
Dents de sagesse

Vers 8 ou 9 ans, les dents de lait tombent et les autres, celles qui durent toute la vie, poussent. À 12 ans, on a toutes ses dents. Les dents de sagesse qui sont tout au fond de la mâchoire peuvent pousser jusqu'à l'âge de 40 ans. Mais on n'est jamais sûr d'être assez sage pour les mériter et certains n'en ont pas !

La carie

Les aliments laissent sur les dents une pellicule : la plaque dentaire. Elle contient des bactéries qui adorent le sucre et s'en nourrissent. Quand la bactérie pénètre à l'intérieur de la dent elle l'infecte : c'est la carie qui fait une petite tache sombre sur la dent.

Pour éviter les caries il faut :
— se laver les dents après chaque repas, pendant au moins trois vraies minutes ;
— choisir une brosse à dents assez petite pour aller dans chaque coin ;
— choisir des poils très doux en nylon qui massent la gencive ;
— se brosser de haut en bas et de bas en haut et non pas de long en large ;
— le luxe, c'est d'avoir en plus un appareil qui envoie un jet d'eau dans toute la bouche et emmène les petits débris avec lui ;
— ne jamais s'endormir avec un bonbon sauf en cas de gros gros chagrin ;
— utiliser du fluor soit en comprimés, soit en dentifrice, chaque jour jusqu'à la deuxième dentition ;
— les dents très propres donnent une haleine fraîche.

[Il faut donc] montrer ses dents deux fois par an au dentiste. Comme un détective, il cherche les petites caries et peut même faire des radios qui montrent ce qui se passe à l'intérieur des dents et des gencives.

Quand il y a une carie, il fait un petit trou avec un appareil perfectionné très rapide pour faire le moins de mal possible. Il retire tout ce qui est pourri puis rebouche avec une pâte qui devient aussi dure que la dent.

Soigner les caries le plus vite possible avant qu'elles fassent très mal en s'attaquant au nerf.

Docteur Catherine Dolto,
Comment ça va la santé ?,
La nouvelle encyclopédie de la jeunesse, Hachette.

1. À ton avis, pourquoi appelle-t-on les premières dents les *dents de lait ?*
2. À quel âge a-t-on toutes ses dents ?
3. Cherche le sens du mot *bactérie.*
4. Qu'est-ce que la *plaque dentaire ?*
5. Qu'est-ce qu'une *carie ?* Comment la soigne-t-on ?
6. Pourquoi ne faut-il jamais s'endormir avec un bonbon dans la bouche ?
7. Quand faut-il se laver les dents ?
8. Quand faut-il aller chez le dentiste ?
9. Vrai ou faux ?
   - Tout le monde a des dents de sagesse.
   - Le fluor est bon pour les dents.
   - Il faut se brosser les dents de haut en bas.
   - Les dents de lait tombent vers huit ans.
   - Tout le monde à le même nombre de dents.

JEUX

1. Tous les mots de la grille sont tirés des leçons et des textes de ce thème.

Horizontalement

1. Préparée par Georges Bouillon.
2. Pasteur en a inventé un contre la rage.
3. Ils sont à l'origine de nombreuses maladies.

Verticalement

A. Elle est **arc-en-ciel** pour le bourgmestre.
B. On en prend quand on tousse.

2. Si tu trouves les lettres qui ont été effacées, tu auras des noms de métiers.

P[redacted]A[redacted]M[redacted]C[redacted]E[redacted]N[redacted]

I[redacted]F[redacted]R[redacted]I[redacted]R

V[redacted]T[redacted]R[redacted]N[redacted]I[redacted]E

[redacted]H[redacted]R[redacted]R[redacted]I[redacted]N

D[redacted]N[redacted]I[redacted]T[redacted]

3. Retrouve les six mots cachés dans cette grille.

A	V	I	T	N	P	O	R	J	E	S	N
L	W	Y	G	M	R	E	C	E	T	T	E
C	D	M	U	F	T	G	A	V	X	I	X
H	K	V	E	T	D	R	U	I	D	E	F
M	U	L	R	D	P	O	N	H	S	R	V
E	M	W	I	B	I	L	O	Z	A	H	S
D	O	L	S	T	M	C	P	A	F	M	O
E	G	G	O	H	V	T	A	B	I	S	U
C	L	U	N	A	T	R	E	M	E	D	E
I	M	I	T	V	R	O	N	B	E	L	R
N	O	P	S	O	I	G	N	E	R	N	D
N	P	O	T	I	A	V	R	J	E	S	T

4. Charade.

Mon premier pose.
Mon deuxième parle.
Mon troisième est une lettre de l'alphabet.
Mon dernier ne dit pas la vérité.
Mon tout se trouve dans les pharmacies.

Révisions

1. Supprime les répétitions.

1. Mon petit frère vient d'avoir la rougeole et ma sœur a aussi attrapé la rougeole.
2. La rougeole n'est pas une maladie grave. On soigne la rougeole facilement.
3. Le médecin habite dans cet immeuble. Je connais bien le médecin.
4. Julien ne se sentait pas bien. Le médecin a ausculté Julien.
5. « Connais-tu la recette ?
   — Non, je ne connais pas la recette. »

2. Mets les phrases suivantes au pluriel.

1. Elle a été un peu malade mais elle est guérie.
2. Le médecin est très occupé.
3. Ce sirop est efficace.
4. L'enseigne de la pharmacie est verte.

3. Complète les groupes verbaux par des adjectifs.

1. La boîte est ....
2. Le tube est ....
3. Les brosses à dent sont ....
4. La boutique est ....

4. on **ou** ont **?**

1. ... ne doit pas utiliser des médicaments trop vieux.
2. Les pharmaciens ... déménagé.
3. Hier, ... nous a fait passer la visite médicale.
4. Maintenant, ... ne sait plus reconnaître les plantes qui guérissent.

5. son **ou** sont **?**

1. Il n'a pas pu se lever. Il est resté toute la journée à lire dans ... lit. Il pense à ses camarades et à ... école. Il se demande si ... équipe va gagner.
2. Les dents ... très fragiles. Il faut les brosser soigneusement.
3. ... dentifrice à la menthe a très bon goût.
4. Cette semaine, Valérie, Christophe et Jean-Pierre ... malades, mais ce n'est pas grave.

6. Mets les verbes entre parenthèses à l'imparfait.

1. Il (aller) dans la forêt et il (remplir) son panier de fleurs et de plantes. Nous (avoir) un peu peur de lui, mais nous (aller) le voir tout de même quand nous (être) malades.
2. Ses boutons ne (guérir) pas vite.
3. Tu (finir) ton travail et tu (bondir) au dehors.

7. Complète les mots s **ou** t.

1. la correc...ion	6. la ten...ion
2. la fini...ion	7. la posi...ion
3. les dimen...ions	8. la condi...ion
4. nous ver...ions	9. nous traver...ions
5. la répéti...ion	10. l'agita...ion

8. Trouve un synonyme et un contraire pour chacun des mots suivants. (Emploie-les dans une courte phrase.)
fatigué - drôle.

9. Trouve un synonyme pour chacune de ces expressions :

1. Prendre du poids.	3. Prendre feu.
2. Prendre la plume.	4. Prendre la route.

10. Dictée ou autodictée.

« Tu ferais peut-être mieux d'être apprenti boulanger plutôt qu'apprenti sorcier, lui disaient parfois les villageois en le voyant grimper sur la montagne chaque matin de beau temps.
— Pourquoi ? répondait le garçon. Soulager les malades, les guérir, c'est le plus beau des métiers ! J'apprendrai tout de mon maître Sigismond, et je ferai comme lui, vous verrez ! »

Marie Tenaille,
L'apprenti sorcier (d'après un poème de Goethe),
Gautier-Languereau.

11. Qu'as-tu retenu ?

1. Quand faut-il se brosser les dents ?
2. Avec quoi soignait-on les malades autrefois ?
3. Pourquoi Pasteur est-il resté célèbre ?

Couleurs

De sa cage de nuages et de pluie
Un bel oiseau s'est évadé
Pour se poser sur les doigts du soleil

Bleu indigo violet
Vert jaune orangé rouge

Plus un enfant ne bouge
Le bel oiseau a déployé
Ses plumes sur le ciel.

ROBERT BESSE, « L'arc-en-ciel »,
Poèmes pour un oiseau, Éditions Traces.

Le souriceau qui changeait de couleur

Une vieille dame, un peu sorcière, a décidé de punir le petit souriceau, Jonathan, qui lui avait volé du lard : désormais, il prendra la couleur de ce qu'il aura mangé. Au moment où il rencontre le chien Tobie, Jonathan vient d'avaler une carotte.

Tobie l'examina et conclut :

« Tu as la forme d'une souris, mais pas la couleur. »

Jonathan allait dire à ce balourd ce qu'il pensait de lui, lorsqu'il aperçut ses pattes et en eut le souffle coupé. C'était vrai : il n'était pas gris. Il avait changé de couleur, il était orange, orange comme une carotte ! Ah, cette vieille !

Il raconta toute son histoire à Tobie.

« Est-ce à dire que tu prends la couleur de ce que tu manges ? », réfléchit Tobie et Jonathan dit : « Ça doit être ça. »

Ils décidèrent de faire des essais. Tobie, ravi du divertissement, apporta : une tomate, un morceau de gruyère, une feuille de laitue, un bout de chocolat. Quant à sa prune, Jonathan la repoussa tout de suite : il détestait le violet.

Il mordit à pleines dents dans la tomate, tout en observant son pelage. En effet, il rougit. Jonathan épouvanté jeta ce qui restait de la tomate.

« Quelle horrible couleur, s'exclama-t-il. Aucun chat ne serait assez aveugle pour ne pas me voir. Me voilà dans un beau pétrin ! » [...]

La seule solution est de manger un morceau de tissu gris...

Jonathan se força et son pelage grisonna de plus en plus. Enfin, une superbe souris grise demanda à son ami :

« Alors, de quoi ai-je l'air ?

— Formidable ! Du plus beau des muridés* », le félicita le chien. Les deux animaux étaient très heureux. Mais soudain, Jonathan réalisa que pour rester gris, il lui fallait manger rien que du pantalon, durant toute sa vie.

« C'est infect », cria-t-il. Écœuré, il ajouta : « Et pas très nourrissant. »

Tobie hocha la tête et dit que de toute manière ça n'allait pas : il ne pouvait indéfiniment lui procurer du pantalon.

« Je voudrais pourtant bien t'aider », soupira-t-il.

Les deux amis étaient très malheureux et restaient plongés dans de grises pensées. Jonathan avait distraitement rongé ce qu'il avait sous la dent : le reste de la tomate. Tobie allait l'arrêter :

« Stop ! », mais Jonathan NE DEVINT PAS ROUGE, PAS DU TOUT ! Tobie s'écria :

« Tu n'as pas rougi, pas le moins du monde ! »

Le souriceau répondit tristement.

« Pourquoi aurais-je rougi ? Je n'ai pas menti.

— Mais tu as mangé de la tomate ! »

Jonathan bondit. Il osait à peine regarder ses pattes. Celle de droite : grise ! Celle de gauche : grise ! Le ventre, la queue : tout était gris, gris-souris, comme il se doit ! Jonathan était grisé de joie.

Alors, Tobie supposa que le charme était rompu et pour vérifier la chose, il s'empressa d'apporter : du fromage, du chocolat. Et une prune. Jonathan fit ripaille de tout, même de la prune. Et il resta gris.

C'est le moment que choisit le chat pour traverser la cour. Le chat s'approcha, s'approcha encore...

Jonathan sursauta.

« Je dois partir. Salut ! ET MERCI ! » Il fila à travers les champs, juste quand le chat allait bondir.

Tobie dévisagea le chat.

« Tu voulais vraiment le manger, demanda-t-il sévèrement. Un ami ? Qui en a vu de toutes les couleurs ? »

Le chat était un peu gêné. Mais pas trop.

« Il était si beau, si appétissant », fit-il et s'en alla.

INGRID OSTHEEREN, *Le souriceau qui changeait de couleur,* Nord-Sud.

* *Muridés :* petits animaux rongeurs.

Le groupe nominal (1)

... **maison** est perchée sur ... **colline**.

1. Que manque-t-il pour que la phrase soit correcte ? Comment appelle-t-on les mots en caractères gras ?

2. Parmi les mots suivants, choisis ceux que tu pourrais mettre devant maison **et** colline **dans la phrase précédente.**

EX : **Sa** maison est perchée sur **une** colline.

son - cette - sa - ces - une - des - l'- leur - le.

> • **La maison** et **la colline** sont des **groupes nominaux**.
>
> • Ils sont formés d'un **déterminant** et d'un **nom**.
>
> EX : la (déterminant) colline (nom)

3. Dans la liste des mots suivants, relève ceux qui sont des noms.

paysage - regarder - toit - mur - cheminée - arriver - peindre - château - route - traverser.

4. Comment peux-tu classer les noms suivants ?

Marc - pinceau - atelier - Lyon - toile - Picasso - Henri IV - couleur - Rhin.

5. Il manque cinq mots dans le texte. Retrouve-les.

... soleil est ... énorme boule de feu qui éclaire et réchauffe ... terre. ... étoiles sont aussi ... boules de feu.

> • **un** - **une** - **des** et **le** - **la** - **l'** - **les** sont des **déterminants**. On les appelle des **articles**. Ils font partie du **groupe nominal**.

6. Trouve les articles qui manquent. Il y a parfois plusieurs solutions possibles.

1. ... chat s'est endormi sur ... table.
2. ... pompiers ont ... nouveau camion.
3. J'ai planté ... tulipes.
4. ... papillon s'est posé sur ... marguerite.

7. Pourquoi cette phrase est-elle bizarre ?

Tous les matins, un soleil se lève et le coq chante.

Le genre des noms (1)

Je roulais sur une interminable **plage** de **sable** rose...
À ma **gauche**, s'étendait un **océan** bouillonnant d'**écume**. Et dans le **ciel** orange brillait un gigantesque **soleil** bleu.

Christian Grenier,
Le secret des mangeurs d'étoiles, Éditions de l'Amitié.

1. Classe les noms en caractères gras dans le tableau suivant.

un ou **le** + nom	**une** ou **la** + nom

- Les noms qui sont accompagnés de **un** ou de **le** sont du **genre masculin**.

EX : le ciel - un océan

- Les noms qui sont accompagnés de **une** ou de **la** sont du **genre féminin**.

EX : la mer - une planète

2. Masculin ou féminin ?

1. peinture
2. paysage
3. nuage
4. vague
5. écume
6. sable

3. Masculin ou féminin ?

l'eau - l'ours - l'air - l'herbe - l'éléphant - l'image - l'oiseau.

4. Masculin ou féminin ?

tour - mousse - manche.

5. Choisis un mot de l'exercice 4 et emploie-le au masculin dans une phrase, et au féminin dans une autre phrase.

EX : Elle a gagné **un** tour de manège.
La tour de Pise est une tour penchée.

Le présent des verbes faire et voir

1. Réponds aux questions en t'aidant de l'encadré.

1. Que vois-tu sur l'arc-en-ciel ? Je ...
2. Que voyez-vous sur l'arc-en-ciel ? Nous ...
3. Que voit-elle sur l'arc-en-ciel ? Elle ...
4. Que voient-ils sur l'arc-en-ciel ? Ils ...

Présent du verbe **voir**

je vois	**nous** voyons
tu vois	**vous** voyez
il (**elle**) voit	**ils** (**elles**) voient

2. Complète les phrases avec le verbe faire**. Aide-toi de l'encadré.**

1. Que ...-tu sur l'arc-en-ciel ?
2. Que ...-elle sur l'arc-en-ciel ?
3. Que ...-nous sur l'arc-en-ciel ?
4. Que ...-vous sur l'arc-en-ciel ?

Présent du verbe **faire**

je fais	**nous** faisons
tu fais	**vous** faites
il (**elle**) fait	**ils** (**elles**) font

3. Quelles ressemblances y a-t-il entre les conjugaisons de ces deux verbes ?

4. Quelles remarques peux-tu faire sur faisons **? sur** faites **?**

5. Mets les verbes entre parenthèses au présent.

1. Ils (faire) de la peinture à l'huile.
2. Quand tu (voir) que le feu est vert pour les voitures, tu attends sur le trottoir.
3. Que (faire)-vous ?
4. Nous (voir) très bien les feux qui marquent l'entrée du port.
5. Les animaux ne (voir) pas les couleurs comme nous.

Mots terminés par [ɛʀ]

Un soir, Théodule, Ursule et le bébé Bulle n'arrivent pas à dormir. Mais, en comptant le centième mouton, ils partent, avec la perruche Papule, vers un monde extraordinaire aux mille couleurs.

Ils se demandaient que **faire**, lorsque apparut la libellule.
« Je suis la **messagère** du Prince de la **Stratosphère**, dit-elle très **fière**. Il vous invite à souper dans sa **gentilhommière**. »
Les voyageurs **acceptèrent** et se **cramponnèrent** au mouton, qui entreprit de grimper sur la **fougère**.
« Nom d'un **tonnerre !** » jura l'oiseau Papule. Et elle resta le bec grand **ouvert**, car la surprise lui avait fait perdre tout **vocabulaire**.

MICHÈLE KAHN,
Les promeneurs de la nuit, Le Cerf-Gamma.

1. Lis le texte silencieusement, puis à haute voix. Quel est le point commun des mots en caractères gras ?

2. Relève tous ces mots et encadre les lettres qui servent à transcrire le son [ɛʀ].

3. Connais-tu d'autres façons de transcrire le son [ɛʀ] ? Lesquelles ?

4. Remplis chaque colonne avec trois mots de ton choix. Aide-toi du dictionnaire.

graphies de [ɛʀ]						
air	aire	er	ère	erre	ers	ert

5. Cherche l'intrus.

1. le lampadaire - plaire - impair - un militaire.
2. la lumière - la panthère - derrière - le collier.
3. le dessert - un concert - l'univers - il sert.
4. circuler - cher - le fer - l'enfer.
5. l'officier - fier - l'évier - le gravier.

6. Complète les mots.

1. l'annivers. . . - une aff. . . - se t. . . - un cors. . . .
2. la m. . . - le f. . . - un hamst. . . - un gangst. . . .
3. le dés. . . - v. . . - découv. . . - un camemb. . . .
4. à l'env. . . - Nev. . . - le ti. . . - un poème en v. . . .
5. le myst. . . - du gruy. . . - un hélicopt. . . - le caract. . . .
6. la t. . . - la gu. . . - une pi. . . - du li. . . .

7. Complète les mots

1. une écuy. . .
2. un sal. . .
3. une vip. . .
4. une mol. . .
5. le propriét. . .
6. cl. . .
7. sinc. . .
8. l'étrang. . .
9. couv. . .
10. l'annu. . .

8. Emploie les mots suivants dans des phrases.

1. Le maire . . . . . .
   La mère . . . . . .
   La mer . . . . . .
2. Le père . . . . . .
   La paire . . . . . .
3. Le vert . . . . . .
   Le verre . . . . . .
   Le ver . . . . . .

9. Ces mots, prononcés de façons différentes, ont deux sens. Trouve-les.

reporter - poster - boxer.

Autour d'un mot : blanc

1. Donne le sens du mot blanc **dans les phrases suivantes. Trouve un synonyme quand cela est possible.**

1. Depuis quelques jours, tu es tout blanc.
2. J'ai passé une nuit blanche.
3. Il ne faut pas oublier de compter les bulletins blancs.
4. Le blanc de poulet, c'est ce que je préfère, surtout avec des frites.
5. Les mots sont séparés par des blancs.

2. Cherche les verbes qui correspondent aux couleurs suivantes.

EX : blanc → blanchir

vert - rouge - noir - rose - bleu - jaune.

3. Cite tous les mots de la famille de blanc **que tu connais.**

EX : blanchir

4. Choisis la définition qui convient.

1. **Donner le feu vert,** c'est :
   - démarrer.
   - autoriser.
   - changer de couleur.
2. **Être rouge comme un coq,** c'est :
   - être malade.
   - être tout rouge après avoir couru.
   - être tout rouge parce qu'on est énervé ou en colère.
3. **Se mettre au vert,** c'est :
   - manger de la salade.
   - s'habiller en vert.
   - prendre du repos à la campagne.

Reconstitution de texte

Finette est malade, elle fait de la tristophagie. Le seul remède étant une cure sur la planète Alpha, Syl y accompagne sa sœur Finette.

Le paysage est devenu très net, tout à coup. Devant nous, il y a de hautes montagnes enneigées et couvertes de sapins ; mais la neige est violette et les sapins sont jaunes.
À côté se trouve une immense prairie où poussent des arbres rouges, rayés de blanc. Les branches, elles, sont aussi bouclées que des cheveux.
Et derrière nous, c'est l'océan. Mais les vagues paraissent vivantes : elles prennent toutes sortes de formes en roulant, en écumant sur la plage de sable bleu.
Et l'eau a toutes les couleurs de l'arc-en-ciel.

CHRISTIAN GRENIER,
Il y a deux soleils chez les Tortupatons,
Magnard.

1. Lis le texte.

2. Relève les ressemblances et les différences entre la Terre et la planète Alpha.

3. Dans la partie du texte en caractères gras, combien de couleurs sont citées ? Lesquelles ?

4. Construis deux autres phrases sur le modèle suivant.

Les branches, **elles**, sont **aussi** bouclées **que** des cheveux.

5. Deux groupes sujets de la partie du texte en caractères gras sont placés après le verbe. Retrouve-les.

6. Reconstitue le passage en caractères gras.

L'homme qui volait les couleurs

Tout est devenu blanc et froid dans la forêt : on a volé les couleurs ! Hugo, le souriceau rose, et Belinda, la petite fée, ont découvert la maison du voleur de couleurs.

Près de la fenêtre était assis un curieux petit bonhomme. Il était fait de couleurs tout partout. [...]

« Monsieur, dit Hugo d'une petite voix brave, nous sommes à la recherche des lettres de couleur du livre de Belinda. Nous cherchons aussi les points rouges des champignons. Et le bleu des campanules de la forêt. Et le marron de notre ami le lapin. Vous ne les auriez pas vus, par hasard ? »

Le petit bonhomme sauta d'un bond de sa chaise et partit d'un grand rire grinçant :

« [...] Je suis l'homme qui vole les couleurs ! Tenez, rien que ce matin, j'ai volé le marron, le beau marron du tronc d'un arbre.

— Rendez-nous nos couleurs, s'il vous plaît, dit Hugo.

— Oh que non ! » dit l'homme aux couleurs. Il marmonna des mots magiques. Cela le fit grandir tant et tant qu'il toucha le plafond.

« Vous ne me faites pas peur à grandir comme ça, dit Hugo d'un ton ferme. N'importe qui peut en faire autant.

— Et moi, je parie que vous ne savez même pas rapetisser ! dit Belinda.

— Facile ! » dit l'homme aux couleurs.

Il marmonna les mots magiques à l'envers. Cela le fit rapetisser tant et tant qu'il aurait pu monter sur le dos d'un escargot.

« Je vous l'avais bien dit. Je vous... »

Les mots lui rentrèrent dans la gorge. Car Hugo fit un bond en avant, bâillonna l'homme de son mouchoir et lui lia les bras avec une ficelle qu'il avait dans sa poche. [...]

« Je veillerai à ce que vous ne voliez plus de couleurs », dit Belinda d'une voix sévère.

TONY ROSS, *Hugo et l'homme qui volait les couleurs*,
texte français de J. et Cl. Held, Duculot Jeunesse.

1. Combien de fois le mot couleurs **(ou** couleur**) est-il employé ?**

2. Quelles sont les différentes couleurs citées dans l'histoire ?

3. L'homme a volé la couleur d'un animal. Lequel ?

4. Retrouve la phrase suivante dans le texte :

Il marmonna les mots magiques à l'envers.

LES COULEURS DU TEMPS

La mer est en bleu entre deux rochers bruns
Je l'aurais aimée en orange
Ou même en arc-en-ciel comme les embruns
Étranges

Je voudrais changer les couleurs du temps
Changer les couleurs du monde
Le soleil levant
La rose des vents
Le sens où tournera ma ronde
Et l'eau d'une larme et tout l'océan
Qui gronde

J'ai brossé les rues et les bancs
Paré les villes de rubans
Peint la Tour Eiffel rose chair
Marié le métro à la mer.

Le ciel est de fer entre deux cheminées
Je l'aurais aimé violine
Ou même en arc-en-ciel comme les fumées
De Chine

Je voudrais changer les couleurs du temps
Changer les couleurs du monde
Le soleil levant
La rose des vents
Le sens où tournera ma ronde
Et l'eau d'une larme et tout l'océan
Qui gronde

Je suis de toutes les couleurs
Et surtout de celle qui pleure
La couleur que je porte c'est
Surtout celle qu'on veut effacer

Et tes cheveux noirs étouffés par la nuit
Je les voudrais multicolores
Comme un arc-en-ciel qui enflamme la pluie
D'aurore

Je voudrais changer les couleurs du temps
Changer les couleurs du monde
Les mots que j'entends
Seront éclatants
Et nous danserons une ronde
Une ronde brune rouge et safran
Et blonde.

Paroles et musiques de GUY BÉART,

Hiéronymus, le caméléon

Hiéronymus, le caméléon, vit dans une forêt profonde, au cœur de l'Afrique, et, comme tous les caméléons, il aime changer de couleur...

Hiéronymus aimerait bien changer de couleur de peau, mais comment faire ?

Il lui vient une nouvelle idée. Il est bientôt si excité qu'il ne cesse d'aller et venir le long de sa branche. J'aimerais tellement être ROUGE ! Je vais aller prendre un bain de sable rouge !

Le sable est encore tout humide de la dernière pluie. Hiéronymus fait de véritables culbutes et il est bientôt tout recouvert de sable rouge de haut en bas, du museau jusqu'à la queue.

« Je suis rouge, chante-t-il, et personne ne sera jamais aussi rouge que moi ! »

Hiéronymus veut aller s'admirer dans la mare.

« Je parie que je suis splendide, tout simplement splendide ! » Il rit aux anges et son cœur bat d'excitation.

Hiéronymus est tellement pressé d'arriver au bord de la mare qu'il n'a pas remarqué comme le sable rouge glisse de son dos. Un petit grain d'abord, puis un autre et d'autres encore...

Le voilà tout près de l'eau.

« Oh non ! je ne suis plus rouge mais orange, orange comme une orange avec des taches jaunes ! Mais j'ai compris : jaune* et rouge mélangés font ORANGE, mais je ne pouvais pas le savoir. »

Maintenant, tout le sable qui recouvrait sa peau a disparu.

« Jaune ! peste Hiéronymus. Je suis de nouveau jaune ! Jaune, c'est parfait pour un citron mais pas pour un caméléon ! Mon rêve serait d'être BLEU, soupire-t-il.

Oui, bleu comme mon ami le papillon, ou bleu comme le ciel, ou bleu comme ces grosses baies là-bas !... Bleu, pourquoi pas ? »

Hiéronymus grimpe aussi vite qu'il le peut dans l'arbuste couvert de baies bleues. Au bout de quelques instants, on dirait qu'un pot de confiture lui est tombé sur la tête. Cela colle un peu.

« Aucune importance, dit-il. Aucune importance, j'aime le bleu, j'adooooore le bleu ! »

Le perroquet multicolore arrive en voltigeant.

« Qu'y a-t-il dans cet arbre ? Je vois des feuilles avec des pattes ! C'est bien étrange ! »

Curieux, il s'approche.

« Mais, voilà Hiéronymus, appelle-t-il. Bonjour Hiéronymus, tu es vêtu de vert aujourd'hui ?

— ... Mais non, pas du tout, je suis bleu, répond Hiéronymus.

— Regarde-toi et tu verras ! »

Hiéronymus baisse les yeux, il se rend compte qu'il est devenu vert !

Comment est-ce possible ?

« J'étais jaune... puis bleu, donc jaune et bleu ensemble font du VERT. »

Quelle journée éprouvante pour Hiéronymus. GRIS*, NOIR*, JAUNE, ROUGE, ORANGE, BLEU puis VERT, que de couleurs !

Maintenant la pluie tombe doucement sur la forêt vierge.

« Comme cela fait du bien, pense Hiéronymus en fermant les yeux. D'abord l'œil droit, puis le gauche. La pluie va laver tout le jus des baies bleues ; quand je serai tout propre et de nouveau jaune, je crois que j'irai dormir.

Au fond le jaune, c'est tout de même une jolie couleur ! »

Hiéronymus bâille encore une fois. Il est fatigué et heureux.

HANNE TÜRK,
Hiéronymus, Le Cerf.

* Hiéronymus, au départ, est jaune.
* Hiéronymus est gris quand tout est gris autour de lui, et noir quand il a peur.

Le groupe nominal (2)

- Le dessin est très réussi.
- Ce dessin est très réussi.
- Son dessin est très réussi.

1. Quelles différences de sens vois-tu entre ces trois phrases ?

2. Mets les trois phrases au pluriel.

3. Réécris les trois phrases en remplaçant dessin **par** photo.

4. Réécris la phrase suivante à toutes les personnes de la conjugaison. Que remarques-tu ?

J'ai bien réussi mon dessin.
Tu .....

> • **ma - ta - sa - mon - ton - son mes - tes - ses - notre - votre - leur nos - vos - leurs** sont des **déterminants**.
>
> • On les appelle des **adjectifs possessifs**.
>
> • Ils **s'accordent avec le nom** qu'ils **accompagnent**.
>
> EX : **sa** veste - **son** cartable - **ses** chaussures

5. Construis des groupes nominaux.

son •	• crayons
vos •	• feuilles
sa •	• craie
leurs •	• album

6. Trouve le déterminant qui va avec chaque nom.

cette •	• dessinateur
cet •	• lumière
ces •	• gravures
ce •	• oiseau

> • **ce - cet - cette** et **ces** sont des **déterminants**.
>
> • On les appelle des **adjectifs démonstratifs**.
>
> • Ils **s'accordent avec le nom** qu'ils **accompagnent**.
>
> EX : **ce** chêne - **cet** acteur - **cette** pomme - **ces** fraises

7. ce - cet **ou** cette **?**

... ami - ... montagne - ... océan - ... bateau - ... lac - ... avion - ...fruit - ... amie.

Le genre des noms (2)

1. Donne le féminin des mots suivants.

un ami - un cousin - un avocat - un marchand - un client - un ours.

> • **Parfois** le masculin et le féminin sont **deux noms très différents**.
> EX : un cheval - une jument
>
> • **Parfois**, il suffit d'**ajouter un -e** au masculin pour obtenir le féminin.
> EX : un am**i** - une am**ie**
>
> • Mais il y a d'**autres cas possibles**.
> EX : un cha**t** - une cha**tte**
> un boulang**er** - une boulang**ère**
> un coiff**eur** - une coiff**euse**
> un avia**teur** - une avia**trice**
> un tig**re** - une tig**resse**

2. Donne le féminin des noms suivants.

le frère - le mouton - l'oncle.

3. Donne le féminin des noms suivants.

un chien - un lion.

4. Donne le féminin des noms suivants. Que remarques-tu ?

un danseur - un chanteur - un vendeur - un acteur - un instituteur.

5. Donne le féminin des noms suivants.

un boucher - un cavalier - un infirmier - un épicier.

Le présent des verbes venir et prendre

Catherine vient d'acheter des tubes de peinture.
Elle prend du bleu et du jaune et elle les mélange. Que va-t-elle obtenir ?

1. Conjugue oralement le verbe de la première phrase à toutes les personnes.

Je viens d'acheter . . .
Tu . . .

Présent du verbe **venir**

je vien**s**	**nous** venons
tu vien**s**	**vous** venez
il (**elle**) vien**t**	**ils** (**elles**) viennent

Présent du verbe **prendre**

je pren**ds**	**nous** prenons
tu pren**ds**	**vous** prenez
il (**elle**) pren**d**	**ils** (**elles**) prennent

2. Les verbes qui se terminent par -endre **ou** -ondre **à l'infinitif se conjuguent comme** prendre**. Cites-en au moins trois et emploie-les chacun dans une phrase.**

EX : comprendre - répondre

3. Mets les verbes entre parenthèses au présent.

1. Je ne (comprendre) pas ce qu'il a voulu faire.
2. Ils (venir) voir l'exposition de dessins.
3. Le téléphone sonne mais personne ne (répondre).
4. Je (venir) tout de suite.

Graphies de [f]

Faisons un peu de géographie ! Connais-tu le Kenya ? C'est un pays d'Afrique réputé pour ses safaris. Les touristes n'y chassent pas l'éléphant avec un fusil, mais avec un appareil-photo. Photographier un lion à l'affût ou un paysage au soleil couchant suffit à récompenser le chasseur d'images de tous ses efforts. De retour chez lui, il pourra contempler avec fierté les couleurs de la savane, celles qu'il a fixées sur le papier.

1. Lis le texte à haute voix, puis relève tous les mots où l'on entend le son [f].

EX : faisons

2. Encadre la ou les lettres qui servent à transcrire le son [f] dans les mots que tu as relevés.

EX : [f]aisons

3. Combien y a-t-il de façons de transcrire le son [f]. Lesquelles ?

4. Classe les mots que tu as relevés dans le tableau suivant et ajoute trois autres mots de ton choix dans chaque colonne.

graphies de [f]		
f	**ff**	**ph**

5. Cherche trois mots dans lesquels le son [f] est :

- au début du mot,
- au milieu du mot,
- à la fin du mot.

6. Classe les mots ou expressions dans le tableau suivant.

le tarif - une clef - vif - neuf - des œufs - bref - il est neuf heures - un cerf - un cerf-volant - les bœufs - attentif - le chef - un chef-d'œuvre - un bœuf - un nerf.

tu entends le son [f]	tu n'entends pas le son [f]

7. f ou ph ? Complète les mots.

1. l'al. . .abet
2. du par. . .um
3. une ra. . .ale
4. l'orthogra. . .e
5. une . . .rase
6. une . . .raise
7. la con. . .iance
8. le . . .armacien
9. une . . .otocopie
10. le télé. . .érique
11. . . .éerique
12. se ré. . .ugier

8. f ou ff ? Complète les mots.

1. le coi. . .eur
2. un dé. . .aut
3. le dé. . .ilé
4. une a. . .iche
5. une a. . .aire
6. le co. . .re
7. un ré. . .lexe
8. des gri. . .es
9. un si. . .lement
10. un re. . .us
11. le sou. . .le
12. le tra. . .ic

9. Complète les mots et cherche l'intrus. Aide-toi du dictionnaire.

1. e. . .acer - o. . .rir - chau. . .er - re. . .er-mer.
2. un or. . .elin - la per. . .ection - la . . .ila-télie - un ty. . .on.
3. a. . .in - a. . .olé - a. . .reux - a. . .amé.
4. un o. . .icier - le . . .araon - un chi. . .on - un chi. . .re.
5. il sou. . .re - le sou. . .re - une gi. . .le - une mou. . .le.

10. Transforme les groupes nominaux selon l'exemple.

EX : un vélo neuf → une voiture neuve

1. un air vif → une musique . . .
2. un garçon actif → une fille . . .
3. un coup de sifflet bref → une sonnerie . . .
4. un jeu collectif → une partie . . .

Les homonymes

1. Lis les phrases suivantes. Que remarques-tu ?

1. Le **vert** est une des couleurs de l'arc-en-ciel.
2. Le **verre** est fragile.
3. Il y a un **ver** dans la pomme.
4. La pluie vient **vers** nous.

> Certains mots **se prononcent de la même façon**, mais ils ne **s'écrivent pas de la même manière.** Ils n'ont pas le même sens.
> Ce sont des **homonymes**.
> EX : vert - verre - ver - vers

2. Complète chaque phrase en employant l'un des mots suivants :
vert - verre - vers.

1. Voulez-vous un ..... d'orangeade ?
2. Il est ..... de peur.
3. Appelez-moi ..... deux heures.

3. Cherche deux homonymes du mot mer **et invente des phrases contenant ces trois mots.**

4. Relève dans les phrases suivantes les mots qui peuvent avoir des homonymes. Aide-toi du dictionnaire.

1. Il perd ses dents de lait.
2. Le pain est sur le mur.

5. Écris chacune des phrases précédentes sous la forme d'un rébus.

6. Complète chaque phrase avec le mot qui convient. Que remarques-tu ?

1. ... mousse pousse sur le tronc des arbres.
2. ... mousse est monté à bord du bateau.
3. ... ferme est située en bordure de la forêt.
4. ... ferme la porte de l'étable.

7. Cherche des mots qui se prononcent et qui s'écrivent de la même façon.
EX : boucher (verbe)
le boucher (nom commun)

Décrire (1)

1. Voici Arlequin.

- Comment est-il habillé ? Que porte-t-il ? (vêtements, chaussures, coiffure...)
- Quelle est la forme des dessins de son costume ? Leur couleur ?
- Où est-il ?
- Comment se tient-il ?
- A-t-il l'air gai ? Pourquoi ? À quoi le vois-tu ?

2. En te servant des réponses aux questions précédentes, écris un petit texte pour décrire le personnage d'Arlequin. (N'oublie pas les majuscules, la ponctuation et l'orthographe !)

3. Relis ton texte. As-tu bien décrit :
Arlequin, son costume, son air malheureux ?

L'arc-en-ciel

Toutes les belles couleurs que l'on peut voir dans le ciel, pendant le jour, viennent du Soleil. Dans chaque rayon de Soleil il y a toutes les couleurs de l'arc-en-ciel — rouge, orange, jaune, vert, bleu, indigo, violet. Tant que les couleurs sont mêlées, la lumière paraît blanche. Mais on prouve facilement que la lumière blanche du Soleil contient toutes les couleurs de l'arc-en-ciel. Quand un rayon de Soleil traverse un morceau de verre taillé en biais, la lumière blanche se décompose en couleurs distinctes qui sortent du verre à des endroits différents. On voit quelquefois miroiter des couleurs quand la lumière du Soleil tombe sur un cristal. [...]

Quand les rayons du Soleil, inclinés d'une certaine façon, frappent les gouttes d'eau contenues dans l'air, les couleurs contenues dans les rayons sont séparées. Les gouttes jouent le rôle de petits morceaux de verre taillé. Il se forme un arc-en-ciel.

On peut faire apparaître un arc-en-ciel quand on arrose son jardin, au Soleil, avec un tuyau d'arrosage. Il suffit de tourner le dos au Soleil. On voit l'arc-en-ciel se former là où la lumière du Soleil, en traversant la fine poussière d'eau, est décomposée en ses diverses couleurs.

C'est de cette façon que les arcs-en-ciel se forment dans le ciel quand le Soleil brille au cours d'une averse. Les arcs-en-ciel se produisent tôt le matin ou tard en fin de journée, quand le Soleil est bas dans le ciel. Il y a longtemps, beaucoup de gens croyaient que les arcs-en-ciel étaient des ponts pour aller au ciel. Nous savons maintenant que leurs belles couleurs viennent de la lumière du Soleil qui a traversé des gouttes de pluie.

ROSE W. et G. AMES,
Ma première astronomie pour garçons et filles,
nouvelle édition revue et mise à jour
par Yves de Bouard, Les Deux Coqs d'Or.

1. Quelle est la couleur de la lumière du Soleil ?
2. Comment obtient-on la couleur blanche ?
3. Quand voit-on apparaître un arc-en-ciel ?
4. Que se passe-t-il lorsque la lumière du Soleil traverse les gouttes de pluie ?
5. Comment peut-on faire apparaître les couleurs de l'arc-en-ciel ?
6. Combien y a-t-il de couleurs dans l'arc-en-ciel ?
7. Pourquoi est-il impossible de toucher un arc-en-ciel ?
8. Que pensaient les gens, jadis, à propos des arcs-en-ciel ?

JEUX

1. Devinette.

Rouge comme un fruit du Mexique
Orangé comme le sable d'Afrique
Jaune comme les girafes chics
Vert comme un sorbet de Jamaïque
Bleu comme les vagues du Pacifique
Indigo comme un papillon des tropiques
Violet comme les volcans de Martinique
Qui donc est aussi fantastique,
Est-ce un rêve ou est-ce véridique ?

C'est dans le ciel magnifique
L'arc aux sept couleurs magiques.

MYMI DOINET, *Sept couleurs magiques,*
dans Jacques Charpentreau,
Mon premier livre de devinettes,
Éditions ouvrières et Pierre Zech.

2. À ton tour, invente les couleurs de ton arc-en-ciel.

3. Ces dessins illustrent deux expressions de la vie courante. Trouve-les.

4. Trouve encore une expression comme celles du jeux précédent et illustre-la.

5. Devinette.

Il est devant le fourneau.
Il invente de nouvelles recettes.
On l'appelle un **cordon-bleu.**
Qui est-ce ?

6. Cherche un nom d'oiseau avec un adjectif de couleur.

7. Devinette.

Qu'est-ce qui est bleu et rouge en même temps ?

Révisions

1. Classe les mots dans le tableau.

caméléon - changer - œil - fleur - neiger - forêt - tomber - épi - blé - cueillir.

noms	verbes

2. Classe les noms dans le tableau.

papillon - Vincent - champ - charbon - Henri IV - Marseille - Dupont - miel - Chagall.

noms communs	noms propres

3. Complète les phrases avec les articles suivants :

un - une - le - la - les - l'.

1. ... bonhomme de neige est en train de fondre.
2. ... épaisse fumée noire s'échappe de ... cheminée.
3. J'ai aperçu dans ... rue ... chat noir et blanc.
4. ... sapins restent verts toute ...année.
5. ... vitrine du boulanger a été repeinte.

4. Complète les phrases avec des adjectifs possessifs (son, sa, ses...) **ou avec des adjectifs démonstratifs** (ce, cet, cette, ces).

1. ... chemisier a déteint au lavage.
2. Veux-tu ... crayons de couleur ?
3. ... bicyclette est rouge.
4. Les roses sont ... fleurs préférées.
5. Le pêcheur repeint la coque de ... bateau.

5. Classe les noms dans le tableau.

pelouse - gazon - haie - arbuste - bourgeon - bouquet - allée - mur.

noms masculins	noms féminins

6. Cherche le féminin des noms suivants. Aide-toi du dictionnaire.

le boucher - un neveu - le photographe - un mouton - un directeur - un champion - un vendeur - le danseur - un musicien.

7. Mets au présent les verbes entre parenthèses.

1. Toutes les semaines, nous (faire) un dessin.
2. Il (faire) froid et la neige (tomber).
3. (Voir)-vous une différence entre ces deux couleurs ?
4. Vous (faire) beaucoup trop de bruit.
5. Que (faire)-tu cet après-midi ?
6. Ils (voir) très bien.
7. Les enfants (faire) beaucoup de coloriage.
8. Elle (revenir) tout de suite.
9. Je l'(entendre) qui monte l'escalier.

8. Complète ces mots en [ɛʀ].

1. le sal...
2. la t...
3. la col...
4. l'env...
5. la vip...
6. le cors...
7. l'...
8. la gu...
9. un milit...
10. ch...
11. v...
12. couv...

9. Dictée ou autodictée.

FEU D'ARTIFICE

Fusées bleues, rouges, vertes...
Quand le soir est tombé, tout le monde est venu voir le feu d'artifice. Les yeux levés vers le ciel, on admire les couleurs et on sursaute à chaque explosion de lumière. Quand arrive le bouquet final qui illumine la nuit, chacun sait que la fête sera bientôt finie.

10. Qu'as-tu retenu ?

1. Quand voit-on apparaître un arc-en-ciel ?
2. Peux-tu citer toutes les couleurs de l'arc-en-ciel ?
3. Comment obtient-on la couleur verte ?
4. Comment s'appelle l'animal qui change de couleur ?

Jour et nuit

L'aurore s'allume,
L'ombre épaisse fuit ;
Le rêve et la brume
Vont où va la nuit ;
Paupières et roses
S'ouvrent demi-closes ;
Du réveil des choses
On entend le bruit.

VICTOR HUGO, « L'aurore s'allume »,
Les chants du crépuscule.

Le hibou qui avait avalé la lune

C'est l'histoire d'un hibou qui se croyait beaucoup plus intelligent que tout le monde...

Or, une petite chouette rusée qui s'appelait Minerve, l'aborda un beau soir et lui demanda :

« Dites donc, monsieur Victor, est-ce que vous connaissez le grand étang des saules ? »

Le hibou haussa les épaules d'un air de mépris et répondit :

« Quelle question stupide ! Bien entendu que je le connais, puisque je connais tout !

— C'est vrai, fait la petite chouette, excusez-moi... Mais... mais dites-moi un peu : est-ce que vous savez qu'il y a dans cet étang, un énorme poisson lune que personne n'a jamais osé attraper ? »

Victor avait vaguement entendu parler de poisson lune, mais il ne savait rien de cette espèce. Seulement, pour ne pas avoir l'air d'ignorer quoi que ce soit, il répondit :

« S'il y avait un tel poisson dans l'étang des saules, je l'aurais mangé depuis longtemps.

— Vous savez, dit Minerve, il n'est là que depuis une semaine. Et comme il sait déjà que vous êtes le plus fort et plus malin que tout le monde, dès qu'il vous voit arriver, il se cache. »

Le hibou se mit à rire en ébouriffant ses plumes pour se donner de l'importance, et il déclara :

« Viens avec moi, ma petite. Et tu verras comment un hibou intelligent capture un poisson lune. [...]

La chouette prévient tous les autres oiseaux et leur dit de les suivre de loin.

La chouette et le hibou arrivèrent bientôt en vue de l'étang. Là-bas, très loin derrière la forêt, la lune bien pleine se levait lentement. Comme l'eau de l'étang était à peine parcourue de vagues très lentes, le reflet de la lune se trouvait légèrement déformé.

Il s'allongeait par moments et prenait l'allure d'un gros poisson ventru.

« Regardez, murmura la petite chouette en collant son bec à l'oreille du hibou, vous le voyez, là, en plein milieu. »

Victor cligna de l'œil d'un air malin, s'avança sans bruit dans les roseaux, puis, prenant soudain son vol, il piqua droit sur le reflet.

Il y eut un éclaboussement d'eau et de lumière, puis, alourdi, le hibou revint vers la forêt. À la surface de l'étang, il n'y avait plus le gros reflet de la lune, mais une multitude de vaguelettes lumineuses qui faisaient comme un semis d'or fin.

« Tu vois, dit Victor, ce n'est pas plus difficile que ça. »

Mais sa voix était curieusement enrouée. Il se posa sur la cime d'un peuplier pour se faire admirer, et tous les oiseaux qui n'avaient plus aucune raison de se cacher se mirent à voler autour de lui en riant.

Car il y avait vraiment de quoi rire. Ah oui, vous pouvez me croire, c'était amusant de voir ce hibou devenu soudain énorme et tout rond, ce hibou dont les gros yeux avaient pris la luminosité et la couleur de la lune.

Tout penaud, le hibou regagne son trou.

Et, depuis lors, quand il met le nez à sa fenêtre pour respirer l'air de la nuit, on ne voit plus que ses deux yeux immenses qui brillent, qui brillent comme deux éclats de lune.

BERNARD CLAVEL, *Le hibou qui avait avalé la lune*,
« Les Premiers Temps », Clancier-Guénaud.

Le groupe nominal (3)

- La hulotte habite **un chêne**.
- La hulotte habite **un vieux chêne**.

1. Quel mot a-t-on ajouté dans la deuxième phrase ? Quel renseignement donne-t-il ?

2. Parmi les mots suivants, quels sont ceux que tu pourrais mettre à la place de vieux.

sapin - gros - pousser - feuilles - grand - tronc.

> • **Vieux** (comme **gros**, **grand**...) est un **adjectif qualificatif**.
>
> • L'adjectif qualificatif **s'accorde avec le nom qu'il accompagne**. Il fait partie du **groupe nominal**.
>
> EX : Le **vieux** hibou habite un **gros** chêne.
> La **vieille** chouette habite une **grosse** branche.

3. Trouve l'adjectif qui va avec chaque groupe nominal.

des plumes •	• poussiéreux
une vue •	• creux
un bec •	• blanches
un grenier •	• perçante
un tronc •	• pointu

4. Emploie les groupes nominaux que tu as trouvés à l'exercice 3 dans des phrases de ton invention.

5. Relève les adjectifs du texte suivant.

Il était une fois un petit lièvre qui vivait dans une grande forêt pleine d'animaux. Quand on est nombreux, il faut des lois. Ici, c'était le loup qui, avec sévérité, les faisait respecter. De son regard perçant, il surveillait la forêt. Si, par exemple, un petit lapin sortait, au milieu de la nuit, pour gambader entre les arbres, le loup découvrait ses grandes dents blanches et ses yeux lançaient des étincelles.

PETER NICKL, *Le lièvre, le loup et le hibou,* Nord-Sud.

6. Enrichis les groupes nominaux suivants avec deux adjectifs. Emploie-les dans des phrases de ton invention.

un ciel - un paysage - une lumière.

Le pluriel des noms (1)

1. Relève toutes les différences entre les deux phrases suivantes.

- Un astronome observe une étoile.
- Les astronomes observent les étoiles.

> • Les **noms** qui sont accompagnés de **un - une - le - la** sont au **singulier**.
>
> • Les **noms** qui sont accompagnés de **des - les** sont au **pluriel**.
>
> EX : une étoile - les étoile**s**

2. Relève tous les noms du texte suivant. Que remarques-tu pour ceux qui sont au pluriel ?

Alors les gens durent apporter leurs lits, leurs tables, leurs armoires et leurs portes. Cela fit encore beaucoup de caisses et de boîtes. Si bien que le sixième jour, la tour était si haute qu'elle arrivait presque à la lune. Les gens du roi se demandaient bien avec quoi ils pourraient encore fabriquer des caisses et des boîtes. Il n'y avait plus de bois dans tout le pays !

MARGRET et ROLF RETTICH,
« La tour jusqu'à la lune »,
40 petits contes, Centurion-Jeunesse.

Pour former le **pluriel d'un nom**, **on ajoute le plus souvent** un **-s**.
EX : une boîte - des boîtes

3. Complète les phrases avec les mots suivants. Attention aux accords !

saison - voiture - réverbère - jour - phare - nuit.

1. La neige est tombée pendant des ... et des ... .
2. Les quatre ... sont : le printemps, l'été, l'automne et l'hiver.
3. Les ... des ... nous éblouissaient.
4. On avait allumé les ... de l'avenue.

4. Mets les groupes nominaux au pluriel et emploie-les dans des phrases. Que remarques-tu pour pays **?**

un nuage - cet arbre - le pays - une averse.

Les **noms terminés, au singulier,** par **-s**, **-x** et **-z ne changent pas au pluriel**.
EX : un pays - des pays
une noix - des noix
un nez - des nez

5. Cherche trois autres mots qui ne changent pas au pluriel.

Le passé composé des verbes voir et faire

Hier soir, nous avons regardé le ciel et nous avons vu une étoile filante.

1. Relève les verbes de la phrase précédente. À quel temps sont-ils conjugués ?

2. Comment le passé composé est-il formé ?

Passé composé du verbe **voir**

j'ai vu	**nous** avons vu
tu as vu	**vous** avez vu
il (**elle**) a vu	**ils** (**elles**) ont vu

3. Mets le verbe voir **au passé composé.**

1. Nous (voir) une éclipse de soleil.
2. Ils (voir) un cadran solaire sur une vieille maison.
3. Je (voir) passer un satellite qui brillait dans le ciel.
4. Est-ce que tu (voir) l'Étoile polaire ?

4. Conjugue les verbes de la phrase suivante à toutes les personnes du passé composé.

Je (dormir) bien et je (faire) un beau rêve.

Passé composé du verbe **faire**

j'ai fait	**nous** avons fait
tu as fait	**vous** avez fait
il (**elle**) a fait	**ils** (**elles**) ont fait

5. Mets les phrases au passé composé.

1. Cette nuit, il fait très froid.
2. Elles font un magnifique dessin.
3. Est-ce que tu fais une maquette de fusée ?

Graphies de [s] (1)

Rourou, le renard, adore la forêt et les poules bien grasses, mais il ne pense pas qu'à son estomac !

Il était extrêmement sensible à ces paysages, à la beauté du ciel et des étoiles, à la douceur des nuits dans la forêt réveillée. Par-dessus tout, il aimait la lune, la lune en croissant, la lune blanche dans les nuages ; mais jamais il n'était plus étonné et plus heureux que lorsqu'il pouvait voir apparaître la grosse boule jaune, la pleine lune ! entre les arbres bleus et verts. Alors il s'asseyait dans la clairière, les oreilles dressées, les yeux bien ouverts, et il s'emplissait du spectacle jusqu'au moment où l'astre commençait à pâlir dans le ciel d'aube.

D. Bour et Jacqueline Chessex,
Le renard qui disait non à la lune,
Grasset-Jeunesse.

1. Relève les mots du texte dans lesquels tu entends le son [s].

2. Encadre la ou les lettres qui servent à transcrire le son [s] dans les mots que tu as relevés.

EX : gra[ss]es

3. Place les mots que tu as relevés dans le tableau suivant. (Certains mots peuvent être dans deux colonnes.)

graphies de [s]			
s	**ss**	**c**	**ç**

4. Relève trois mots du texte où la lettre s indique le pluriel et trois mots où cette lettre n'indique pas le pluriel.

5. Cherche l'intrus.

1. l'averse - le soleil - la vitesse - bonsoir.
2. tu lis - le lys - un avis - gris.
3. un autobus - l'express - un cactus - un os.
4. essuyer - essayer - brosser - respirer.

6. Choisis la bonne réponse.

1. Il est de ma famille. (coussin - cousin)
2. Met en morceaux. (casse - case)
3. Se plaît dans l'eau. (poisson - poison)
4. Que de sable ! (dessert - désert)
5. D'un pays étranger. (russe - ruse)
6. Les papillons l'aiment. (rosse - rose)
7. Elle peut être aérienne. (basse - base)

7. Complète les mots avec s ou ss.

1. la dan. . . e
2. un cor. . . age
3. une a. . . iette
4. une secou. . . e
5. pour. . . uivre
6. renver. . . er
7. a. . . ez
8. pare. . . eux
9. ab. . . ent
10. en. . . uite
11. gro. . . ir
12. a. . . pirer

8. Complète les mots avec ss ou t.

1. une acroba. . . ie
2. le ma. . . if
3. l'essen. . . iel
4. l'ini. . . iale
5. une écrevi. . . e
6. un go. . . e
7. égyp. . . ien
8. minu. . . ieux
9. gli. . . er
10. balbu. . . ier
11. un mar. . . ien
12. une inven. . . ion

9. Complète les mots, puis cherche l'intrus.

1. un dalma. . . ien - ambi. . . ieux - une profe. . . ion - impa. . . ient.
2. une boi. . . on - l'explica. . . ion - un carro. . . e - po. . . éder - une bo. . . e.
3. fau. . . e - une aver. . . e - un in. . . ecte - la bour. . . e - la pour. . . uite.

Autour d'un mot : jour

1. Trouve les définitions qui ont le même sens.

de nos jours •	• très rapidement
les beaux jours •	• peu à peu
au petit jour •	• actuellement
de jour en jour •	• tôt, le matin
du jour •	• la belle saison
au lendemain	

2. Choisis la bonne réponse.

1. **Un jour ou l'autre** veut dire :
   - le lendemain.
   - jamais.
   - tôt ou tard.
2. **Un de ces jours** veut dire :
   - le jour choisi.
   - bientôt.
   - le jour qu'il voudra.

3. Donne le sens des phrases suivantes.

1. Il est dans un bon jour.
2. Il vit au jour le jour.
3. Il a vu le jour en Afrique.
4. Je suis à jour, maintenant.
5. Ils veulent passer leurs vieux jours dans le Midi.

4. Explique ce qu'on appelle :

1. le plat du jour.
2. la nouvelle du jour.
3. un jour férié.
4. la mode du jour.

Reconstitution de texte

S'il n'y avait pas le Sommeil, le Maguari, ce grand oiseau au long bec pointu, pourrait manger jour et nuit. Le Sommeil est un vaurien et il faut le tuer !...

Il vole, il cherche, il regarde partout, dans les arbres, sous les fougères, au fond des trous d'ombre, dans les ruisseaux et sous les pierres.
Le Sommeil n'y est pas.
Alors il s'assoit sur une branche cachée par une grande feuille luisante. Il guette le Sommeil de sa cachette. Il attend.
Et il voit à nouveau l'ombre qui s'approche. Elle est légère comme la vapeur au-dessus des marais à midi, comme une couverture de duvet de colibri, comme des pétales d'orchidée pourpre. [...]
L'ombre est toute proche, si douce, si enveloppante...
La tête du Maguari tombe lourdement sur la poitrine. Il sursaute, se ressaisit, ouvre les yeux, les écarquille... L'ombre a disparu à nouveau.

BÉATRICE TANAKA, *La fille du grand serpent*, Messidor/La Farandole.

1. Cherche le sens des expressions :

- chercher le sommeil.
- trouver le sommeil.

2. Où le Maguari cherche-t-il ?

3. Le Maguari cherche le Sommeil et ne le trouve pas. Sais-tu pourquoi ?

4. Complète la phrase suivante.

Les nuages sont comme . . . . ., comme . . . . .

5. Reconstitue le passage en caractères gras.

La Terre tourne

Où va le Soleil quand il se couche ?

Le soir, quand le Soleil a disparu, tu vas te coucher. Tu imagines que le Soleil se couche aussi. Peut-être crois-tu qu'il tombe dans un trou. Ou qu'il se couche derrière les montagnes. Mais ce n'est pas vrai. Tu sais que la Terre est en réalité une énorme boule qui tourne sur elle-même, et le Soleil ne peut éclairer qu'une partie de la boule à la fois.

Comment vient la nuit ?

Pendant que le Soleil est derrière la Terre, il ne peut pas t'éclairer. Il éclaire d'autres gens, dans d'autres pays. Toi, tu restes dans l'ombre et tout est noir. Plus tu vois le Soleil disparaître derrière la Terre, plus il fait sombre autour de toi. Tu dis que la nuit arrive ou que la nuit tombe.

PIERRE AVÉROUS, *En regardant le Ciel et la Terre,* Hachette-Bandes dessinées.

1. Dans chaque série de phrases, retrouve celle qui apparaît dans le texte.

1/a. Tu sais que la Terre est en réalité une énorme boule qui tourne sur elle-même.
b. Tu sais que la Terre est en réalité une énorme boule qui tourne autour du Soleil.
2/a. Plus tu vois le Soleil disparaître derrière la Terre, plus il fait sombre autour de toi.
b. Plus tu vois le Soleil disparaître derrière la Lune, plus il fait sombre autour de toi.
3/a. Toi, tu es dans l'ombre et tout est noir.
b. Toi, tu restes dans l'ombre et tout est noir.

2. Vrai ou faux ?

1. Le Soleil est une boule qui tourne sur elle-même.
2. Pendant que le Soleil est derrière la Terre, il ne peut pas t'éclairer.
3. Le Soleil ne peut éclairer qu'une partie de la boule à la fois.
4. Le Soleil tombe dans un trou.
5. Le Soleil peut éclairer toutes les parties de la boule à la fois.
6. Plus tu vois le Soleil disparaître derrière la Terre, plus il fait jour autour de toi.

LE HIBOU

Caillou, genou, chou, pou, joujou, bijou,
Répétait sans fin le petit hibou.

Joujou, bijou, pou, chou, caillou, genou,
Non, se disait-il, non, ce n'est pas tout.

Il y en a sept pourtant, sept en tout :
Bijou, caillou, pou, genou, chou, joujou.

Ce n'est ni bambou, ni clou, ni filou...
Quel est donc le septième ? Et le hibou,

La patte appuyée au creux de sa joue,
Se cachait de honte à l'ombre du houx.

Et il se désolait, si fatigué
Par tous ses devoirs de jeune écolier

Qu'il oubliait, en regardant le ciel
Entre les branches épaisses du houx,

Que son nom, oui, son propre nom, hibou,
Prenait, lui aussi, un X au pluriel.

MAURICE CARÊME, *L'Arlequin*,
© Fondation Maurice Carême,
Fernand Nathan.

DES YEUX POUR VOIR

Des yeux pour voir
le jour, le soir,
le petit loir,
les raisins noirs,
les raisins verts
et les éclairs
dans le miroir.

Des yeux pour voir
le ciel du soir,
la lune rouge,
un arbre noir.
Des yeux pour voir
l'éléphant blanc,
le cygne noir
et le chat rose,
le singe bleu
et bien des choses.

Des yeux pour voir
les cheveux blonds,
les cheveux noirs,
les cheveux blancs,
l'ombre du soir.
Des yeux pour voir
un cœur qui tremble,
une main tendre.

Des yeux pour voir
les mots qu'on dit.
Des yeux pour voir
les yeux amis.

JACQUES CHARPENTREAU,
La tarte aux pommes,
L'école des loisirs.

[...] Et l'étoile filante
Refusa de filer
Pour pouvoir regarder
Dans le calme d'un lac
L'étoile la plus belle,
Sans savoir que c'est elle.

JULES SUPERVIELLE, « Échanges »,
Le forçat innocent, Gallimard.

Mère Hibou

Un matin, le moustique a rencontré près d'un trou d'eau un iguane qui venait boire.

Il lui a dit :

« Iguane, tu ne devineras jamais ce que j'ai vu hier.

— Dis toujours, a dit l'iguane.

— J'ai vu un fermier déterrer des patates douces presque aussi grosses que moi.

— Tu parles d'une belle taille ! a grogné l'iguane. Pour entendre de pareilles bêtises j'aimerais mieux être sourd ! »

Il s'est fourré deux bâtonnets dans les oreilles et le voilà parti, frrr-fgrr-frrr, à travers les roseaux.

L'iguane grognait encore quand il est passé près d'un python.

Le grand serpent a levé la tête et l'a salué.

« Bonjour, iguane. »

L'iguane n'a pas répondu, il a continué pesamment sa route en dodelinant de la tête, bim-bam, bim-bam.

« Pourquoi ne me parle-t-il pas ? s'est demandé le python. Il doit être fâché. Peut-être bien qu'il me veut du mal ! »

Le python a cherché où se cacher. L'endroit qui lui a paru le meilleur était le terrier du lapin. Il s'y est glissé, vissi-vissou, vissi-vissou, vissi-vissou... Quand le lapin a vu apparaître le grand serpent, il a été terrifié. Il a filé par la sortie de derrière et il a bondi, hop-hop-hop, à travers la clairière.

Un corbeau a vu le lapin filer à toutes pattes. Il s'est envolé dans la forêt en croassant : croa-croa ! C'était son devoir de donner l'alarme en cas de danger. Un singe a entendu le corbeau. Sûrement ça voulait dire qu'un animal dangereux rôdait par là.

Il s'est mis à bondir et à glapir, huiii-huiii, dans les arbres pour aller, lui aussi, avertir les autres bêtes. Tout en se précipitant avec fracas d'un arbre à l'autre, il a heurté une branche morte. Elle s'est cassée et elle est tombée sur le nid du hibou tuant un des petits.

Mère Hibou n'était pas chez elle. D'habitude, elle chasse seulement la nuit, mais ce matin-là, elle était dehors, cherchant encore une petite proie pour ses enfants affamés. À son retour au nid, elle en a trouvé un de mort. Les autres lui ont dit que c'était le singe qui l'avait tué. Toute la journée et la nuit suivante, elle est restée sur son arbre, si triste, si triste, si triste !

Il faut savoir que Mère Hibou était chargée de réveiller le Soleil tous les matins pour que vienne l'aurore. Mais cette fois, au lieu de ululer pour l'appeler, elle est restée silencieuse. La nuit était longue, de plus en plus longue. Les bêtes de la forêt voyaient qu'elle durait trop, beaucoup trop. Elles avaient peur que le Soleil ne reparaisse jamais.

À la fin des fins, le Roi Lion a convoqué tous les animaux. Ils sont venus et se sont assis autour d'un feu pour tenir conseil. Mère Hibou n'est pas venue.

On a envoyé l'antilope la chercher.

Dès qu'elle a été là, le Roi Lion a demandé :

« Mère Hibou, pourquoi n'as-tu pas réveillé le Soleil ? La nuit est longue, longue, et tout le monde se fait du souci.

— Le singe a tué un de mes enfants, a répondu Mère Hibou, et je n'ai pas le courage de réveiller le Soleil. »

Le roi a dit aux animaux :

« Vous avez entendu ? C'est le singe qui a tué le petit hibou et Mère Hibou ne veut plus réveiller le Soleil. [...] »

VERNA AARDEMA, *Pourquoi le moustique bourdonne à nos oreilles*, Messidor/La Farandole.

Le groupe nominal (4)

1.

2.

3.

1. Que voit-on ci-dessus ?

1. les rayons du .....
2. un croissant de .....
3. les lumières de la .....

2. Construis des groupes nominaux selon l'exemple et emploie-les dans des phrases de ton invention.

EX : un oiseau de nuit

un oiseau •	• de la chouette
les papillons •	• du berger
les yeux •	• du feu
l'étoile •	• de nuit
la chaleur •	• de jour

> Un **nom** peut en **compléter un autre** : il est alors **complément de nom**.
> EX : La chouette est un oiseau **de nuit**.

3. Complète les groupes nominaux par un complément de nom.

1. Un chaud soleil faisait briller les ardoises ....
2. De gros nuages noirs sont apparus et il est tombé quelques gouttes ....
3. Le vent ... a soufflé très fort.
4. Les yeux ... brillent dans la nuit.
5. Au coucher ..., parfois, la montagne devient rose.

4. Enrichis les groupes nominaux en caractères gras avec un adjectif et un complément de nom, selon l'exemple.

EX : Nous avons traversé **une forêt**.
→ Nous avons traversé **une grande forêt de sapins**.

1. Il y a **un magasin** au coin de la rue.
2. J'ai cueilli **un bouquet**.
3. Veux-tu **une tartine** ?
4. Il est tombé **quelques flocons**.

5. Enrichis les groupes nominaux suivants avec un complément de nom, puis emploie-les dans des phrases de ton invention.

la mie - un morceau - un rayon - le bord.

Le pluriel des noms (2)

Un pirate veut voler tout ce que la lune aime.

Le pirate découpait tous les rideaux, ceux des fermes et ceux des châteaux.
Il découpait aussi les rideaux des théâtres. Il les empilait dans son bateau.

DENNIS HASELEY, *Le terrible chasseur de lune*, traduction française Marie-Raymond Farré, Gallimard.

1. Relève tous les noms du texte ci-contre avec leurs déterminants. Indique ceux qui sont au pluriel. Que remarques-tu ?

> Les **noms** en **-eau** prennent un **-x** au **pluriel**.
> EX : un rideau - des rideau**x**

2. Cherche trois mots qui se terminent en -eau **et emploie-les au pluriel dans une phrase.**

3. Trouve le pluriel de chaque nom. Que remarques-tu ?

un cheval •	• des journaux
un animal •	• des chevaux
un journal •	• des bals
un bal •	• des animaux

4. Mets au pluriel les groupes en caractères gras. Fais les transformations nécessaires.

1. On dit que la nuit, souvent, **un fantôme** se promène **dans le château**.
2. **La chouette** est **un oiseau de nuit**.
3. **Le journal** a annoncé une éclipse de lune.
4. **Le hibou** est **un animal utile**.
5. **Le cheval** se repose **dans l'écurie**.

Le passé composé des verbes prendre et venir

Il a pris une échelle pour monter dans la Lune.

1. Quel est le temps du verbe de la phrase précédente ? Comment ce temps est-il formé ?

Passé composé du verbe **prendre**	
j'ai pris	**nous** avons pris
tu as pris	**vous** avez pris
il (**elle**) a pris	**ils** (**elles**) ont pris

2. Complète avec le verbe prendre **au passé composé.**

1. Ils . . . un coup de soleil.
2. J' . . . une photo.
3. Vous . . . froid ce matin.
4. . . .-tu . . . quelque chose de chaud ?

3. Mets les verbes entre parenthèses au passé composé.

1. (Comprendre)-tu pourquoi il y a quatre saisons ?
2. La tempête (reprendre) au cours de la nuit.
3. Je (comprendre) pourquoi on ne voit parfois qu'un croissant de lune.
4. (Prendre)-vous une carte du ciel ?

4. Retrouve le sujet de chaque verbe. Que remarques-tu ?

vous •	• sommes venus
nous •	• est venu
tu •	• êtes venues
il •	• es venue

Passé composé du verbe **venir**
je suis venu(**e**)
tu es venu(**e**)
il (**elle**) est venu(**e**)
nous sommes venu(**e**)**s**
vous êtes venu(**e**)**s**
ils (**elles**) sont venu(**e**)**s**

5. Emploie les verbes devenir **et** revenir **dans des phrases au passé composé.**

6. Mets les phrases suivantes au passé composé.

1. Elle vient souvent nous voir.
2. Que deviennent-elles ?
3. Les beaux jours reviennent.

Graphies de [s] (2)

Les garçons comme les filles sont toujours fascinés par les mille feux qui scintillent dans le ciel.

1. Relève les mots dans lesquels tu entends le son [s].

2. Entoure la ou les lettres qui servent à transcrire le son [s] dans les mots que tu as relevés.

3. Classe les mots que tu as relevés dans le tableau suivant et ajoute deux mots de ton choix dans chaque colonne.

s	c	ç	sc

4. Relève les mots dans lesquels tu entends le son [s].

un scorpion - la descente - une invention -nous inventions - il cueille - circuler - une cerise - du ciment - la leçon - les ciseaux - un tas - l'admiration - la sciure - un soupçon.

5. Cherche l'intrus.

1. la place - la façon - le cerveau - la douceur.
2. j'avançais - nous avancions - nous avançons - ils avançaient.
3. la ceinture - l'urgence - un morceau - l'ascenseur.
4. la scène - la cascade - bousculer - l'escargot.

6. Complète en conjuguant les verbes au présent.

1. effacer → nous . . . . .
2. placer → nous . . . . .
3. lancer → nous . . . . .
4. grimacer → nous . . . . .
5. se balancer → nous nous . . . . .
6. se déplacer → nous nous . . . . .

7. Complète les mots avec ss **ou** c.

1. une . . .icatrice
2. une profe. . .ion
3. l'in. . .endie
4. l'a. . .a. . .in
5. la vengean. . .e
6. le fo. . .é
7. la mali. . .e
8. la vai. . .elle
9. la carapa. . .e
10. l'e. . .en. . .e
11. pin. . .er
12. bro. . .er

8. Complète les mots avec c **ou** ç.

1. la gla. . .e
2. le ma. . .on
3. une grima. . .e
4. féro. . .e
5. un la. . .et
6. dur. . .ir
7. re. . .u
8. une le. . .on
9. la pruden. . .e
10. une balan. . .oire

9. Complète les mots.

1. une . . .ie
2. la . . .igale
3. la fa. . .ade
4. de. . .endre
5. dé. . .u
6. une lima. . .e
7. la fa. . .on
8. ca. . .er
9. la gla. . .ière
10. un gla. . .on
11. la . . .ien. . .e
12. la diligen. . .e
13. en colima. . .on
14. du cal. . .ium

10. Complète les mots.

1. L'enfant s'endort : ber. . .ons-le dou. . .ement.
2. Pourquoi donc la lima. . .e n'a-t-elle pas de carapa. . .e ?
3. L'a. . .en. . .eur va-t-il plus vite dans la de. . .ente ?
4. Nous avan. . .ons avec pruden. . .e.

11. Il ne faut pas confondre :

1. . . .ent francs **et** ça . . .ent bon.
2. Le . . .ygne **et** un . . .igne.
3. La . . .ire **et** le . . .ire.
4. Le . . .eau que l'on remplit **et** le . . .eau qui servait à fermer les lettres.

Les contraires

1. En te servant du dessin, explique ce que signifie la phrase suivante :

Frédéric et Sébastien sont comme le jour et la nuit.

2. Cherche le contraire des mots suivants.

1. beau - loin - chaud - fragile - jeune - lent - vide - monter - partir.
2. faire - planter - monter - congeler - se chausser - charger - bloquer - gonfler.
3. débarquer - détacher - déterrer - dérouler - décourager.
4. connu - correct - égal - juste - complet - compris.
5. prévisible - pair - mobile - possible.
6. honnête - heureux - chanceux - habile - propre.

3. Cherche deux contraires pour les mots suivants. Emploie chacun d'eux dans une phrase.

clair - décoller.

Décrire (2)

1. Réponds aux questions suivantes en observant attentivement l'illustration.

1. Quand cela se passe-t-il ? À quel moment de la journée ?
2. Comment est le ciel ? À quoi ressemble-t-il ?
3. Voit-on bien le paysage ? Pourquoi ?
4. Que reconnais-tu ?
5. Que va-t-il se passer dans quelques instants ?
6. Est-ce qu'on peut observer la même chose tous les jours ? Pourquoi ?

2. Rédige un petit texte pour décrire le paysage présenté sur la photo. Aide-toi des réponses de l'exercice 1.

3. Reprends les questions de l'exercice 1. Ton texte y répond-il ? Fais attention aux majuscules et à la ponctuation.

Le jour et la nuit

Chaque jour, le Soleil semble parcourir un grand arc de cercle dans le ciel !

Le matin, il se lève à l'est*, puis monte dans le ciel, passe au sud à midi. Enfin il redescend se coucher vers l'ouest. Le ciel s'assombrit, voici la nuit.

Pourtant, le Soleil est immobile. C'est la Terre qui tourne sur elle-même en 24 heures. [...]

C'est l'hiver : les nuits sont plus longues que les jours. Il fait sombre dès cinq heures, l'après-midi.

Au printemps, les jours deviennent égaux aux nuits.

Mais déjà **l'automne** arrive. Les jours sont à nouveau égaux aux nuits.

Les jours sont plus longs, il fait clair tard le soir : **c'est l'été.**

Dans nos régions, la longueur des jours et des nuits varie de quelques heures au cours de l'année. À l'équateur, il y a douze heures de jour et douze heures de nuit toute l'année.

Soleil de minuit

Mais aux Pôles, le jour dure six mois et la nuit, six mois ! Durant l'été le soleil semble tourner dans le ciel sans jamais se coucher.

À minuit, il s'approche de l'horizon puis remonte sans avoir disparu...

JEAN-PIERRE VERDET, *Le ciel, le soleil et le jour,* « Découverte Benjamin », Gallimard.

* En hiver, le soleil se lève plutôt vers le sud-est, et en été il se lève plutôt vers le nord-est.

---

1. Vrai ou faux ?
   - La Terre tourne autour du Soleil.
   - Les nuits sont plus longues en hiver.
   - Le Soleil se lève vers l'ouest.
   - À l'équateur, le jour et la nuit ont la même durée.
2. Pourquoi y a-t-il des jours et des nuits ?
3. À quels moments de l'année les jours sont-ils égaux aux nuits ?
4. Qu'est-ce que les Pôles ? Qu'est-ce que l'équateur ?
5. En quelle région du globe y a-t-il 12 heures de jour et 12 heures de nuit ?
6. Qu'est-ce que le *soleil de minuit* ?

JEUX

1. **Reconnais-tu ces ombres chinoises ?**

2. **Remplis la grille avec les mots de ces deux listes d'oiseaux rapaces qui chassent soit le jour, soit la nuit. Aide-toi de ton dictionnaire et commence par placer le mot le plus long.**

Oiseaux diurnes :
faucon - aigle - circaète - buse - milan - épervier.

Oiseaux nocturnes :
hibou - chouette - effraie - hulotte - chat-huant - chevêche.

Horizontalement
1. Chasse la nuit.
2. Chasse la nuit.
3. Chasse la nuit.
4. Chasse la nuit.
5. Chasse le jour.
6. Chasse le jour.

Verticalement
A. Chasse la nuit.
B. Chasse la nuit.
C. Chasse le jour.
D. Chasse le jour.
E. Chasse le jour.
F. Chasse le jour.

3. **Trouve toutes les différences entre ces deux dessins.**

Révisions

1. Trouve l'adjectif qui va avec chaque nom.

une journée •	• célèbre
un astronome •	• étoilée
des nuages •	• spatial
une nuit •	• ensoleillée
un vaisseau •	• petits

2. Emploie les groupes nominaux que tu as trouvés à l'exercice 1 dans des phrases de ton invention.

3. Complète les groupes nominaux avec un complément de nom.

1. Je n'ai pas entendu la sonnerie .... .
2. Nous nous sommes promenés dans les rues .... .
3. Prête-moi ta boîte .... . Je voudrais dessiner.
4. Le chat dormait au coin .... .
5. Elle a ouvert doucement la porte .... .

4. Enrichis les groupes nominaux suivants avec un adjectif et un complément de nom.

un ballon - des lunettes - un escalier - un fauteuil.

5. Mets les noms suivants au pluriel et classe-les dans le tableau.

rideau - chou - pneu - neveu - feu - bateau - hibou - genou - cadeau - clou.

pluriel en **-s**	pluriel en **-x**

6. Mets les verbes entre parenthèses au passé composé.

1. Nous (voir) bien l'étoile filante.
2. Ils (faire) un beau voyage.
3. Tu (venir) par le train.
4. Vous (comprendre).

7. Mets les verbes à la personne et au temps demandés et emploie-les dans des phrases.

1. **venir** - passé composé - 1re personne du singulier.
2. **voir** - passé composé - 3e personne du pluriel.
3. **faire** - passé composé - 2e personne du singulier.
4. **prendre** - passé composé - 1re personne du pluriel.

8. Complète les mots avec la graphie du son [s] qui convient.

1. une discu...ion
2. une secou...e
3. un servi...e
4. la fa...on
5. la de...ente
6. la balan...oire
7. na...ional
8. en...uite
9. e...ayer
10. lan...er
11. en grima...ant
12. l'expre...

9. Trouve le contraire des mots suivants.

1. monter - vider - ouvrir - attacher - s'habiller - apparaître.
2. tard - chaud - solide - court - calme - vieux.
3. possible - complet - précis - prudent - juste - mobile.
4. heureux - propre - poli - chanceux - honnête.

10. Dictée ou autodictée.

Jour après jour, nous voyons le ciel s'éclairer quand le Soleil se lève, s'assombrir quand le Soleil se couche. Et cependant, jamais le Soleil ne se lève ni ne se couche. Il a seulement l'air de le faire parce que la Terre tourne sur elle-même.

ROSE W. et G. AMES,
Ma première astronomie pour garçons et filles,
nouvelle édition revue et mise à jour
par Yves de Bouard, Les Deux Coqs d'Or.

11. Qu'as-tu retenu ?

1. Qu'est-ce qu'**un astronome** ?
2. Pourquoi y a-t-il des jours et des nuits ?
3. Qu'est-ce qu'**un télescope** ?
4. Cite un animal nocturne.

Fleurs et insectes

Je suis un' jeune coccinelle
Je vis sous un grand parasol
De satin rouge sans dentelle
J'apprends à compter à l'école
Et mes bons points sont sur mes ailes
J'ai trois points noirs sur chacune d'elles
J'ai six bons points sur mon ombrelle
Trois en calcul trois en conduite
Et ma maîtresse c'est Marguerite

JEAN-HUGUES MALINEAU, « La coccinelle », *Mandibule,*
L'école des loisirs.

James et la grosse pêche

James est entré dans l'énorme pêche qui a poussé par magie dans le jardin de ses tantes.

De ses grands yeux pleins de frayeur*, James fit lentement le tour de la chambre.

Et cette chambre était pleine de monde. Et ces gens, ces... ces personnages dont quelques-uns trônaient sur des chaises, d'autres étaient allongés sur un sofa*, ces personnages le regardaient de tous leurs yeux.

Des personnages ?

Ou des insectes ?

Un insecte, voyons, c'est généralement quelque chose de plutôt petit, n'est-ce pas ? Un grillon, par exemple, c'est bien un insecte.

Mais que dire d'un grillon des champs aussi grand qu'un chien ? Aussi grand qu'un gros chien. Peut-on appeler cela un insecte ?

Insecte ou non, un vieux grillon des champs était assis dans un fauteuil, juste en face du petit James.

Et à côté du vieux grillon des champs il y avait une énorme araignée.

Et à côté de l'araignée, une coccinelle géante portant neuf taches noires sur sa carapace rouge.

Tous trois installés dans des fauteuils somptueux*.

Tandis que sur le sofa étaient vautrés* deux autres « personnages » : un mille-pattes et un ver de terre.

Dans un coin, par terre, traînait un gros paquet blanc qui pouvait bien être un ver à soie. Mais ce dernier dormait profondément et personne ne s'occupait de lui.

Chacun de ces « personnages » était au moins aussi grand que le petit James et, sous l'étrange éclairage verdâtre venant d'un coin mal déterminé du plafond, ce petit monde offrait un spectacle absolument sinistre*.

« J'ai faim », déclara soudain l'araignée en regardant fixement le petit James.

« Je meurs de faim, dit à son tour le vieux grillon des champs.

— Moi aussi, je meurs de faim ! » s'écria la coccinelle.

Le mille-pattes se dressa sur son sofa.

« Tout le monde a faim, constata-t-il. Il faudrait manger ! »

James vit quatre paires de gros yeux noirs et vitreux* braqués sur* lui.

Le mille-pattes se tordit comme s'il allait quitter sa place. Mais finalement il resta où il était.

Il y eut un long silence.

L'araignée — une araignée femelle — ouvrit la bouche. Une langue noire et effilée parcourut délicatement ses lèvres.

« Et toi ? N'as-tu pas faim ? » demanda-t-elle soudain à James.

Frissonnant, muet d'effroi*, le pauvre petit garçon recula vers le mur.

« Qu'est-ce qui t'arrive ? demanda le vieux grillon des champs. Tu n'es pas malade ?

— On dirait qu'il va tomber dans les pommes, constata le mille-pattes.

— Oh ! le pauvre petit ! s'écria la coccinelle. Il pense que c'est lui que nous allons manger ! »

Et tout le monde éclata de rire.

« Pauvre petit, pauvre petit ! firent-ils tous. Quelle idée monstrueuse !

— N'aie pas peur, dit amicalement la coccinelle. Nous ne te ferons aucun mal. Tu es des nôtres maintenant. Tu es de l'équipage. Nous sommes tous embarqués sur le même bateau, en quelque sorte. »

ROALD DAHL, *James et la grosse pêche*,
traduction française E. Gaspar, Gallimard.

* *Frayeur :* grande peur.	* *Sinistre :* triste et effrayant.
* *Sofa :* canapé.	* *Vitreux :* qui ne brillent plus.
* *Somptueux :* magnifiques.	* *Braqués sur :* fixés sur.
* *Vautrés :* allongés.	* *Effroi :* grande peur.

Les pronoms (1)

« Bonjour ! dit **la gentille coccinelle**.
— Va-t-en ! cria **la vilaine coccinelle**. **Je** veux ces pucerons !
— **Nous** pouvons les partager, suggéra **la gentille coccinelle**.
— Non ! hurla **la vilaine coccinelle**, **je** les veux tous, pour moi toute seule ! Mais oserais-**tu** te battre avec moi pour ces pucerons ?... »

Éric Carle et Micheline Bertrand,
La petite coccinelle qui voulait se battre,
Fernand Nathan.

1. Les mots et les groupes de mots en caractères gras sont des sujets. Classe-les dans le tableau.

groupes nominaux sujets	autres sujets

2. Comment peux-tu supprimer le défaut de ce texte ?

La coccinelle est un petit insecte rouge à taches noires. La coccinelle mange les pucerons qui s'attaquent aux fleurs et aux plantes. La coccinelle est donc très utile.

- **je - tu - nous - vous - il - ils - elle** et **elles** sont des **pronoms personnels sujets**.
- Parmi ces pronoms personnels sujets, **il - ils - elle** et **elles** remplacent des groupes nominaux. Ils **permettent d'éviter des répétitions**.

EX : Le jardinier aime les coccinelles, mais **il** n'aime pas les pucerons.

3. Supprime les répétitions de ce texte.

La libellule vit au bord de l'eau. La libellule peut voler à 50 km/h. La libellule peut aussi rester immobile dans l'air. La libellule se nourrit surtout de mouches et de moustiques.

ces ou ses ?

- **Ces** fleurs s'appellent des marguerites.
- Le jardinier surveille **ses** arbres.

1. Comment appelle-t-on les mots en caractères gras ?

2. Mets au singulier les groupes nominaux suivants. Que remarques-tu ?
ces fleurs - ses arbres.

Quand tu hésites entre **ces** et **ses**, **mets le groupe nominal au singulier**.

EX : J'aime beaucoup **ces** roses.
→ J'aime beaucoup **cette** rose.
Céline soigne **ses** rosiers.
→ Céline soigne **son** rosier.

3. Mets les groupes nominaux au pluriel et emploie-les dans des phrases de ton invention.

cet oiseau - sa plante verte - cette branche - ce jardin.

4. ces **ou** ses **?**

1. D'où viennent . . . fourmis ?
2. Hier, elle a taillé . . . hortensias.
3. L'apiculteur connaît bien . . . abeilles.
4. Connais-tu le nom de . . . papillons ?

5. Supprime les répétitions en utilisant ses.

1. Catherine aime bien jardiner. Tout le monde admire les fleurs de Catherine.
2. Le soleil éclaire et réchauffe. Toutes les plantes ont besoin des rayons du soleil.
3. Un papillon s'est posé sur la vitre. Ne bouge pas et observe bien les couleurs du papillon.
4. Plantons un pommier, car les branches de ce pommier donneront de l'ombre.

Le futur des verbes venir et voir

Quand le printemps viendra, les bourgeons éclateront.

1. À quel temps les verbes sont-ils conjugués ? Donne leur infinitif.

2. Avec quelles expressions pourrait-on trouver un futur ?

le mois prochain - avant-hier - demain - dans quelques semaines - l'année dernière.

Futur du verbe **venir**	
je viendr**ai**	**nous** viendr**ons**
tu viendr**as**	**vous** viendr**ez**
il (**elle**) viendr**a**	**ils** (**elles**) viendr**ont**

3. Mets les verbes entre parenthèses au futur.

1. Dans quelques jours, les chenilles (devenir) papillons.
2. Quand (revenir)-vous ?
3. Est-ce que tu (venir) prendre un pot de miel ?
4. Demain, je (venir) voir ta ruche.
5. La visite était très intéressante. Nous (revenir).

4. Donne l'infinitif du verbe en caractères gras.

Bientôt nous **verrons** le papillon sortir de son cocon.

Futur du verbe **voir**	
je verr**ai**	**nous** verr**ons**
tu verr**as**	**vous** verr**ez**
il (**elle**) verr**a**	**ils** (**elles**) verr**ont**

5. Complète avec le verbe voir **au futur.**

1. Si tu viens, tu (voir) l'essaim qui s'est accroché dans la cheminée.
2. Il y a cent cinquante mille espèces de papillons. Jamais personne ne (voir) tous ces papillons.
3. Bientôt, nous (voir) de nouveau des abeilles dans les jardins.
4. Quand vous (voir) les ajoncs en fleur, vous serez émerveillé.

Lettres finales

La sorcière cueille ses fleurs au plus **profond** du **bois**, pour fabriquer le parfum ou la potion qui rendent invisible, **petit** ou **géant**.

1. Relève les mots en caractères gras et encadre la dernière lettre de chacun d'eux. Lis ces mots à haute voix. Que constates-tu ?

2. Trouve un mot de la même famille que chacun des mots relevés. Quelle remarque peux-tu faire sur les lettres finales de ces mots ?

EX : boi**s** → boi**s**é

3. Rassemble les mots de la même famille et trouve la lettre qui manque.

le pay... •	• persillé
une den... •	• le chocolatier
le persi... •	• le paysage
le cam... •	• l'artiste
le chocola... •	• un dentiste
l'ar... •	• camper

4. Parmi les deux mots donnés, choisis celui qui t'aidera à trouver la lettre finale du mot à compléter.

1. Le ven... souffle sur la prairie et courbe les tiges des fleurs. (le vendeur - le ventilateur)
2. Le sanglier est un por... sauvage. (le porcelet - portuaire)
3. Je n'ai jamais vu quelque chose d'aussi lai.... (la laitière - la laideur)

5. Complète les mots. Pour t'aider, cherche un mot de la même famille et vérifie dans le dictionnaire.

1. gro...
2. len...
3. hau...
4. lon...
5. for...
6. un ta...
7. un sau...
8. gourman...
9. un écla...
10. un clien...

6. Complète les mots. Aide-toi du dictionnaire.

1. le tron...
2. un sabo...
3. le plom...
4. du ri...
5. un tapi...
6. un outi...
7. le cadena...
8. un salu...
9. un instan...
10. le cham...

7. Complète les mots en ajoutant e si c'est nécessaire. Vérifie dans le dictionnaire.

1. le soir(...)
2. le trottoir(...)
3. la baignoir(...)
4. la mémoir(...)
5. le laboratoir(...)
6. le tiroir(...)
7. la passoir(...)
8. le bonheur(...)
9. le tracteur(...)
10. la sœur(...)
11. le cœur(...)
12. la demeur(...)
13. le beurr(...)
14. la douceur(...)

8. Trouve le nom de ces animaux.

1. Petit animal vert ou gris qui adore se chauffer au soleil sur les pierres.
2. Animal rusé qui rôde la nuit près des poulaillers.
3. Panthère d'Afrique.

Autour d'un mot : voler

1. À l'aide du dessin ci-contre, indique les deux sens de voler.

2. Pour chacune des phrases, indique s'il s'agit du sens 1 ou du sens 2 de voler.

1. L'hirondelle vole au ras de l'eau pour gober les insectes.
2. La pie a volé la clé.
3. Les cheveux de l'enfant volent au vent.
4. Le marchand nous a volés.
5. Les fourmis ont volé à son secours dès qu'elles ont été prévenues.
6. Lors de l'explosion, les vitres ont volé en éclats.

3. Y a-t-il des intrus dans la famille de voler **? Lesquels ?**

volant - volière - volée - volontaire - voleter - volontiers - volley-ball.

4. Cite tous les synonymes de voler **(sens 2) que tu connais.**

5. Explique le sens des expressions suivantes.

1. On entendrait voler une mouche.
2. Qui vole un œuf, vole un bœuf.
3. Il ne l'a pas volé !

6. Vrai ou faux ?

1. Une feuille volante est une feuille qui n'est pas attachée aux autres.
2. Un poisson volant est un animal imaginaire.
3. Un camp volant est un camp que l'on peut déplacer facilement.
4. Un tapis volant est un tapis garni à ses extrémités d'une bande de tissu.

Reconstitution de texte

Au loin, vers le nord, il voyait la montagne dressant vers le ciel ses pics sauvages et dénudés.
À ses pieds, tout autour de lui, il distinguait des arbres de toutes espèces qui balançaient leur tête feuillue sous la brise ou le vent.
Mais le collectionneur de papillons ne regardait pas vraiment la ville, ni la montagne, ni la forêt, ni le ciel. Il ne pensait ni aux hommes, ni aux arbres, ni aux fleurs, ni aux oiseaux. Une seule chose l'intéressait : sa collection de papillons.

FULVIO TESTA,
Le collectionneur de papillons,
Jean-Pierre Delarge.

1. De qui parle-t-on ?

2. Que peut-il voir au loin, vers le nord ? à ses pieds ?

3. Regarde-t-il vraiment la ville, la montagne, la forêt et le ciel ?

4. Pense-t-il à ce qui l'entoure ? Copie la phrase du texte qui le montre. Construis une autre phrase sur le même modèle.

5. Que penses-tu de ce collectionneur de papillons ?

6. Reconstitue le passage en caractères gras.

Histoire du pucereau qui n'avait peur de rien

Il y avait une fois un pucereau qui habitait avec son père et sa mère dans le pelage d'un beau gros chien.

1. Continue l'histoire en choisissant, à chaque fois, la phrase qui convient.

1/ a. Le chat, comme d'habitude, ne l'aimait guère.
b. Ses parents lui avaient appris tous les endroits du chien où l'on pouvait sauter et se nourrir, et ceux, au contraire, où il ne fallait pas se risquer, parce que, d'un coup de croc ou d'un coup de patte, le chien pouvait faire du mal.

2/ a. Et même le père Puce avait planté de petits écriteaux : « Promenade du Cou. Assez facile. » « Forêt du Ventre. Excursion autorisée. » « Chemin de l'Oreille. Dangereux. » « Sentier de la Queue. Très dangereux. Absolument interdit. »
b. Ils lui laissaient faire tout ce qu'il voulait et aller là où il lui plaisait parce qu'ils savaient qu'il n'y avait aucun danger.

3/ a. Le Pucereau pensait :
b. Le chien pensait :

4/ a. « Que de précautions ! Je n'ai peur de rien. »
b. Il ne craignait personne, il n'avait peur de rien.

5/ a. Et un jour, il faisait si beau qu'il alla se promener vers le Cou du chien.
b. Et un jour, malgré les défenses, il fit un saut jusqu'à la Queue du chien.

6/ a. Le chien tourna brusquement la tête, le regarda de ses yeux énormes et dit :
b. Le père et la mère Puce s'éloignèrent aussitôt à grandes enjambées.

7/ a. « Ah, ah ! »
b. « Ohé, les oiseaux ! »

8/ a. Tout semblait calme.
b. Le Pucereau répondit :

9/ a. « Vite, sauvons-nous ! »
b. « Tu ne me fais pas peur ! »

10/ a. Il n'attendit pas davantage pour sauter en l'air.
b. Et il continua son chemin.

11/ a. Le soleil descendait lentement sur l'horizon.
b. Et il retomba sur un banc du jardin.

CLAUDE AVELINE, *De quoi encore ?*

2. Imagine la suite de l'histoire.

LE LOTUS

Le lotus et la grenouille,
Il pleut, il pleut, il mouille,
Surveillent le caïman,
Il pleure, il pleure, il ment.
Mais le lotus élégamment
Protège la grenouille.
Il pleut, il pleut, il mouille.

Robert Desnos,
Chantefables et chantefleurs, Gründ.

FOURMI

Une fourmi
Fait un trajet
De cette branche
À cette pierre,
Une fourmi,
Taille ordinaire
Sans aucun si-
Gne distinctif,
Ce matin, juin,
Je crois le sept ;
Elle porte un
Brin, un fétu.
Cette fourmi,
Taille ordinaire,
Qui n'a pas la
Moindre importance
Passe d'un trot
Simple et normal.
Il va pleuvoir,
Cela se sent.
Et je suis seul ;
Moi, seul au monde
Ai vu passer
Cette fourmi...

Norge,
Les quatre vérités,
Gallimard.

CHŒUR DES PETITES HERBES ESPIÈGLES

La pâquerette
a un' p'tit' tête
le bégonia
a de gros bras
Ah ah ah ah !
La grande rose
fait de la pose
le pissenlit
n'est pas poli

Ih ih ih ih !
La ros' pompon
fait des façons
le coq'licot
est rococo
Oh oh oh oh !
Et le grand houx
est un peu fou
Hou hou hou hou
Pou hibou caillou genou
gare à vous dispersons-nous
You !

Armand Monjo (inédit),
dans Jacques Charpentreau,
La nouvelle guirlande de Julie,
Éditions ouvrières.

Le petit prince et la rose

Un matin, un aviateur perdu dans le désert est réveillé par la voix d'un petit garçon venu d'une planète inconnue. Sur cette planète, il y a une rose.

J'appris bien vite à mieux connaître cette fleur. Il y avait toujours eu, sur la planète du petit prince, des fleurs très simples, ornées* d'un seul rang de pétales, et qui ne tenaient point de place, et qui ne dérangeaient personne. Elles apparaissaient un matin dans l'herbe, et puis elles s'éteignaient le soir. Mais celle-là avait germé un jour, d'une graine apportée d'on ne sait où, et le petit prince avait surveillé de très près cette brindille qui ne ressemblait pas aux autres brindilles. Ça pouvait être un nouveau genre de baobab*. Mais l'arbuste cessa vite de croître*, et commença de préparer une fleur. Le petit prince, qui assistait à l'installation d'un bouton énorme, sentait bien qu'il en sortirait une apparition miraculeuse, mais la fleur n'en finissait pas de se préparer à être belle, à l'abri de sa chambre verte. Elle choisissait avec soin ses couleurs. Elle s'habillait lentement, elle ajustait* un à un ses pétales. Elle ne voulait pas sortir toute fripée* comme les coquelicots. Elle ne voulait apparaître que dans le plein rayonnement de sa beauté. Eh ! oui. Elle était très coquette ! Sa toilette mystérieuse avait donc duré des jours et des jours. Et

puis voici qu'un matin, justement à l'heure du lever du soleil, elle s'était montrée.

Et elle, qui avait travaillé avec tant de précision, dit en bâillant :

« Ah ! je me réveille à peine... Je vous demande pardon... Je suis encore toute décoiffée... »

Le petit prince, alors, ne put contenir son admiration :

« Que vous êtes belle !

— N'est-ce pas, répondit doucement la fleur. Et je suis née en même temps que le soleil... »

Le petit prince devina bien qu'elle n'était pas trop modeste, mais elle était si émouvante !

« C'est l'heure, je crois, du petit déjeuner, avait-elle bientôt ajouté, auriez-vous la bonté de penser à moi... »

Et le petit prince, tout confus*, ayant été chercher un arrosoir d'eau fraîche, avait servi la fleur.

Antoine de Saint-Exupéry,
Le petit prince, Gallimard.

* *Ornées :* décorées.
* *Baobab :* grand arbre d'Afrique.
* *Croître :* grandir.
* *Ajuster :* disposer avec beaucoup de soin.
* *Fripée :* froissée.
* *Confus :* gêné, honteux.

Les pronoms (2)

- La violette est une petite fleur à cinq pétales. On trouve **la violette** dans les bois au printemps.
- Le bouton d'or a une belle couleur jaune. On trouve **le bouton d'or** dans les prés et au bord des talus.
- Hélène adore les fleurs. J'ai offert à **Hélène** un bouquet de lilas.

1. Les groupes en caractères gras sont des compléments. Comment appelle-t-on ces compléments ?

2. Réécris les textes précédents en supprimant les répétitions. Quels mots as-tu employés ?

> - **le** - **la** - **l'** - **les** - **lui** - **leur** sont des **pronoms personnels compléments**.
> - Ils remplacent des groupes nominaux compléments. Ils **permettent d'éviter des répétitions**.
>
> EX : J'ai aperçu des marguerites, mais je ne **les** ai pas cueillies.

3. Supprime les répétitions.

1. Pour que les fleurs poussent, il faut arroser les fleurs.
2. C'était hier l'anniversaire de ma mère et j'ai offert des tulipes à ma mère.
3. Les insectes se nourrissent des fleurs. On dit qu'ils butinent les fleurs.
4. La lavande a une très bonne odeur. Il faut beaucoup de soleil à la lavande.

leur ou leurs ?

- Les abeilles retrouvent toujours **leur** ruche.
- On aime les papillons pour **leurs** couleurs.

1. Mets les deux phrases au singulier. Que remarques-tu ?

2. Comment appelle-t-on les mots en caractères gras ?

> - Quand il accompagne un nom, **leur** est un **déterminant**.
> - Il prend un **-s** quand **le nom est au pluriel**.
>
> EX : Les abeilles conservent **leur** miel.
> Les fourmis protègent **leurs** œufs.

3. Leur **ou** leurs **?**

1. Les apiculteurs s'occupent des abeilles. Ils récoltent ... miel et ... cire.
2. Les insectes voient très bien grâce à ... yeux à facettes. Avec ... pattes et ... ailes, ils se déplacent facilement.
3. Les abeilles et les fourmis travaillent pendant toute ... vie.

- Les fourmis sont très gourmandes et le sucre **leur** plaît beaucoup.

4. Réécris la phrase au singulier. Que devient le mot en caractères gras ?

5. Que remplace le mot en caractères gras ? Devant quel mot se trouve-t-il ? Comment l'appelle-t-on ?

La fourmi . . . . . .

> • Quand **leur** est placé **devant un verbe**, **leur** est le **pluriel** de **lui**. C'est un **pronom personnel**. Il ne prend **jamais d'-s**.
>
> EX : Elle **lui** montre la fourmilière.
> → Elle **leur** montre la fourmilière.

6. leur **ou** leurs **?**

1. Les fourmis vont très loin chercher . . . nourriture.
2. . . . estomac . . . sert de réserve.
3. Certaines dévorent tout sur . . . passage.
4. Les ouvrières veillent sur les larves. Elles . . . donnent de quoi se nourrir.

Le futur des verbes prendre et faire

Nous **irons** cueillir des plantes, nous **prendrons** un gros classeur et nous **ferons** un herbier.

1. À quel temps les verbes sont-ils conjugués ?

2. Donne l'infinitif des trois verbes en caractères gras.

3. Conjugue oralement les verbes de la phrase suivante à toutes les personnes du futur.

J'(aller) cueillir des plantes, je (faire) un herbier.

Futur du verbe **faire**

je fer**ai**	**nous** fer**ons**
tu fer**as**	**vous** fer**ez**
il (**elle**) fer**a**	**ils** (**elles**) fer**ont**

4. Mets les verbes entre parenthèses au futur.

1. Nous (prendre) quelques tulipes et quelques iris pour faire un bouquet.
2. Je (prendre) une photo des cerisiers en fleur.
3. Si elle veut attraper des papillons, elle (prendre) un filet.
4. Elle (prendre) des papillons, mais elle ne les (tuer) pas.

Futur du verbe **prendre**

je prendr**ai**	**nous** prendr**ons**
tu prendr**as**	**vous** prendr**ez**
il (**elle**) prendr**a**	**ils** (**elles**) prendr**ont**

5. Mets les verbes entre parenthèses au futur.

1. Demain, nous (faire) le tour des floralies.
2. Avec les photos que vous (prendre), vous (faire) un album.
3. Quand il (faire) froid, nous (rentrer) les dahlias.
4. Au printemps, les jardiniers de la ville (faire) des plantations.

Graphies de [z]

1. **Lis à haute voix le nom de chaque fleur.**

2. **Copie les mots qui contiennent le son [z].**

3. **Encadre les lettres qui servent à transcrire le son [z] dans les mots que tu as relevés.**

EX : ro[s]e

4. **Classe les mots que tu as relevés dans le tableau suivant. Complète chaque colonne avec trois mots de ton choix.**

graphies de [z]	
s	**z**

5. **Cherche l'intrus.**

1. un vase - la pelouse - une fraise - une averse.
2. un insecte - semer - un rosier - un conseil.
3. l'horizon - un oiseau - un chimpanzé - bizarre.
4. le nez - le gaz - chez - le riz.

6. **Complète les mots avec** s **ou** z.

1. une dou...aine - quin...e - on...e - quator...e.
2. amu...ant - pe...er - fri...é - il di...ait.
3. le ...oo - un ...èbre - un ...ébu - une ...one.
4. une noi...ette - une ceri...e - le ga...on - la falai...e.
5. le ha...ard - le dino...aure - du rai...in.

7. **Complète les mots avec** s **ou** z.

1. une ga...elle
2. sei...e
3. le fu...il
4. le ma...out
5. un ro...ier
6. amu...ant
7. le trapé...iste
8. la ri...ière
9. un fai...an
10. creu...er
11. la Côte d'A...ur
12. bron...er
13. dé...herber
14. arro...er

8. **Choisis la réponse qui correspond à chaque définition.**

1. Maison d'Afrique. (case - casse)
2. Moyen habile pour tromper quelqu'un. (ruse - russe)
3. Dangereux pour la santé. (poison - poisson)
4. Courte. (rase - race)
5. Un régal pour le palais. (désert - dessert)
6. Belle qui pique. (rose - rosse)
7. Ni haute ni aiguë. (base - basse)

9. **Complète les mots et dis si cela est** vrai **ou** faux.

1. L'Ama...onie est une région d'Amérique du Sud couverte d'une immense forêt.
2. Un ba...ar est un marché en Orient.
3. La ... oologie est la science qui étudie les animaux.
4. Le bli...ard est un vent glacé dans le Grand Nord.
5. La Mo...elle est une rivière et un département de l'Est de la France.

Des séries de mots

1. Que vois-tu sur le dessin ? Écris leur nom. Comment peux-tu les classer ?

2. Cherche l'intrus dans chaque série de mots.

1. la marguerite - la coccinelle - la guêpe - le papillon.
2. la pâquerette - le coquelicot - la fourmi - le bleuet.
3. la pelle - le râteau - la binette - le lilas.
4. le radis - la violette - la rose - la tulipe.
5. la tomate - le liseron - le potiron - l'artichaut.

3. Donne un titre à chaque série de mots que tu as complétée.

Abeille, **sauterelle** et **papillon** ont un **point commun par le sens** : ils appartiennent à **un même ensemble** : ce sont des **insectes**.

4. Trouve cinq mots pour chacun des ensembles suivants.

1. métiers - 2. arbres - 3. habitations - 4. moyens de transport - 5. héros de dessins animés.

5. On a mélangé deux séries de mots ayant un point commun par le sens. Retrouve chacune d'elles et donne-lui un nom. Aide-toi du dictionnaire.

la fougère - le scarabée - le pétunia - le myosotis - le souci - le moustique - le hanneton - l'iris - le criquet - la mite - la pervenche.

Rédiger une fiche

Le machaon

Envergure du machaon : 8 cm.
Vitesse en vol plané : 5 km/h.
Un insecte : corps en 3 parties ; 6 pattes ; 4 ailes.
Un papillon diurne : il vole le jour (ceux qui volent la nuit sont dits nocturnes).
Nuisible : la chenille peut faire de gros dégâts dans les plantes cultivées.
La soie : toutes les chenilles font de la soie.
Dans le monde : environ 130 000 espèces différentes de papillons.
Le mot d'un poète : « Le papillon : fleur sans tige qui voltige. » (G. de Nerval)

René Bouclon, *Le papillon,* Livret d'éveil, Classiques Hachette.

1. À quoi servent les mots en caractères gras ? Quels renseignements te donne la fiche ?

2. Choisis une plante à fleur et cherche les renseignements suivants :

- Quelle est la hauteur de la plante ?
- Où pousse-t-elle ?
- Quelle est la forme de la fleur ? Sa couleur ?
- Est-elle utilisée pour quelque chose (tisane, bouquets, etc.) ?
- Connais-tu un poème, un proverbe ou une expression qui s'y rapporte ?

3. Relis la fiche du machaon.

4. De la même manière, rédige la fiche de la fleur que tu as choisie.

- Cherche les titres.
- Écris les renseignements que tu as trouvés dans l'exercice 2.

Le papillon

Les œufs

Ils sont pondus par le papillon femelle qui les range bien en ordre au-dessous des feuilles d'une plante.

La chenille

La larve, ou chenille, sort de l'œuf. Elle se met à dévorer la plante et grossit rapidement. Sa peau la serre un peu. Aussi, elle la quitte et s'en fabrique une nouvelle, et ainsi quatre ou cinq fois. Cela s'appelle la mue.

Puis la chenille cesse de manger et crache un fil fin et collant qu'elle enroule autour d'elle pour former un cocon.

La chrysalide

À l'intérieur du cocon va se former la chrysalide, c'est-à-dire le futur papillon. Certaines chenilles ne font pas de cocons.

Elles s'enterrent dans le sol ou se suspendent sur des plantes à l'aide de quelques fils de soie.

Naissance du papillon

Au bout d'un temps variable, le papillon va sortir. La coque se fend. Le cocon de soie est déchiré. Les antennes et les pattes sortent d'abord, puis les ailes, toutes molles et froissées. Le papillon les étale pour les déplisser et les sécher. Il est fini, prêt à voler !

MARTHE SEGUIN-FONTÈS, *Les papillons*, Gautier-Languereau.

1. Qu'est-ce qu'une *larve* ?
2. Qu'est-ce que la *mue* ?
3. Qu'est-ce qu'un *cocon* ?
4. Comment passe-t-on de l'œuf au papillon ?
5. Vrai ou faux.
   - La larve s'appelle aussi chenille.
   - Toutes les chenilles font des cocons.
   - La chrysalide est le futur papillon.
   - Le papillon sort d'un cocon.
6. **Recherches.**
   - Cherche des renseignements supplémentaires sur les papillons.
   - Combien existe-t-il d'espèces de papillons dans le monde ?
   - Cherche le nom d'au moins trois espèces de papillons.

1. Les lettres des noms de fleurs ont été placées en désordre. Retrouve ces noms.

2. Charade

Mon premier est un animal.
On dort dans mon deuxième.
Mon troisième est le début du chant de mon premier.
Mon tout est une fleur rouge des champs.

3. Retrouve le nom de chacune de ces fleurs.

marguerite - bleuet - jonquille - jacinthe.

4. Complète la grille.

Horizontalement

1. Il coupe la barbe.
2. Il pousse sur la pelouse.
3. Vent froid du Nord.
4. Gouttes d'eau sur les fleurs le matin.
5. Marché en Orient.

Verticalement

A. Comme la souris.
B. On y cultive le riz.
C. 16.
D. Bœuf sauvage d'Amérique du Nord.

Révisions

1. Supprime les répétitions.

1. Les fourmis vivent dans les fourmilières. Les fourmis n'arrêtent pas de travailler.
2. Les tournesols s'appellent aussi des soleils. Comme le colza, les tournesols donnent de l'huile.
3. Les roses ont des épines, mais les roses sont magnifiques.

2. Supprime les répétitions.

1. La plante verte a besoin d'eau. Il faut arroser la plante verte.
2. Ces branches sont mortes. Je vais couper ces branches.
3. Les papillons sont de très beaux insectes. Protégeons les papillons.

3. ces **ou** ses **?**

1. Où faut-il planter ... tulipes ?
2. En se fanant, la fleur perd ... pétales.
3. La Provence est célèbre pour ... cigales qui chantent tout l'été.
4. Regardez ... bourgeons. Ils vont bientôt donner des fleurs.

4. leur **ou** leurs **?**

1. Grâce à ... pattes et à ... ailes, les insectes se déplacent rapidement.
2. J'aime beaucoup ces fleurs, mais je ne connais pas ... nom.
3. Ils n'en croyaient pas ... yeux.
4. L'abeille butineuse danse devant les autres abeilles : elle ... indique où se trouve le pollen.

5. Mets les verbes entre parenthèses au futur.

1. Si vous allez aux floralies, vous (voir) toutes sortes de fleurs qui ne poussent pas ici.
2. Bientôt nous (voir) les premières feuilles du marronnier.
3. J'(aller) à l'exposition de fleurs exotiques et je (voir) des orchidées et des hibiscus.
4. (Venir)-vous demain ?

6. Mets les verbes entre parenthèses au futur.

1. Bientôt les oiseaux (faire) leur nid.
2. Au printemps, les hirondelles (revenir).
3. Tu (prendre) du papier et des crayons, et tu (faire) un dessin.
4. Je (prendre) quelques primevères chez le pépiniériste.

7. Complète les mots avec la lettre finale qui convient.

1. le pay...	4. lon...
2. le do...	5. lai...
3. un outi...	6. adroi...

8. Complète les mots avec s **ou** z.

1. la mu...ique	4. vi...ible
2. le mu...ée	5. bi...arre
3. la ga...elle	6. trei...e

9. Retrouve les séries dont les mots ont été mélangés.

bourdon - bleuet - lys - moucheron - chenille - primevère - œillet - puceron - jacinthe - anémone - scarabée - dahlia - hanneton - iris - pétunia - papillon - pervenche.

10. Dictée ou autodictée

LE PAPILLON

Les papillons ont de gros yeux. Ils ont aussi des antennes qui leur permettent de sentir et de toucher. Pour se nourrir, ils aspirent le nectar des fleurs avec leur trompe.

11. Qu'as-tu retenu ?

1. Cite tous les insectes de *James et la grosse pêche*.
2. Qu'est-ce qu'un **cocon** ?
3. Qu'est-ce qu'une **chrysalide** ?
4. Dans quel pays cultive-t-on beaucoup de tulipes ?

Téléphonons

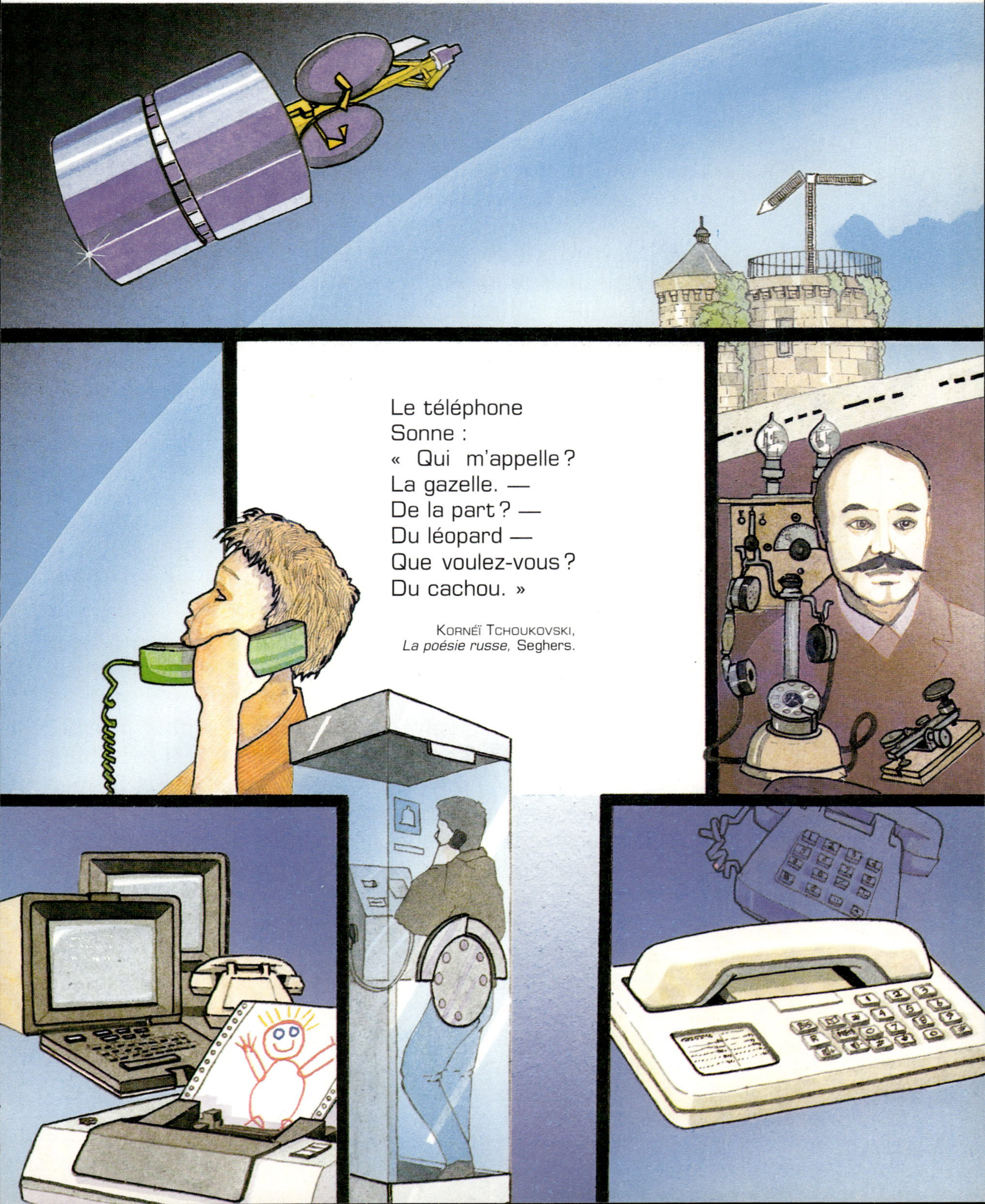

Le téléphone
Sonne :
« Qui m'appelle ?
La gazelle. —
De la part ? —
Du léopard —
Que voulez-vous ?
Du cachou. »

KORNÉÏ TCHOUKOVSKI,
La poésie russe, Seghers.

Bruno et le téléphone

Un jour, Bruno, parce qu'il s'ennuie, décide de se promener dans les fils du téléphone. Il va rendre visite à l'employée qui lui a répondu un jour où il a appelé les renseignements.

Le fil était en pente et descendait sous la terre.

Bruno se laissa glisser. De plus en plus vite. Et si le fil remontait de temps en temps, ça ne l'arrêtait pas, il continuait sur sa lancée. De vraies montagnes russes, et la tête finit par lui tourner un peu.

Chemin faisant, Bruno rencontra deux souris. Elles grignotaient le fil à belles dents.

« Oh, les gourmandes, laissez donc ça tranquille ! » leur cria Bruno.

Mais il s'enfuit sans insister. Petit comme il était, les souris lui paraissaient de grosses bêtes dangereuses.

Bruno était perdu. Que faire ? se demanda-t-il. Aller tout droit, tourner à gauche, à droite ? Comment arriver jusqu'aux renseignements ? Espérons que je réussirai à me tirer de cet embrouillamini.

Bruno sortit du fil. Il prit son harmonica et se mit à jouer un air. Un petit air tendre qu'il baptisa : « Bruno s'est perdu dans les fils du téléphone ».

Heureusement, Bruno songea tout à coup qu'il lui suffisait d'appeler la demoiselle 25. Elle lui dirait comment faire pour s'orienter.

Bruno se faufila hors du téléphone le plus proche, atterrit au pied de l'appareil, sur un bureau. Il se fit plus grand de façon à pouvoir soulever le combiné et former le numéro des renseignements.

« Ici les renseignements, préposée 13, dit une voix.

— Bonsoir, dit Bruno, pourriez-vous me passer votre collègue 25 ?

— Allô, j'écoute », dit presque aussitôt la demoiselle 25.

Et Bruno la mit au courant de ce qui s'était passé.

« Je téléphone du 33.57.25, expliqua-t-il.

— Oh, dit-elle, c'est à deux pas d'ici. Continuez tout droit, puis prenez le premier fil à droite, puis à gauche. Et vous y serez.

— J'arrive, cria Bruno. Encore une chose, j'aimerais connaître votre nom. Je ne peux pas continuer à vous appeler par votre numéro.

— Je m'appelle Julie », dit-elle.

Bruno rapetissa de nouveau.

Mais il avait dû parler trop fort, car juste comme il rentrait dans le combiné, il se sentit tirer par les jambes.

« Qu'est-ce que tu fais là ? demanda un vieux monsieur.

— Je grimpais dans le téléphone pour aller voir une amie, répondit Bruno.

— Ça alors, murmura le vieil homme en posant doucement Bruno dans le creux de sa main. Où va le monde ? Plus rien ne m'étonne. »

Et il ajouta :

« Moi aussi j'aimerais me promener dans les fils du téléphone. Dis bonjour à ton amie de ma part. Au revoir. »

Bruno suivit le chemin que Julie lui avait indiqué.

Mais les choses n'étaient pas aussi simples. Le fil se balançait un peu, il montait. Avant de s'y risquer, Bruno éclairait l'intérieur avec sa lampe de poche. Tour à tour, il faisait de l'escalade puis se laissait glisser. L'air lui sifflait aux oreilles et il ressentait un drôle de chatouillement dans le ventre. Il criait :

« Julie, j'arrive, attends-moi ! »

Il avait complètement oublié qu'il lui disait « vous ».

« Oui, vas-y, je te garde la ligne libre », répondait Julie, oubliant elle aussi qu'ils se vouvoyaient.

Bruno continuait d'avancer. « Pourvu que je ne me perde pas, si près du but », se disait-il.

Achim Bröger et Gisela Kalow,
Bruno et le téléphone, © K. Thienemanns/Casterman pour l'adaptation française.

Les mots invariables (1)

• Cette cabine téléphonique est souvent occupée.
• Ces cabines téléphoniques sont souvent occupées.

1. Compare les deux phrases précédentes. Quels sont les mots qui ont changé ? Que remarques-tu ?

2. Compare les phrases suivantes. Relève les mots qui ne changent pas.

1. L'appareil est très fragile.
   Les appareils sont très fragiles.
2. L'annuaire est rangé là-bas.
   Les annuaires sont rangés là-bas.
3. Son amie téléphonera demain.
   Ses amies téléphoneront demain.

• **Souvent** - **demain** - **très** - **là-bas**... s'écrivent toujours de la même façon : ce sont des **mots invariables**.

• Ils donnent des renseignements de **temps**, de **lieu**, de **manière**, etc. On les appelle des **adverbes**.

3. Cherche le contraire des mots suivants.

bien - devant - jamais - rarement - beaucoup - dessus - tard - vite - près.

4. Complète le tableau selon l'exemple.

adjectif	adverbe
lent	lentement
adroit	.....
habituel	.....
bruyant	.....

Le masculin et le féminin des adjectifs (1)

• La standardiste est très **aimable**.
Philippe est très **aimable**.
• La standardiste est très **gaie**.
Philippe est très **gai**.

1. Compare les adjectifs des phrases ci-dessus. Que remarques-tu ?

2. Complète les phrases selon l'exemple. Que remarques-tu ?

EX : C'est un livre assez **drôle**.
→ C'est une histoire assez **drôle**.

1. Jean-Pierre est **content**.
   → Nathalie est . . . .
2. C'est un garçon **sympathique**.
   → C'est une fille . . . .

• **La plupart** des **adjectifs** prennent un **-e** au **féminin**.

EX : **Il** est gai. **Elle** est **gaie**.
Il est **content**. **Elle** est **contente**.

• Les **adjectifs** qui se terminent par un **-e s'écrivent de la même façon** au **masculin** et au **féminin**.

EX : Il est **aimable**. Elle est **aimable**.

3. Choisis l'adjectif qui convient. Attention aux accords !

urgent - occupé - mauvais - coupé.

1. Tout à l'heure, la communication était très . . . .
2. Voici une lettre . . . .
3. La ligne est . . . depuis plus d'un quart d'heure.
4. La liaison est . . . .

4. Emploie ces adjectifs au féminin.

EX : amical → une voix amicale

amical - noir - petit - bavard - fort - grand - gai - clair - pointu - gris - lent - spécial.

5. Parmi les adjectifs de l'exercice 4, quels sont ceux qui se prononcent de la même façon au masculin et au féminin ?

6. Cherche le féminin des adjectifs suivants. Que remarques-tu ?

sec - beau - doux - blanc - vieux - frais - long - vif - nouveau.

CONJUGAISON 1

L'imparfait des verbes voir et venir

En 1794, entre Paris et Lille, on **voyait** sur les collines des signaux comme celui-ci. Tout le monde **venait** admirer cette nouvelle invention.

1. À quel temps les verbes en caractères gras sont-ils conjugués ? Donne leur infinitif.

Imparfait du verbe **venir**	
je ven**ais**	**nous** ven**ions**
tu ven**ais**	**vous** ven**iez**
il (**elle**) ven**ait**	**ils** (**elles**) ven**aient**

2. Mets les verbes des phrases suivantes à l'imparfait.

1. Nous venons d'arriver.
2. Quand sa ligne est en dérangement, elle vient chez nous.
3. Tu viens de recevoir un coup de fil important.
4. En 1794, Claude Chappe vient d'inventer le télégraphe optique.

3. Conjugue oralement le verbe de la phrase suivante à toutes les personnes de l'imparfait.

(voir) des signaux comme celui-ci.

Imparfait du verbe **voir**	
je voy**ais**	**nous** voy**ions**
tu voy**ais**	**vous** voy**iez**
il (**elle**) voy**ait**	**ils** (**elles**) voy**aient**

4. Complète les phrases avec le verbe voir **à l'imparfait.**

1. Nous . . . les hirondelles se rassembler sur les fils du téléphone.
2. Je . . . s'allumer les lumières de la ville.
3. Ils entendaient le son de la télévision mais ils ne . . . aucune image apparaître sur l'écran.
4. Tu . . . s'élever un panache de fumée.

Mots terminés par [i]

« Allô, la bijouterie ?
— Oui, c'est ici.
— Excusez-moi, madame, je me suis trompé d'adresse... J'ai déposé un colis chez vous à midi au lieu de le porter à la librairie.
— Jeune homme, vous êtes un étourdi !
— J'ai mal lu ce qui était écrit sur l'avis de livraison. Au revoir, madame. »

1. Lis le texte.

2. Relève tous les mots qui se terminent par le son [i] et encadre les lettres qui servent à transcrire ce son.

3. Cherche deux autres mots pour chacune des façons de transcrire le son [i] à la fin des mots. En connais-tu d'autres ? Donne un exemple à chaque fois.

4. Cherche l'intrus.

1. aussi - un apprenti - un radis - une fourmi.
2. le tapis - depuis - la sortie - la brebis.
3. la poésie - la loterie - une toupie - un colibri.
4. le bruit - une bouillie - un bandit - gratuit.
5. la folie - l'envie - le fruit - la mie.

5. Complète les prénoms suivants qui se terminent par le son [i]. Sont-ils féminins ou masculins ?

1. Mar...
2. Ann...
3. Amél...
4. Luc...
5. Stéphan...
6. Jul...
7. Nathal...
8. Eugén...
9. Rosal...
10. Sophi...

6. Indique les réponses aux définitions suivantes.

1. On y vend du pain : c'est la ....
2. On y vend de la viande : c'est la ....
3. On y vend des médicaments : c'est la ....
4. On y vend du poisson : c'est la ....
5. On y vend du fil : c'est la ....
6. On y vend des gâteaux : c'est la....

7. Complète par un **ou** une**. Que remarques-tu ?**

1. ... folie
2. ... écurie
3. ... bigoudi
4. ... oubli
5. ... scie
6. ... mari
7. ... établi
8. ... ménagerie
9. ... céleri
10. ... éclaircie

8. Complète les mots. Aide-toi du dictionnaire.

1. un hab... - un fru... - l'appét... - le l... .
2. le vern... - un rub... - le parad... - une sour... .
3. un am... - un pl... - le tr... - un ép... .
4. la jalous... - une car... - la coméd... - l'écur... .
5. un fus... - du pers... - gent... - un out... .
6. du r... - le jur... - le pr... - le pa... .

9. Complète les mots. Aide-toi du dictionnaire.

1. interd...
2. un souc...
3. le gâch...
4. la boug...
5. un kép...
6. la prair...
7. une perdr...
8. la v...
9. un par...
10. une man...

10. Complète les mots. Aide-toi d'un dictionnaire où tu trouveras les noms propres.

1. la Normand...
2. l'Algér...
3. le Chil...
4. l'Ital...
5. Tahit...
6. Nanc...
7. Par...
8. Vich...

Autour d'un mot : parler

1. Indique le sens des phrases suivantes.

1. Attendez une minute, il parle au téléphone.
2. Parle-moi de tes vacances.
3. Mes parents parlent de changer de voiture.
4. Élodie et Frédéric ne se parlent plus depuis ce jour-là.
5. Benjamin croyait être le plus fort, mais il a trouvé à qui parler.

2. Trouve les mots qui ne font pas partie de la famille de parler.

parlé - parloir - paroi - parole - parlant - parlotte - pari - parleur.

3. Trouve la bonne définition.

1. **Donner sa parole**, c'est :
   → faire un cadeau.
   → promettre.
2. **Avoir la parole**, c'est :
   → savoir bien parler.
   → avoir le droit de parler.
3. **Prendre la parole**, c'est :
   → commencer à parler.
   → empêcher quelqu'un de parler.
4. **Passer la parole**, c'est :
   → aider quelqu'un à trouver ses mots.
   → se taire pour laisser parler quelqu'un, pendant une réunion, par exemple.
5. **Tenir sa parole**, c'est :
   → tenir ses promesses.
   → ne pas baisser ni monter la voix.

Reconstitution de texte

Un vieil homme marchait à quatre pattes dans l'herbe : c'est difficile de chercher ses lunettes... sans lunettes !

Laurent, lui, en portait et il retrouva aussitôt les lunettes. Le vieux monsieur fut si content qu'il dit aux deux enfants :
« Regardez ce que je vous donne, puisque vous aidez si gentiment les vieilles personnes. »
Il leur fit un beau sourire, puis sortit de sa poche un écouteur arraché et le tendit à Caroline, qui le regarda, ahurie.
Elle remercia pourtant, en disant :
« C'est bien gentil à vous, de nous donner cet écouteur, mais à quoi nous servira-t-il ? Avec ça on ne peut appeler nulle part... »
Elle voulut rendre l'écouteur, mais elle ne savait pas à qui, parce que le vieux monsieur était parti.

Suzanne Bartošek,
Le téléphone enchanté, Gründ.

1. Quel cadeau le vieil homme a-t-il fait aux enfants ? Pourquoi ?

2. Mets la première phrase du passage en caractères gras au présent. Relève les verbes et les sujets. Que remarques-tu ?

3. Construis deux phrases sur le modèle.

Elle voulut rendre l'écouteur, **mais** elle ne savait pas à qui, **parce que** le vieux monsieur était parti.

4. Reconstitue le passage en caractères gras.

Allô !

1. Lis silencieusement cette histoire.

Josette demande à son papa :

« Tu parles au téléphone ? »

Papa raccroche. Papa dit :

« Ce n'est pas un téléphone. »

Josette répond :

« Mais si, c'est un téléphone. C'est maman qui me l'a dit. C'est Jacqueline qui me l'a dit. »

Papa répond :

« Ta maman et Jacqueline se trompent. Ta maman et Jacqueline ne savent pas comment cela s'appelle. Cela s'appelle un fromage.

— Ça s'appelle un fromage ? demande Josette. Alors on va croire que c'est un fromage.

— Non, dit Papa, parce que le fromage ne s'appelle pas fromage, il s'appelle boîte à musique. La boîte à musique s'appelle tapis. Le tapis s'appelle la lampe. Le plafond s'appelle le parquet. Le parquet s'appelle le plafond. Le mur s'appelle la porte. »

Et papa apprend à Josette le sens juste des mots. La chaise c'est une fenêtre. La fenêtre c'est un porte-plume. L'oreiller c'est du pain. Le pain c'est la descente de lit. Les pieds sont des oreilles. Les bras sont des pieds. [...]

Alors Josette parle comme son papa lui apprend à parler. Elle dit :

« Je regarde par la chaise en mangeant mon oreiller. J'ouvre le mur, je marche avec mes oreilles. J'ai dix yeux pour marcher, j'ai deux doigts pour regarder. »

EUGÈNE IONESCO,
Conte numéro 2, Jean-Pierre Delarge.

2. Sans regarder à nouveau le passage que tu viens de lire, indique si les phrases suivantes figurent dans le texte.

1. Le mur s'appelle la porte.
2. La table est un lit.
3. Alors on va croire que c'est un fromage.
4. Le camembert s'appelle boîte à musique.
5. Ta maman et Jacqueline ne savent pas comment cela s'appelle.
6. Alors Josette dit comme son papa lui apprend à dire.

BESTIAIRE DU COQUILLAGE

Si tu trouves sur la plage
Un très joli coquillage
Compose le numéro
OCÉAN O. O.

Et l'oreille à l'appareil
La mer te racontera
Dans sa langue des merveilles
Que papa te traduira

CLAUDE ROY,
Enfantasques, Gallimard.

LE COQUILLAGE ET L'OREILLE

Mais un profond coquillage
Dont le son veille, caché,
D'âge en âge attend l'oreille
Qui finit par s'approcher.

Et l'homme qui le rencontre
Écoutant ce bruit lointain
Dévide au fond de la conque*
L'invisible fil marin. [...]

JULES SUPERVIELLE,
La fable du monde, Gallimard.

**Conque* : coquille.

LE COQUILLAGE

Ronfle coquillage
Où l'on entend tout le bruit de la mer
Vague par vague,
Où l'on entend marcher les petits crabes
Où l'on entend mugir le vent amer.

Ronfle coquillage
Ah ! je revois tous les bateaux de bois,
Les voiles blanches
Claires comme un matin de beau dimanche,
Ailes de la joie.

Ronfle coquillage.
En toi je retrouve les beaux jours vivants,
Où les mouettes claquaient au vent
Dans un grand ciel bleu gonflé de nuages,
De nuages blancs signe du beau temps...

Ronfle coquillage.

MAURICE FOMBEURE,
Pin Pon d'or, Bourrelier/Armand Colin.

L'ours et le tigre téléphonent

Comme le tigre s'ennuie pendant la journée, l'ours lui écrit et c'est le lièvre qui porte les lettres.

« Une lettre pour le tigre ! » cria soudain le lièvre rapide.

Le tigre sauta de joie :

« Où qui quoi de qui pour qui ?

— Pour le tigre, dit le lièvre.

— Mais c'est moi le tigre ! Donne, vite ! »

Il se mit à danser sur la table, sur la chaise, le lit, le divan.

Il lut la lettre de long en large et de large en long.

Il a retrouvé la joie de vivre. Il a épluché les oignons, cuit les pommes de terre, nettoyé la chambre. Ah, que la vie était belle !

Il a allumé un grand feu dans la cheminée et est allé cueillir du persil dans le potager pour garnir le poisson du dîner.

Et quand le petit ours est revenu, ils ont passé une soirée inoubliable.

Ils ont mangé du poisson avec des pommes de terre persillées et bu une vieille bouteille de Château-la-Pompe.

Après ce bon repas, ils ont fait des tours de magie, ils ont joué du violon et ils ont dansé.

L'un jouait du violon-cuillère, l'autre de la contrebasse-balai. Entendant cette belle musique, la taupe, tout heureuse, s'est mêlée à eux. Avec sa canne elle a dansé une valse langoureuse sur la table.

« Aujourd'hui, c'est le plus beau jour de ma vie ! » s'écria le petit tigre. Et c'était la vérité. [...]

Un jour, le petit tigre dit à l'ours :

« Tu sais, même quand tu es dans le salon et moi à la cuisine, je me sens seul. »

Alors ils ont placé un tuyau d'arrosage d'une pièce à l'autre : un téléphone intérieur.

« Allô, vous m'entendez ? Qui est à l'appareil ?

— Ici l'ours, je vous entends très bien. »

Le tigre dit :

« On pourrait installer un téléphone d'une rive à l'autre de la rivière. Comme ça, on ne devrait plus écrire si souvent. »

C'est ce qu'ils firent : un câble sous-marin.

« Et si nous posions un câble souterrain qui traverse le bois ? dit le tigre. Ainsi nous pourrions téléphoner à notre tante l'oie. »

Et les taupes creusèrent en tous sens des tranchées où furent posés les câbles. Un vrai labyrinthe.

« Allô, tante l'oie, ici le petit tigre. Tu m'entends, tante ?... Oui, c'est moi ton neveu, le tigre à la petite queue.

— Et moi, c'est l'ours, cria l'ours, dis-lui que je suis là aussi. »

L'éléphant téléphona au central téléphonique.

« Ici, le central... En Afrique ? Non, il n'y a pas encore de liaison avec l'Afrique.

— Tant pis, dit l'éléphant. J'enverrai une lettre par la poste aérienne. »

Et maintenant tous les habitants du bois et de la rivière peuvent s'envoyer des lettres les uns aux autres ou, s'ils préfèrent, ils peuvent se téléphoner. C'est fantastique !

« Oh l'ours ! dit le tigre, n'est-ce pas que la vie est merveilleusement belle ? Dis !

— Oui, dit le petit ours. Elle est merveilleusement belle ! »

Et ils ont drôlement raison.

Les mots invariables (2)

• La cabine téléphonique ressemble à une maison chinoise.
• Les cabines téléphoniques ressemblent à des maisons chinoises.

1. Compare les deux phrases. Que remarques-tu ?

2. Dans les phrases précédentes, indique les groupes sujets et les groupes compléments.

• Les **groupes compléments** sont parfois introduits par un **mot invariable** qu'on appelle une **préposition**.
• **à - de - sur - par - avec - sans - dans - pendant - chez - avant - après**... sont des **prépositions**.

3. Retrouve les prépositions qui manquent.

1. Le téléphone a été inventé ... 1876 ... Graham Bell.
2. ... un siècle, cet appareil n'a cessé ... se perfectionner.
3. ... le téléphone, on peut communiquer rapidement.
4. On téléphone ... son travail, mais aussi ... ses heures de loisir.

4. Complète les phrases avec un complément introduit par une préposition. Cherche plusieurs solutions possibles.

1. Il lui a parlé .....
2. Il faudrait la rappeler .....
3. J'ai laissé un message .....
4. J'ai enfin trouvé le numéro .....

ORTHOGRAPHE 2

Le masculin et le féminin des adjectifs (2)

1. Mets les adjectifs suivants au féminin selon l'exemple. Aide-toi du dictionnaire. Que remarques-tu ?

EX : un gros livre
→ une grosse voix

épais - ancien - bon - naturel - habituel.

2. Mets les adjectifs suivants au féminin. Que remarques-tu ?

léger - entier - fier - régulier.

3. Retrouve les masculins de ces adjectifs. Quel est leur point commun ?

courageuse - heureuse - délicieuse - peureuse - curieuse - généreuse.

Pour trouver le **féminin de certains adjectifs**, il faut parfois :

• **ajouter un accent**

EX : léger → **légère**

• **doubler la consonne finale**

EX : épais → **épaisse**

• **changer la terminaison**

EX : heureux → **heureuse**
vieux → **vieille**
etc.

4. Complète les phrases avec les adjectifs qualificatifs. Attention aux accords.

bon - nouveau - vieux - long - bon.

1. Il a raconté une ... histoire.
2. La conversation risque d'être ... .
3. Voilà une ... nouvelle !
4. La ... maison est presque terminée.
5. La ... poste va être reconstruite.

L'imparfait des verbes prendre et faire

Quand sa montre était en panne, il **prenait** le téléphone et **faisait** le numéro de l'horloge parlante.

1. À quel temps les verbes en caractères gras sont-ils conjugués ? Donne leur infinitif.

Imparfait du verbe **prendre**	
je pren**ais**	**nous** pren**ions**
tu pren**ais**	**vous** pren**iez**
il (**elle**) pren**ait**	**ils** (**elles**) pren**aient**

2. Complète les phrases avec le verbe prendre **à l'imparfait.**

1. Pour mieux entendre, tu ... l'écouteur.
2. Vous ... chaque jour le train de 18 h 50.
3. Quand il faisait beau, nous ... le soleil sur le balcon.
4. À l'automne, les arbres ... des teintes jaunes et rousses.

3. Cite au moins un autre verbe qui se conjugue comme prendre.

4. Conjugue oralement le verbe de la phrase suivante à toutes les personnes de l'imparfait.

(faire) le numéro de l'horloge parlante.

Imparfait du verbe **faire**	
je fais**ais**	**nous** fais**ions**
tu fais**ais**	**vous** fais**iez**
il (**elle**) fais**ait**	**ils** (**elles**) fais**aient**

5. Que remarques-tu sur l'orthographe du verbe faire **à l'imparfait ?**

6. Complète avec le verbe faire **à l'imparfait.**

1. Quand il a inventé le téléphone, Alexander Graham Bell ... des recherches pour communiquer avec les sourds-muets.
2. Je ... le numéro en regardant attentivement les chiffres du cadran.
3. Vous ... des dessins sur l'écran de l'ordinateur.
4. Nous ... beaucoup de jeux électroniques.

7. Mets les phrases à l'imparfait.

1. Nous n'entendons plus la tonalité.
2. Ils ne comprennent pas ce que je dis.
3. Tu n'entends pas la sonnerie ?

Graphies de [ʒ]

Toute la **région** est traversée par le fil qui chante. Mais ces deux Indiens restent **songeurs**. Ils se demandent à quoi **jouent** les Visages Pâles qui coupent les arbres et les replantent plus loin. Ce n'est pas en les **changeant** de place qu'ils vont mieux pousser !

1. Lis le texte.

2. Relis les mots en caractères gras. Quel est leur point commun ?

3. Encadre les lettres qui servent à transcrire le son [ʒ] dans les mots en caractères gras.

4. Recopie les mots dans lesquels tu entends le son [ʒ].

un bouchon - une guitare - un gilet - gai - de l'orangeade - jamais - un geai - une bougie - de l'argent - un voyageur - la vague - la guêpe -la longueur - rallonger - haché - un pigeon - âgé - lécher - des cheveux - un lange - je veux - la langue - léger.

5. Cherche l'intrus.

1. janvier - un bijou - la magie - un pyjama.
2. le genou - un adjectif - l'orage - le vertige.
3. imaginer - guider - le régime - la girafe.
4. il voyageait - il gagnait - il se bagarrait - il gardait.
5. l'argent - bouger - la bouche - un bourgeon.

6. Complète les mots. Aide-toi du dictionnaire, si c'est nécessaire.

1. dé...à - le ...ournal - ra...eunir - une ma...uscule.
2. la nei...e - le boulan...er - un char...ement - interro...er - la pla...e.
3. du ...ibier - un collé...ien - ori...inal - le ...ymnase - la Bel...ique.

7. Complète les mots.

1. l'ar...ent
2. le tra...et
3. la ven...ance
4. l'a...itation
5. la gor...e
6. un plon...on
7. coura...eux
8. en ran...ant
9. ...oyeux
10 a...ile
11. ...éant
12. en ...ouant

8. Conjugue les verbes au présent, à la personne indiquée.

1. nous (diriger)
2. nous (mélanger)
3. nous (manger)
4. nous (obliger)
5. nous (échanger)
6. nous (charger)
7. nous (ranger)
8. nous (nager)
9. nous (partager)
10. nous (protéger)

9. Complète les mots.

1. La météorolo...ie a annoncé un chan...ement de temps pour ...eudi.
2. Chaque ...our, Dominique fait de la ...ymnastique.
3. Le lo...ement a été rava...é par un incendie dû à une négli...ence.
4. Les bour...ons des arbres fruitiers craignent le ...el.

Familles de mots

1. Cherche l'intrus dans chaque série de mots de la même famille. Aide-toi du dictionnaire.

1. lancer - lancée - lacet - lancement.
2. sauter - seau - sautiller - sautoir.
3. nager - nageoire - âgé - nageur - nageuse.
4. correct - corriger - corps - correction - correctrice.
5. vivre - vécu - vivant - vivable - virage.
6. doux - douceur - doucement - douzaine - se radoucir.

2. Trouve, à chaque fois, un adjectif qui appartient à la même famille que les mots suivants.

1. laver → un tissu . . .
2. voir → un panneau . . .
3. école → des livres . . .
4. lire → une écriture . . .

Terminer une histoire

Un samedi soir, Harp, un jeune américain de dix ans, est seul chez lui. Trois hommes ont déjà sonné à la porte depuis le départ de ses parents. Pourtant il n'attendait personne ! Des cambrioleurs ?... Il a réussi à enfermer dans sa chambre le premier, Wilbur, qui a pu appeler les autres grâce au téléphone. Le second s'est assommé en glissant sur de la mayonnaise et Harp a fait grimper le troisième sur le toit.

Harp a décroché le téléphone qui se trouve dans la salle de séjour et il écoute la conversation de Wilbur avec une certaine Ma Barton.

« Je ne comprends rien, dit Ma Barton, qu'est-ce que c'est que cette histoire ? [...]
— Écoute, dit Wilbur, je suis enfermé, Spalanchi est sur le toit et Walcho Dieu sait où... »
Les yeux de Ma Barton s'écarquillèrent.
« Qu'est-ce que Spalanchi fait sur le toit ?
— Il y est monté et on a retiré l'échelle, dit Wilbur.
— Pourquoi ? »
La voix de Wilbur monta en flèche comme chaque fois qu'il commençait à s'énerver.
« J'en ai assez, dit-il, je ne vais pas moisir ici toute la nuit ; envoie Gillings ou ça va mal aller ! »
Ma Barton écarta l'écouteur de son oreille.
« D'accord, dit-elle, d'accord. C'est d'accord, d'accord. »
Harp serra le chien Gouffy contre lui.
Jusqu'à présent, tout avait bien marché ; mais ce n'était pas fini, loin de là ; Gillings allait venir, et celui-là serait peut-être plus malin que les autres.

CLAUDE KLOTZ,
Drôle de samedi soir, Hachette.

1. Imagine la suite de l'histoire.

- Harp se prépare. À quoi pense-t-il ? Que fait-il ?
- Gillings arrive. Que fait-il ? Que dit-il ?
- Harp se débarrasse de Gillings. Comment ?
- Les parents de Harp rentrent. Que voient-ils ?
- Harp s'est trompé. Ces hommes ne sont pas des cambrioleurs. Qui peuvent-ils être ?

D'hier...

Dans les temps anciens, on envoyait des messages par des tambours, des feux et des fumées, ou par des courriers. Plus tard, les lettres furent confiées à des cavaliers ou à des diligences. Vers 1840, les particuliers pouvaient envoyer des lettres à peu de frais, grâce au chemin de fer. Les navires communiquaient par des pavillons (des drapelets) ou des miroirs réfléchissant les rayons du Soleil, et on inventa des codes adaptés à ces systèmes. En 1793, Claude Chappe inventa le sémaphore, une sorte de pantin mécanique dont on agitait les bras selon un code convenu.

Les fils parlants

Mais on jugeait le sémaphore trop lent et invisible la nuit et par mauvais temps. La solution fut trouvée dès 1835 par Morse, qui réalisa le premier télégraphe électrique : on faisait passer le courant dans un fil connecté à un récepteur. Morse inventa aussi l'alphabet qui remplace les lettres et les chiffres par des points et des traits. Rapidement, des fils télégraphiques parcoururent les continents. En 1876, les premiers appareils permettant de transmettre la voix par un fil firent leur apparition grâce à Bell, l'inventeur du téléphone.

RAYMOND PETIT, *Inventions et découvertes*, Gamma.

... à aujourd'hui

Téléphonez en liberté

DIGITEL 2000

Le Digitel 2000 a de multiples fonctions pour de multiples usages :

- Son clavier à touches vous assure rapidité et sécurité.
- Vous pouvez composer un numéro sans décrocher le combiné.
- Vous faites participer votre entourage aux conversations grâce à son haut parleur et son micro incorporés.
- La position «secret» vous permet d'interrompre discrètement votre conversation pour faire un aparté sans être entendu de votre correspondant.
- Vous réglez le niveau sonore de l'écouteur.
- Vous choisissez parmi 4 tonalités de sonnerie.

Cet appareil est proposé en 5 couleurs.

1. Retrouve tous les moyens de communication cités dans le texte.
2. Quels étaient les avantages et les inconvénients des sémaphores de Chappe ?
3. Pourquoi Morse est-il resté célèbre ?
4. Pourquoi le téléphone a-t-il apporté un progrès considérable ?
5. En quoi le Digitel 2000 est-il différent des téléphones ordinaires ? Quelles sont ses possibilités ?
6. Quels sont les avantages du clavier à touches ?
7. Quelles sont les cinq couleurs possibles du Digitel 2000 ?

1. Traduis en français le message suivant :

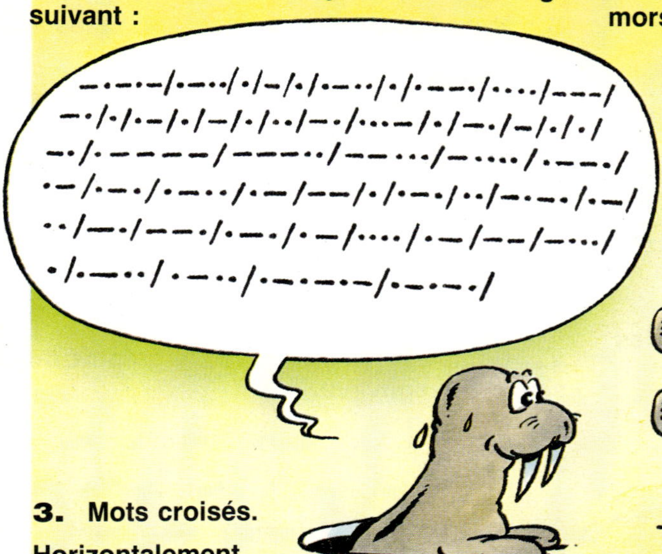

2. À ton tour, prépare un message en morse.

A .—	I ..	Q ——.—	Y —.——	7 ——...
B —...	J .———	R .—.	Z ——..	8 ———..
C —.—.	K —.—	S ...	1 .————	9 ————.
D —..	L .—..	T —	2 ..———	0 —————
E .	M ——	U ..—	3 ...——	
F ..—.	N —.	V ...—	4 ....—	
G ——.	O ———	W .——	5	
H	P .——.	X —..—	6 —....	

POINT .—.—.— DÉBUT TRANSMISSION —.—.—

FIN TRANSMISSION .—.—.

3. Mots croisés.

Horizontalement

1. Permet d'entendre et de se faire entendre.
2. On y fait le numéro.
3. On en trouve au coin des rues.

Verticalement

A. On l'entend quand on a décroché.
B. On y trouve tous les abonnés.

4. Jeu du téléphone.

Il faut plusieurs personnes qui se mettent en cercle. L'une dit une courte phrase à voix basse dans l'oreille de son voisin qui répète ce qu'il a compris à l'oreille de son voisin, et ainsi de suite... Quand le tour est fini, on compare la phrase du départ et celle de l'arrivée. Le résultat est parfois amusant !

5. Qui est ce personnage ?

Pour t'aider, voici quelques indices :

- il a une barbe ;
- il se met facilement en colère ;
- il accompagne toujours un jeune reporter dans ses aventures.

6. Cherche dans un dictionnaire l'origine du mot allô.

Révisions

1. Classe les mots dans le tableau.

après - phrase - clair - ici - écouteur - bleu - oreille - longtemps - derrière.

mots variables	mots invariables

2. Complète les phrases avec des adverbes.

1. Je l'ai appelé . . . .
2. Elle a téléphoné . . . .
3. L'adresse est indiquée . . . .
4. Il faut chercher . . . .
5. Je le connais . . . .

3. Complète le tableau.

adjectifs masculins	adjectifs féminins
rouge désert bleu beau banal attentif curieux bas	

4. Complète le tableau. Aide-toi du dictionnaire.

adjectifs	adverbes
fort	. . .
. . .	faiblement
amical	. . .
large	. . .

5. Complète avec des prépositions.

1. J'ai laissé un message . . . son répondeur.
2. Il y a beaucoup de monde . . . la poste.
3. L'employé travaille . . . le guichet.
4. Les lettres partent . . . tous les pays du monde.

6. Mets les verbes entre parenthèses à l'imparfait.

1. Je (venir) de raccrocher quand la sonnerie a retenti une seconde fois.
2. On (venir) d'installer le téléphone chez lui.
3. De là, nous ne (voir) rien.
4. Vous (faire) le tour du village.
5. Tous les élèves (faire) de beaux dessins.
6. Nous (prendre) notre petit déjeuner.

7. Complète les mots avec la graphie du son [i] qui convient.

1. la bouill. . .
2. un oubl. . .
3. le p. . .re
4. une env. . .
5. un out. . .
6. un tap. . .
7. du r. . .
8. interd. . .
9. un col. . .
10. compr. . .
11. voic. . .
12. interd. . .
13. depu. . .
14. parm. . .

8. Complète les mots avec la graphie du son [ʒ] qui convient.

1. le tra. . .et
2. la nei. . .e
3. un na. . .eur
4. le pi. . .on
5. a. . .ile
6. ven. . .er
7. coura. . .eux
8. dé. . .à

9. Trouve des mots de la famille de :

- sale
- sel
- laver
- école
- voir
- lire

10. Dictée ou autodictée.

Avec le télégraphe de Chappe, les messages parvenaient plus vite que s'il avaient été portés par des cavaliers. Mais on ne pouvait pas voir les signaux quand il faisait nuit ou que le temps était mauvais.

11. Qu'as-tu retenu ?

1. Qui a inventé le téléphone ? En quelle année ?
2. Pourquoi Chappe est-il resté célèbre ?
3. Pourquoi Morse est-il resté célèbre ?
4. Cite au moins deux avantages du Digitel 2000.

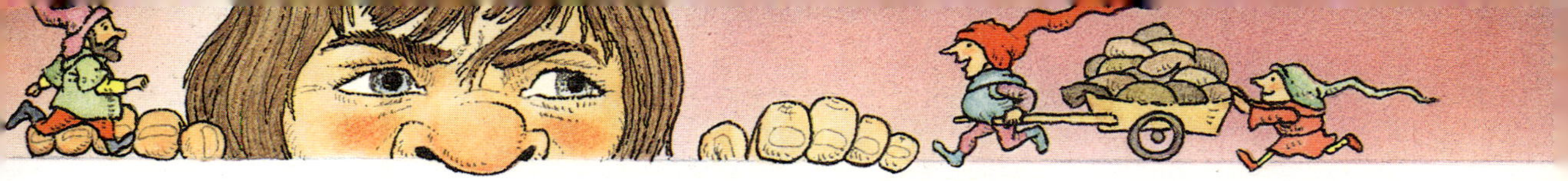

Nains et géants

Dans le clair matin,
Quand le lac est lisse,
Pétris de malice,
Trois petits pantins,

Trois gentils lutins,
Quittent leur pelisse,
Trois lutins mutins
Mettent leurs patins.

JEAN-LUC MOREAU, « Trois petits pantins », *Poèmes inédits pour les enfants, réunis par Jacques Charpentreau,* « Enfance heureuse », Éditions ouvrières.

Le mystérieux géant de Barletta

Sur la place de Barletta, petite ville du sud de l'Italie, se dresse une statue géante. Tous les habitants l'aiment beaucoup, et en particulier Zia Concetta, une femme âgée et très sage. Un jour où la ville est menacée par une armée qui veut la détruire, Zia Concetta décide de demander l'aide du géant. Après avoir discuté un moment ensemble...

« Mes amis, annonça Zia Concetta, notre géant ira à la rencontre de l'armée lui-même. Vous n'avez que trois choses à faire :

« Premièrement, apportez-moi le plus gros oignon que vous pourrez trouver.

« Deuxièmement, ne vous montrez pas. Cachez-vous sous votre lit, dans un placard, dans la cave, au grenier mais ne vous montrez pas.

« Et troisièmement, ne posez pas de questions ! Ayez confiance en notre Mystérieux Géant. »

Quelqu'un apporta tout de suite un oignon.

« Maintenant, cachez-vous ! » cria Zia Concetta et la foule se dispersa.

« Eh bien, *Colosso,* lui dit Zia Concetta tandis qu'elle coupait l'oignon en deux, je te souhaite *buona fortuna.* »

Le Mystérieux Géant prit une moitié d'oignon dans chaque main, descendit une fois encore de son piédestal et se mit en route pour rencontrer l'armée.

À cinq kilomètres de la ville, le Mystérieux Géant s'assit au bord de la route et approcha de ses yeux les morceaux d'oignon. De grosses larmes se mirent à couler le long de ses joues et le géant sanglota bruyamment.

En parvenant au sommet de la colline, l'armée aperçut un surprenant spectacle !

« Halte ! » s'écria le capitaine.

L'armée fit halte.

« Qu'est-ce que c'est que ça ? murmura le capitaine à l'un de ses lieutenants.

— On dirait un jeune géant, en train de pleurer, répondit le lieutenant.

— Nous allons bien voir, reprit le capitaine en se dirigeant vers le Mystérieux Géant.

— Je suis le capitaine Minckion, déclara l'officier. Nous sommes ici pour détruire cette ville. Qui es-tu et que fais-tu là à pleurer ? Réponds-moi sans détour !

— Oh, monsieur, fit le géant en sanglotant, je me suis assis tout seul loin de la ville parce que les autres garçons de l'école ne veulent pas jouer avec moi. Ils disent que je suis trop petit. Ils se moquent de moi tout le temps. Ils me traitent de noms désagréables, comme *minuscolo* et *debole* — demi-portion et gringalet. Je suis toujours le dernier choisi pour les jeux. Aujourd'hui, ils m'ont dit que si j'essayais d'aller à l'école, ils me rosseraient. Je suis malheureux d'être si petit ! »

Le géant renifla bruyamment et, du coup, les casques des soldats qui se tenaient devant lui s'envolèrent. [...]

« Ils sont partis ! » hurla Zia Concetta aux habitants tandis que le géant remontait sur son socle une fois encore.

« L'armée est partie. Vous pouvez sortir maintenant. La ville est sauvée. Notre géant nous a sauvés ! »

Che bella festa !

Quelle belle fête il y eut cette nuit-là !

Quand elle fut terminée et que la lune brilla haut dans le ciel, le Mystérieux Géant contempla la ville endormie. Les colombes roucoulaient sur sa tête et sur ses épaules pour s'endormir. Tout était calme, tout était tranquille. Zia Concetta ouvrit sa fenêtre :

« *Buona notte, Colosso,* lança-t-elle, et *grazie* — merci. »

TOMIE DE PAOLA,
Le mystérieux géant de Barletta, Flammarion.

Nature et fonction (1)

Il était une fois un très grand et très gros géant, qui habitait, sur le flanc d'une haute montagne, une grande forêt où jamais personne ne venait.

FRANÇOIS CLÉMENT, *Bof le géant,* Bias.

1. Relève tous les verbes du texte et donne leur infinitif.

2. Relève tous les noms et les déterminants qui les accompagnent.

3. Relève les adjectifs qualificatifs du texte. Indique les noms qu'ils accompagnent.

Tous les mots ont une **nature** : **verbe**, **nom**, **déterminant**, **adjectif**, **adverbe**, etc.
EX : **forêt** est un **nom**. C'est sa **nature**.

4. Relis le petit texte et relève :
- un pronom personnel,
- un adverbe,
- une préposition.

5. Relève les verbes, les noms et les adjectifs du texte suivant.

On racontait les histoires du géant. On savait qu'il habitait une très grande caverne, tout là-haut, tout là-haut, juste sous le pic du Faux, qu'il se nourrissait d'oiseaux, de fruits et d'herbe, et qu'il n'était pas méchant.

FRANÇOIS CLÉMENT, *Bof le géant,* Bias.

6. Quelle est la nature des mots suivants ?

immense - cette - grandir - toujours - grotte.

Le pluriel des adjectifs (1)

- Les Schtroumpfs sont des **petits** hommes **bleus** très **sympathiques**.
- Ils sont très **heureux** dans leur village.

1. Quelle est la nature des mots en caractères gras ?

2. Mets les phrases précédentes au singulier. Que remarques-tu ?

- **L'adjectif qualificatif s'accorde avec le nom** qu'il accompagne.
- **La plupart** des adjectifs qualificatifs **prennent un -s au pluriel**.

EX : un **petit** homme - de **petits** hommes
- Ceux qui **se terminent par -s** ou par **-x** au singulier **ne changent pas au pluriel**.

EX : un homme **heureux** - des hommes **heureux**

3. Trouve trois adjectifs qui ne changent pas au pluriel.

4. Complète le tableau.

singulier		pluriel	
masculin	**féminin**	**masculin**	**féminin**
célèbre			
	grise		
		vieux	
			profondes

5. Choisis l'adjectif qui convient et accorde-le correctement dans la phrase.

gourmand - rusé - gros - drôle - gai - rond - courageux.

1. Leurs maisons ... ressemblent à de ... champignons.
2. Ils sont ... , assez ... et ils aiment beaucoup les fêtes.
3. Ils sont aussi ... et ... quand un danger les menace.
4. Ce sont des personnages très ... .

L'impératif (1)

Le petit gnome hurla, supplia : « **Arrête ! arrête ! laisse-moi !** et je te dirai où sont les filles du roi. » Alors Jean-le-Chasseur cessa de le battre. Le petit gnome lui raconta qu'il était un gnome, comme il en existe des milliers sous terre, et que celui qui voulait savoir où se trouvaient les filles du roi n'avait qu'à le suivre.

JACOB et WILHELM GRIMM,
Le petit gnome, traduction Arnaud Laval, D'Au.

1. Les verbes en caractères gras servent-ils à :

- poser une question ?
- raconter une histoire ?
- dire à quelqu'un de faire quelque chose ?

2. Que dirait le petit gnome s'il s'adressait à plusieurs personnes ?

3. Donne l'infinitif des verbes en caractères gras.

- On emploie l'**impératif** pour **donner un ordre** ou **un conseil**.
- L'impératif se conjugue aux **trois personnes** suivantes :

arrête → 2e personne du singulier
arrêtons → 1re personne du pluriel
arrêtez → 2e personne du pluriel

4. Écris les verbes à la personne et au temps demandés. Que remarques-tu ?

1. **parler** - présent de l'indicatif - 2e personne du singulier.
2. **parler** - impératif - 2e personne du singulier.
3. **marcher** - présent de l'indicatif - 2e personne du singulier.
4. **marcher** - impératif - 2e personne du singulier.

5. Conjugue aux trois personnes de l'impératif les verbes des phrases suivantes.

1. (Chanter) une petite chanson.
2. (Regarder) attentivement l'inscription.
3. (Se dépêcher).
4. (Ouvrir) la porte et (entrer).
5. (Se reposer) sur le bord du chemin.

Les homonymes

Le Petit Poucet grimpa [1] sommet d'un arbre pour voir [2] ne découvrirait rien : tournant la tête de tous côtés, il [3] une petite lueur comme d'une chandelle, [4] qui était bien loin [5] delà la forêt. [6] descendit de l'arbre, et lorsqu'il fut à [7], il ne vit plus rien : cela le désola.
Cependant, ayant marché quelque [8] avec ses frères du côté où il avait vu la lumière, il la revit [9] sortant du [10]. Ils arrivèrent enfin à la maison où était [11] chandelle, non sans bien des frayeurs, car souvent, ils la perdaient de vue : ce qui [12] arrivait toutes les fois qu'ils descendaient dans quelque fond.

Charles Perrault,
Le Petit Poucet.

1. Complète le texte en choisissant les mots correspondant aux numéros qui conviennent.

1. au - aux - eau - haut.
2. s'il - cil.
3. vie - vit.
4. mai - maie - mais - mets - mes.
5. par - pare - part.
6. il - île.
7. taire - terre.
8. tant - temps.
9. an - en.
10. bois - boit.
11. cet - cette - sept.
12. leur - l'heure - leurre.

2. Trouve la réponse à chaque définition.

1. Grand besoin de manger. (fin ou faim)
2. Lieu où l'on danse. (bal ou balle)
3. Extrémité. (boue ou bout)
4. Poisson. (sol ou sole)
5. Produit pour faire tenir les cheveux. (lac ou laque)
6. Bel oiseau au long cou. (cygne ou signe)

3. Trouve chaque fois les deux phrases correctes. Vérifie dans le dictionnaire.

1/ a. La reine / b. Le renne } vit dans { le Grand Nord. / un royaume.

2/ a. Le port / b. Le porc } est { au bord de la mer. / un animal.

3/ a. Le point / b. Le poing } est au bout { du bras. / de la ligne.

4/ a. Le coq / b. La coque } est dans { la cour. / la mer.

4. Cherche des homonymes des mots suivants et emploie chacun d'eux dans une courte phrase.

1. père →
2. mère →
3. tante →
4. fil →
5. sel →
6. canne →

5. Complète cette comptine avec des mots qui se prononcent tous de la même façon, mais qui ne s'écrivent pas de la même façon.

Il était une .....
Une marchande de .....
Qui vendait du .....
Dans la ville de .....
Elle me dit une ..... :
C'est la dernière .....
Que je vends du .....
Dans la ville de.....
Car les gens de .....
N'achètent plus de ..... .

Autour d'un mot : haut

1. Explique le sens des phrases.

1. La maison du géant devait avoir au moins trente mètres de **haut**.
2. Le géant habitait en **haut** de la montagne.
3. Quand les eaux du fleuve étaient **hautes**, il nous venait toujours en aide.
4. Lorsqu'il riait tout **haut**, des pierres tombaient de la montagne.

2. Choisis la bonne réponse.

1. **L'avion prend de la hauteur :**
   - il est plus grand.
   - il fait plus de bruit.
   - il s'élève dans le ciel.
2. **Il a des hauts et des bas :**
   - il monte et il descend.
   - il va bien à certains moments, mal à d'autres.
   - il peut changer de taille.

3. Cite des départements dont les noms sont formés avec haut **ou** haute**.**

EX : Haute-Garonne

4. Cherche les intrus dans la famille de haut**.**

hauteur - auteur - hautement - hautain - hausser - autrement.

5. Trouve un homonyme de haut**, puis de** haute**.**

Reconstitution de texte

Le Géant avait chassé les enfants de son jardin et avait mis un écriteau pour leur en interdire l'entrée. C'était un Géant égoïste.

Un jour, une belle fleur sortit sa tête au-dessus de l'herbe, mais en apercevant l'écriteau, elle eut tant de chagrin pour les enfants, qu'elle rentra bien vite dans la terre et s'endormit aussitôt. Les seuls qui fussent contents, ce furent la Neige et la Gelée. « **Le Printemps a oublié ce jardin crièrent-elles, nous habiterons donc ici d'un bout de l'année à l'autre.** »
La Neige recouvrit l'herbe de son grand manteau blanc, et la Gelée givra d'argent tous les arbres. Puis elles invitèrent le Vent du Nord à s'installer chez elles, et il arriva. Il était emmitouflé de fourrures, et mugit toute la journée par le jardin, et fit tomber les souches des cheminées. « C'est ici un endroit ravissant, dit-il ; il faut prier la Grêle de nous rendre visite. »

Oscar Wilde,
Le géant égoïste, Duculot.

1. Lis le texte silencieusement.

2. Pourquoi le Printemps ne vient-il pas dans le jardin du Géant ? Relève les passages qui le montrent.

3. Qui a profité de l'absence du Printemps pour occuper le jardin ? Indique leur ordre d'arrivée.

4. Précise ce qu'ont fait la Neige, la Gelée et le Vent.

5. Le Printemps reviendra enfin un jour. Imagine pourquoi et comment.

6. Reconstitue le passage en caractères gras.

Le réveil du géant

Le nain Petitou cherche le géant pour lui demander de réparer la meule de son moulin. Il le trouve endormi dans la vallée.

Lis le texte en commençant par la première colonne, puis en continuant par la seconde.

Sachant qu'il n'était pas facile à réveiller, il prit la plus grosse pierre qu'il put porter, grimpa sur la figure du géant et frappa de toutes ses forces sur la pointe de son nez. Le géant murmura dans son sommeil : « Encore un sale moustique ! » Et il continua de ronfler en faisant trembler les rochers. « Il faut que je lui chatouille la narine, se dit le nain, mais une plume n'y suffirait pas. » Il descendit, coupa une grosse branche avec beaucoup de feuilles, remonta et enfonça la branche dans la narine en la retournant comme s'il ramonait. « On se réveillerait à moins ! » pensa le nain en souriant. Il ne sourit pas longtemps : « Atchi ! » fit le géant. Il éternua si violemment que Petitou fut projeté cent mètres plus loin au sommet d'un arbre. Le géant se frotta les yeux, les ouvrit et vit le nain qui de loin lui faisait des signes désespérés. « Holà ! l'ami, cria le géant avec bonne humeur, qu'est-ce que tu cherches là-haut ? Des nids d'oiseaux ? » Sans bouger, il étendit un bras, cueillit doucement le nain entre deux doigts et le plaça à califourchon sur son nez. « Tu as une bien vilaine façon d'éternuer, lui dit le nain ; il ne doit pas faire bon t'approcher quand tu as un rhume de cerveau ! — Non, sourit le géant ; quand ça m'arrive, je peux compter par milliers les oiseaux morts autour de moi. On dirait qu'une tempête a passé par là. »

TORE DAHLSTRÖM, *Les nains et le géant,* « Cadet Castor », Flammarion.

LE BOULEAU

Chaque nuit, le bouleau
Du fond de mon jardin
Devient un long bateau
Qui descend ou l'Escaut
Ou la Meuse ou le Rhin.
Il court à l'Océan
Qu'il traverse en jouant
Avec les albatros,
Salue Valparaiso,
Crie bonjour à Tokyo
Et sourit à Formose.
Puis, dans le matin rose,
Ayant longé le Pôle,
Des rades et des môles*,
Lentement redevient
Bouleau de mon jardin.

Maurice Carême,
La grange bleue,

Éditions ouvrières.

* *Môles* : constructions à l'entrée d'un port.

LE CHAT ET LE SOLEIL

Le chat ouvrit les yeux,
Le soleil y entra.
Le chat ferma les yeux,
Le soleil y resta.

Voilà pourquoi, le soir,
Quand le chat se réveille,
J'aperçois dans le noir
Deux morceaux de soleil.

Maurice Carême,
L'Arlequin,

Fernand Nathan

ET DEMAIN ?

Hier je fus cheval
Avant-hier oiseau
Encore avant poisson

J'ai galopé dans la prairie
J'ai volé dans le ciel
J'ai nagé dans la mer

Aujourd'hui je marche sur la terre

Je regarde le monde
Et je le reconnais
L'herbe de la prairie
Les nuages du ciel
Les vagues de la mer

Je rêve et me souviens
De ce que je suis.

Jacques Charpentreau,
Poésie en jeu,
Éditions ouvrières.

Le géant

Il était une fois un garçon qui n'avait plus ni père ni mère. Il n'avait plus personne au monde. Il se dit :

« Il doit bien y avoir une place pour moi quelque part ! »

Et il s'en alla dans le vaste monde. Une voisine lui donna un fromage et c'est tout ce qu'il emporta avec un bâton pour cheminer.

Il marcha longtemps et trouva un oiseau à terre qui était si faible, si faible, qu'il pouvait encore à peine agiter les ailes ! Le garçon le ramassa, le mit dans sa poche et se dit :

« Comme cela, je ne suis plus vraiment seul au monde ! »

Après avoir encore marché un peu, il arriva à une colline, il y monta et se dit :

« Je vais bien voir si je trouve une maison où je pourrai dormir cette nuit. »

Mais, hélas, il ne vit ni ferme ni maison à perte de vue.

« Hélas ! s'écria-t-il, faut-il donc que je reste toujours seul au monde ? »

Et il tapa avec colère trois fois le sol, de son bâton. D'un seul coup, voilà que la colline se mit à bouger et remuer.

C'était le pied d'un géant et le garçon venait juste de taper sur son gros orteil.

« Ne t'énerve donc pas, dit le garçon, qui n'avait aucune peur du géant, tu souffrirais bien plus si c'était sur ton dos que j'avais frappé !

— Dis donc, moustique, gronda le géant, dont la tête était presque dans les nuages, espèce de puceron insolent, tu me menaces ? Attends, je vais te montrer combien je suis fort ! Je suis le plus fort de tous les géants ! »

Il empoigna un tronc d'arbre et le serra si fort que du jus en coula à grosses gouttes.

« Espèce de m'as-tu-vu, dit le garçon, pas difficile de tirer du jus d'un arbre ! Regarde un peu, moi je tire de l'eau d'un caillou ! »

Il ramassa un caillou et, en se penchant, il l'échangea habilement avec son fromage. Il pressa le fromage et en fit couler de l'eau. Le géant était stupéfait :

« Vraiment, tu es assez costaud, grogna-t-il, mais tu ne pourras jamais lancer un caillou aussi loin que moi ! »

Il souleva un rocher et le lança loin, loin, loin, là-bas où le ciel et la terre se rejoignent.

« C'est tout ? dit le garçon, moi je peux lancer encore plus loin ! »

Il ramassa un caillou et l'échangea avec l'oiseau qui s'était réchauffé dans sa poche. Il lança l'oiseau en l'air et l'oiseau s'enfuit à tire-d'aile. Le géant ne vit rien retomber et fut effrayé :

« Tu es vraiment incroyablement fort ! » murmura-t-il, et il invita le garçon :

« Viens chez moi, mange avec moi et dors dans mon lit. »

Le garçon fut bien content d'avoir un toit pour la nuit et suivit le géant.

Le géant avait une maison géante. Il servit des plats géants sur une table géante. Comme le garçon n'avait rien mangé depuis longtemps, il avait une faim de géant et en avala plus que le géant lui-même. Le géant se dit :

« Ce gaillard est dangereux, il doit disparaître ! »

Il lui donna son lit de géant. Mais la nuit, il se glissa dans la chambre et donna un coup de poing géant là où dans le lit se trouvait la tête du garçon. Il frappa si fort que le lit craqua.

« Ça suffira comme cela ! » grogna-t-il.

Mais le garçon n'avait pas fait confiance au géant. Il avait mis un pot de terre dans le lit et s'était caché dans un coin.

Il sauta alors sur ses pieds et cria :

« Qui m'a chatouillé ? Il va sentir mon bâton ! »

Alors le géant eut très peur. Il s'enfuit à bonds de géant et ne revint jamais. Le garçon resta dans la maison géante. Plus tard, il trouva une femme. Ils se marièrent et habitèrent la maison géante. Ils eurent beaucoup d'enfants qui ne manquèrent jamais de rien.

MARGRET et ROLF RETTICH,
40 petits contes, Centurion-Jeunesse.

Nature et fonction (2)

1. Les **nains** sont partis travailler.
2. Blanche-Neige est très heureuse chez les **nains**.
3. Blanche-Neige aperçoit les **nains** par la fenêtre.

1. Quelle est la nature des mots en caractères gras ?

2. Dans quelle phrase le mot en caractères gras est-il :

- sujet ?
- complément du verbe ?
- complément circonstanciel ?

> • Le mot **nain** est un **nom** : c'est sa **nature**.
>
> • Un **nom** peut être **sujet**, **complément du verbe**, **complément circonstanciel**, **complément de nom** : c'est sa **fonction**.

3. Invente une phrase où nains **sera complément de nom.**

4. Dans les trois phrases ci-dessus, remplace les nains **par un pronom personnel.**

5. Donne la nature des mots en caractères gras et indique la fonction des noms.

1. À la nuit tombée, quand les sept **nains** rentrèrent dans **leur petite maison**, ils trouvèrent Blanche-Neige **profondément** endormie.
2. Blanche-Neige **leur** raconta son **histoire** et **ils** lui proposèrent de rester **chez** eux car, là, au cœur de la forêt, elle serait en sécurité.

6. Emploie le mot chemin **dans des phrases où il sera :**

- sujet,
- complément du verbe,
- complément circonstanciel.

Le pluriel des adjectifs (2)

- Nous avons lu un **beau** conte où le personnage **principal** était un géant.
- Nous avons lu quelques **beaux** contes où les personnages **principaux** étaient des géants.

1. Compare les deux phrases. Quelle remarque peux-tu faire sur les adjectifs ?

> • **Certains adjectifs** prennent un **-x au pluriel**.
>
> EX : un **beau** conte - de **beaux** contes
>
> • **Les adjectifs** en **-al** font généralement **leur pluriel** en **-aux**.
>
> EX : le personnage **principal**
> les personnages **principaux**
>
> • Mais il y a des **exceptions**.
>
> EX : un événement **banal** - des événements **banals**

2. **Accorde correctement l'adjectif entre parenthèses.**

original - génial - anormal - brutal.

1. Les géants, dans les contes, ne sont pas toujours (brutal).
2. Les dessins de cet album m'ont paru très (original).
3. Ceux qui ont inventé ces histoires sont des gens (génial).
4. Il avait entendu derrière lui des bruits (anormal).

3. **Cherche deux autres adjectifs en** -al **qui font leur pluriel en** -aux **et emploie-les dans des phrases de ton invention.**

4. **Donne le masculin pluriel, le féminin singulier et le féminin pluriel des deux adjectifs suivants :**

beau - nouveau.

5. **Mets au pluriel les groupes de mots en caractères gras.**

1. Il avait cru voir sur le bord du puits **un lutin minuscule**.
2. Le héros repartait pour **une nouvelle aventure**.
3. Ses épaules dépassaient largement **l'arbre le plus haut**.
4. Le prince avait revêtu **son plus bel habit**.

L'impératif (2)

1. **Les verbes en rouge sont à l'impératif. Donne leur infinitif.**

2. **Écris les verbes en caractères gras à la 2e personne du présent de l'indicatif. Que remarques-tu ?**

Impératif

- Verbes du **2e groupe**

choisis - choisissons - choisissez

- Verbes du **3e groupe**

viens - venons - venez
fais - faisons - faites
prends - prenons - prenez
vois - voyons - voyez
dis - disons - dites

3. **Mets les verbes entre parenthèses à la 2e personne du singulier de l'impératif.**

1. (Partir) dès que tu pourras.
2. (Revenir) vite !
3. Ne (répondre) à personne en chemin.
4. (Aller) à la fontaine et (remplir) la cruche.

4. **Mets les verbes entre parenthèses à la 2e personne du pluriel de l'impératif.**

1. (Dire)-nous où est caché le trésor.
2. (Faire) un détour par le village.
3. (Aller) tout droit !
4. (Voir) si le coffre est bien fermé.

5. **Invente un court dialogue où tu emploieras au moins trois verbes à l'impératif.**

Graphies de [g]

Alice vient de trouver un flacon sur lequel est écrit les mots : « Bois-moi ». *Elle se méfie car il pourrait contenir du poison...*

Cependant, ce flacon ne portant décidément pas l'étiquette : **poison,** Alice se hasarda à en goûter le contenu ; comme il lui parut fort agréable (en fait cela rappelait à la fois la tarte aux cerises, la crème renversée, l'ananas, la dinde rôtie, le caramel, et les rôties chaudes bien beurrées), elle l'avala séance tenante, jusqu'à la dernière goutte.

« Quelle sensation bizarre ! dit Alice. Je dois être en train de rentrer en moi-même comme une longue vue ! »

Et c'était bien exact : elle ne mesurait plus que vingt-cinq centimètres.

LEWIS CARROLL,
Alice au pays des merveilles,
Jean-Jacques Pauvert.

1. Relève les mots du texte qui contiennent la lettre g. Quels sont ceux dans lesquels tu entends le son [g].

2. Relève les mots dans lesquels tu entends le son [g]. Quelles sont les différentes façons d'écrire le son [g] ?

le danger - garder - guetter - le fromage - le sang - la bagarre - la guitare - fatigué - glisser - agile - élégant - augmenter.

3. Classe les mots des exercices 1 et 2 dans le tableau suivant. Ajoute trois mots dans chaque colonne.

graphies de [g]	
g	gu

4. Cherche l'intrus.

1. le gâteau - l'église - le magicien - l'ogre.
2. le brigand - la gelée - l'orangeade - la rougeole.
3. un zigzag - un iceberg - un rang - un gag.
4. une seconde - beaucoup - le zinc - second.
5. agrandir - agréable - aggraver - agrafer.
6. la fatigue - un légume - la figure - régulier.

5. Complète les séries de mots.

1. un . . .orille - une . . .aufre - une . . .rimace - un . . .ant.
2. lon. . .e - la lan. . .e - . . .érir - télé. . .ider.
3. se dé. . .iser - une ba. . .ette - le . . .ichet - le . . .idon.
4. le dra. . .on - é. . .al - un ré. . .al - du . . .oût.

6. Complète les mots.

1. un va. . .abond
2. la lan. . .e
3. le lan. . .age
4. une ba. . .e
5. é. . .aré
6. la ci. . .ale

7. Complète les mots.

1. la fati. . .e
2. fati. . .é
3. la navi. . .ation
4. nous navi. . .ons
5. ai. . .iser
6. infati. . .able
7. ils se fati. . .ent
8. une bla. . .e

Les préfixes

1. Complète les mots.

1. Gontrand, le géant, est le plus fort : il est ...battable.
2. Mais, avec ses grandes jambes, il casse parfois quelques arbres : il est ...adroit.

in-, **mal-**, **sur-** servent à former de nouveaux mots. Ce sont des **préfixes**.
EX : connu → **in**connu - adroit → **mal**adroit
chargé → **sur**chargé

2. Complète les mots.

1. Ce garçon n'est pas prudent : il est im.... .
2. Personne ne le connaît : il est in.... .
3. Je ne peux pas lire : c'est il.... .
4. Il n'est pas content : il est mé.... .
5. Le camion est trop chargé : il est sur.... .

3. Cherche l'intrus dans chaque série de mots.

1. impatient - impuni - imaginaire - immobile.
2. incomplet - incendie - inachevé - incapable.
3. rebondir - repeindre - regretter - reboucher.
4. déplacer - dévisser - décorer - démonter.
5. malpropre - malchance - malheureux - malle.

Résumer une histoire

Il était une fois un cordonnier qui, sans jamais qu'il y soit pour rien, était devenu si pauvre qu'il n'avait plus de cuir que pour faire une seule paire de chaussures. Le soir, il le tailla afin de coudre les chaussures le lendemain [...].
Le matin venu, après sa prière, il voulut se remettre au travail, mais les deux chaussures se trouvaient sur sa table, entièrement finies. Ébahi, il se demanda ce que cela voulait dire. Un acheteur ne tarda pas à entrer ; les chaussures lui plurent tant qu'il en offrit bien davantage que le prix ; le cordonnier put ainsi s'acheter du cuir pour faire deux paires de chaussures.
Il les tailla le soir, pensant se remettre au travail le lendemain avec une ardeur nouvelle, mais il n'en eut pas besoin, car lorsqu'il se leva, les chaussures étaient déjà finies ; les acheteurs ne manquèrent pas et avec l'argent qu'il récolta, il put acheter de quoi faire quatre paires de chaussures [...].
Un soir, peu avant Noël, après avoir encore taillé des chaussures, il dit à sa femme avant d'aller se coucher : « Pourquoi ne resterions-nous pas cette nuit, afin de voir qui nous aide de la sorte ? » Elle approuva, et fit de la lumière. Puis ils allèrent se cacher dans une encoignure de la pièce, derrière des vêtements qui pendaient, et ils restèrent là, à guetter.

JACOB et WILHELM GRIMM, *Les nains,* Nord-Sud.

1. Essaie de retrouver l'histoire en complétant les phrases.

Un cordonnier ..... . Un soir, il ..... . Mais le lendemain, ... Chaque matin ..... et il devient ..... . Il se demande ..... . Alors, un soir, il ..... .

2. Imagine la suite de l'histoire.

Les maisons des gnomes

Les gnomes mesurent 15 centimètres de haut, vivent plus de 300 ans et habitent plutôt les bois et les forêts. Certaines personnes disent qu'ils n'existent pas, et pourtant...

15 ou 20 ans avant son mariage, le jeune gnome se met à construire sa maison. Il commence par chercher un endroit favorable, dans les bois ou dans un vieux jardin, là où poussent le lichen* et la mousse espagnole. Pour le gnome, c'est signe que l'air est pur, sans quoi ces mousses meurent par suite des émanations de gaz, etc. Avec sa baguette de sourcier*, le gnome s'assure qu'il n'y a pas d'émanations terrestres. [...]

Ensuite, le gnome cherche deux grands chênes, pas trop espacés [...] Sous les racines de l'un des arbres, il creuse une entrée discrète du côté sud. À partir de là, avec l'aide d'un lapin, il continue à creuser un petit couloir horizontal et courbe sous le tronc ; après une brusque descente de 30 centimètres, ce couloir redevient horizontal en direction du second arbre, où il remonte vers la maison proprement dite qui ne va pas tarder à occuper toute la surface disponible sous le tronc du second arbre ; mais en ce moment, c'est encore un terrier que le lapin a creusé pour lui et qui sera transformé de manière à ne pas endommager l'arbre.

L'orientation de la maison sera nord-sud. Là où le petit couloir remonte, le gnome construit un second escalier avec une rampe. Sur le côté de l'escalier, il place un gong* avec son battant. Au pied des marches un gros tapis pour s'essuyer les pieds.

WIL HUYGEN,
Les gnomes, Albin Michel.

* *Lichen :* sorte de mousse qui se forme sur les pierres.
* *Sourcier :* personne qui, à l'aide d'une baguette de noisetier, peut découvrir des sources sous la terre.
* *Gong :* instrument sur lequel on frappe pour annoncer quelque chose ou quelqu'un.

---

1. Ce texte est-il un vrai texte documentaire ? Pourquoi ?

2. Qu'est-ce qu'un **terrier ?**

3. Vrai ou faux ?
- Les gnomes sont insouciants.
- Les gnomes aiment habiter une maison confortable.
- Les gnomes aiment les forêts.
- Les gnomes sont soigneux.
- Les gnomes habitent sous les chênes.

4. Dessine le plan de la Maison-Arbre.

1. Voici quelques vers d'un poème.

Le long d'un **clair ruisseau buvait** une **colombe**,
Quand sur l'**eau** se penchant une **fourmi** y **tombe**,
Et dans cet **océan** l'on eût vu la **fourmi**
S'efforcer, mais en vain, de **regagner** la **rive**.

JEAN DE LA FONTAINE,
La Colombe et la Fourmi.

• On peut obtenir un nouveau poème en remplaçant chacun des mots en caractères gras par le cinquième qui vient après lui dans le dictionnaire. (On remplace un nom par un nom, un verbe par un verbe, un adjectif par un adjectif.)

Par exemple :
Le long d'une clémente ruse bordait une colonne,
Quand sur l'ébène se penchant une fournée y torpille,
Et dans cet octobre l'on eût vu la fournée
S'égosiller, mais en vain, à réglementer le riz.

• Fais un autre essai en cherchant le septième mot avant, ou après, dans le dictionnaire.

• Choisis un poème que tu connais bien et fais de même.

2. Remplis la grille horizontalement. Il faut trouver un mot plus long à chaque ligne.

3. Connais-tu un mot de plus de onze lettres ?

4. Fais grandir les mots.
Ajoute le plus de lettres possibles aux mots suivants pour trouver de nouveaux mots.

EX : an → année

5. Les mots suivants sont des abréviations.
Retrouve les mots complets.

une photo - un vélo - une auto.

Révisions

1. Quelle est la nature des mots suivants ?

vite - magicien - ce - diminuer - lentement - pour - merveilleux.

2. Cite :

- un adverbe,
- un adjectif qualificatif,
- un déterminant.

3. Donne la nature et la fonction des mots en caractères gras.

1. Un **géant** habitait une **grotte** creusée dans la montagne.
2. La **grotte** du **géant** était sombre et profonde.
3. Le garçon est entré dans la **grotte** sombre du **géant**.

4. Emploie le mot montagne **dans des phrases où il sera :**

- sujet,
- complément du verbe,
- complément circonstanciel,
- complément de nom.

5. Mets au pluriel les groupes nominaux suivants. Emploie deux d'entre eux dans des phrases de ton invention.

un beau château →
un arbre touffu →
un chemin tortueux →
une vague énorme →

6. Mets les verbes suivants à la personne et au temps demandés.

1. **manger** - impératif - 2e personne du singulier.
2. **se promener** - présent de l'indicatif - 2e personne du singulier.
3. **faire** - impératif - 2e personne du pluriel.
4. **dire** - impératif - 2e personne du pluriel.
5. **se réveiller** - impératif - 2e personne du pluriel.
6. **prendre** - présent de l'indicatif - 2e personne du singulier.

7. Conjugue les verbes des phrases suivantes aux trois personnes de l'impératif.

1. (Attendre) que la nuit tombe.
2. (Dormir) bien !
3. (S'arrêter) sous cet arbre.
4. (Revenir) le plus vite possible !

8. Écris la phrase correctement en choisissant chaque fois le mot qui convient dans les parenthèses.

(il - ils - île) - (faux - faut) - (fer - faire) - (cuir - cuire) - (lait - laid - les) - (eux - œufs) - (dans - dent) - (Ain - hein - un) - (peu - peux) - (do - dos - d'eau).

9. Complète les mots suivants avec la graphie du son [g] qui convient.

1. un ai. . .le
2. la . . .erre
3. lon. . .ement
4. la . . .érison
5. . . .ider
6. les ba. . .ages
7. bé. . .ayer
8. nous navi. . .ons

10. Trouve un mot pour chacun des préfixes suivants :

in-, im-, sur-, dé-, re-, mal-, trans-.

11. Dictée ou autodictée.

Avant l'invention de l'électricité, le soir, on se réunissait les uns chez les autres et, autour de la grande cheminée, devant le feu qui donnait un peu de lumière, on tressait des paniers d'osier, parce que pour ce travail il ne faut pas y voir beaucoup, et on parlait, parce que pour parler, il n'est pas nécessaire d'y voir du tout. On racontait les histoires du géant.

François Clément,
Bof le géant, Bias.

12. Qu'as-tu retenu ?

1. Dans quel pays se passe l'histoire intitulée *Le mystérieux géant de Barletta ?*
2. Où les gnomes habitent-ils ?
3. Cite un conte où il est question de nains.
4. Quel est l'adjectif qui est formé sur le mot **géant** ?

Machines

Je vous propose, sans surprise,
Quelques vieilles banalités :
L'arbre à chansons qui chaque été
Fredonne pour vous dans la brise,
L'auto à vent, l'avion à thé,
Le stylo spécial pour dictées
Qui sait écrire sans sottises
(Ou cent sottises entêtées),

Jacques Charpentreau, « Panne d'imagination »,
Poèmes inédits pour les enfants, réunis par Jacques Charpentreau,
« Enfance heureuse », Éditions ouvrières.

Filipo et le pinceau magique

Filipo aime beaucoup le poney de Rosalie, sa voisine, que celle-ci maltraite un peu quelquefois. Alors Filipo décide de se venger en lui faisant des farces.

« Qu'est-ce qui te ferait plaisir ? » demanda le poney. Filipo ne répondit pas. Il y avait bien quelque chose qu'il désirait très fort. Depuis longtemps, il rêvait d'un pinceau magique. Mais où donc un poney pourrait-il lui trouver cela ? Alors, à quoi bon en parler ? Le poney lui dit :

« Mes pouvoirs sont grands, tu sais ! »

Cela impressionna le petit garçon, qui finit par répondre :

« Bon, puisque tu y tiens, je vais te dire ce que je désire le plus. Voilà, ce que j'aimerais, c'est un pinceau magique. »

Le poney se mit à rire si fort qu'on pouvait voir ses dents toutes jaunes ; il dit à Filipo d'aller chercher des ciseaux.

« Coupe une touffe de poils dans ma crinière et fabrique-toi un pinceau. Avec ce pinceau, si tu peins un brin d'herbe, tout le monde verra un vrai brin d'herbe, et si tu peins des flammes, tout le monde criera au feu. Avec ce pinceau, tu seras magicien, tu pourras créer tout ce que tu voudras, tout ce que ton cœur désire ! » [...]

Et Filipo invente des farces...

Lorsque, le soir, Filipo se mit à imaginer une nouvelle farce, il se souvint que Rosalie avait perdu son canari. Un beau jour, il s'était tout simplement envolé. Elle avait cherché partout, frappé à toutes les portes et même mis une annonce dans le journal — en vain ! Son cher petit chanteur avait disparu, sans laisser de traces.

Filipo savait ce qu'il avait à faire. C'était difficile ; cette fois, le pinceau n'y suffirait pas. Mais cela n'était pas pour décourager le gamin à qui tout avait bien réussi jusque-là.

Il se leva dès l'aube et courut chez le marchand d'oiseaux qui habitait derrière la place du marché. Dans sa boutique, il y avait toutes sortes d'oiseaux et même des couroucous. Filipo acheta un simple moineau et rentra vite chez lui.

Il prit de la peinture jaune d'or et, en un rien de temps, voilà le petit moineau transformé en un superbe canari. Entre-temps, Rosalie s'était mise en route. Filipo courut chez elle. La cage du canari était restée suspendue à la fenêtre de la cuisine. Filipo l'ouvrit et y enferma le moineau doré.

À son retour, Rosalie trouva l'oiseau dans la cage ! Elle fut folle de joie. [...]

Les gens du village arrivent et bientôt s'aperçoivent qu'il s'agit d'un simple moineau...

Alors les gens se mirent à rire, à rire, à rire. On aurait dit qu'ils n'allaient jamais s'arrêter. Qui sait combien de temps encore ils seraient restés là à se moquer du grand chanteur ! Mais Rosalie, profondément accablée, finit par décrocher la cage. Elle rentra chez elle en gémissant :

« Tout est vraiment ensorcelé, chez moi ! »

Il fallait bien qu'un jour les farces de Filipo s'arrêtent. Un beau matin, Rosalie le surprit, alors qu'il se préparait à peinturlurer des œufs dans son poulailler. Confondu, le grand magicien avoua ses méfaits.

« Mais qu'est-ce que tu as donc contre Rosalie ? » lui demandèrent ses parents.

Il parla du vieux poney, de la pitié qu'il lui inspirait.

« Toute sa vie, il a travaillé dur. Et maintenant qu'il est vieux et fatigué, Rosalie ne s'en occupe pas. J'étais si fâché contre elle ! »

Rosalie, honteuse, reconnut ses torts. Filipo avait raison. Elle n'avait pas été gentille du tout avec le poney. Alors ils firent la paix. Filipo, pour se racheter, alla nettoyer toutes les fenêtres de Rosalie. Et Rosalie ?

Maintenant, quand Filipo rend visite à son ami le poney, celui-ci n'a que des louanges pour Rosalie, qui est aux petits soins pour lui, le bichonne et le nourrit avec tant de sollicitude qu'il va bientôt pouvoir reprendre le chemin du marché. Avec deux tout petits paniers seulement, lui a-t-elle promis !

Mischa Damjan,
Filipo et le pinceau magique, Nord-Sud.

Vers la phrase complexe (1)

Les hommes ont construit des engins très compliqués, **mais** ils n'ont pas encore inventé la machine à remonter le temps.

1. Combien de phrases y a-t-il dans ce petit texte ? Combien de verbes conjugués ? Que remarques-tu ?

2. Même exercice que l'exercice 1.

TIMOTHÉE L'INVENTEUR

Timothée est devenu célèbre. Il est décoré par le président de la République et tout le monde l'a vu à la télévision.
Mais sa femme et ses enfants sont tristes parce qu'il est maintenant un monsieur très occupé, très soucieux et très pressé, qui n'a plus le temps de s'occuper d'eux.

MARTINE BLANC,
Les inventions de Timothée, Fernand Nathan.

> Une **phrase** peut contenir **plusieurs verbes conjugués**.
>
> EX : Elle **s'est enfermée** dans son laboratoire et elle **a travaillé** toute la journée.

3. Complète avec mais - et.

1. Il a tenté une expérience, . . . elle n'a pas réussi.
2. Ces avions décollent . . . atterrissent même par temps de brouillard.
3. Léonard de Vinci fut un grand peintre. . . fut aussi un grand savant.

4. Réunis les phrases en employant mais - ou - et.

1. Il a inventé une machine extraordinaire. Il l'a dessinée.
2. Partirez-vous en voiture ? Prendrez-vous le train ?
3. Léonard de Vinci avait imaginé une machine volante. Il n'a pas pu la fabriquer.

5. Complète les phrases avec car **ou** donc.

1. Il mange, . . . il a faim.
2. Il a faim, . . . il mange.
3. Je me dépêche . . . je suis en retard.
4. Je suis en retard, . . . je me dépêche.

Le participe passé (1)

C'est l'Américain Edison qui a **inventé** le phonographe en 1877 et l'ampoule électrique en 1878.

1. Quel est le temps du verbe ? Donne son infinitif.

2. Comment appelle-t-on le mot en caractères gras ?

3. Compare fabriquer **et** fabriqué. **Que remarques-tu ?**

Le **participe passé** des verbes en **-er** (verbes du 1er groupe) se termine par **-é** au **masculin singulier**.

EX : fabriqu**er**
→ Il a fabriqu**é** un engin étonnant.

4. Cherche le participe passé de chacun des verbes suivants.

préparer - coller - cacher - commencer.

5. Quels sont les mots en caractères gras que tu pourrais remplacer par faire **et ceux que tu pourrais remplacer par** fait **?**

1/a. Quand ils ont pu **maîtriser** le feu, les hommes ont **fabriqué** des outils solides.
b. Les hommes ont pu **fabriquer** des outils solides.

2/a. Pour **forger** des outils, il fallait le feu.
b. Grâce au feu, ils ont **forgé** des outils.

6. Quelle règle tires-tu de l'exercice 5 ?

7. Complète avec -er **ou** -é.

1. C'est Gutenberg qui, en Europe, a imprim... les premiers livres.
2. Avec un levier, on peut soulev... des poids très lourds.
3. Prête-moi ta machine à calcul... .
4. Elle a plant... un clou pour accroch... une gravure au mur.

Le participe passé

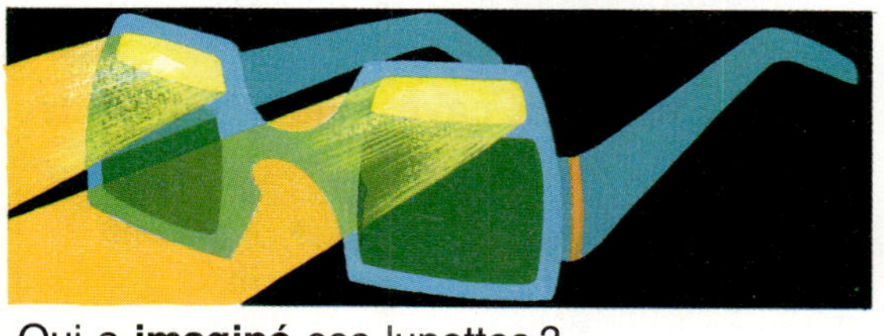

Qui a **imaginé** ces lunettes ?

1. Quel est le temps du verbe ? Donne son infinitif.

2. Comment appelle-t-on le mot en caractères gras ?

- **Imaginé** est le **participe passé** du verbe **imaginer**.
- Avec les verbes **être** et **avoir**, **le participe passé sert à former** certains temps comme le **passé composé**.

EX : trouver
→ J'ai trouvé.

3. Cherche le participe passé des verbes suivants.

ralentir - descendre - lancer - avoir - aller - faire - être.

4. Choisis trois verbes de l'exercice 3 et emploie-les au passé composé dans des phrases de ton invention.

5. Quand le participe passé s'accorde-t-il avec le sujet du verbe ?

6. Mets les verbes entre parenthèses au passé composé.

1. Nous (dépasser) une voiture **arrêtée** au bord de la route.
2. On (remplir) les ballons sauteurs d'air **comprimé**.
3. **Poussé** par le vent, le ballon jaune (s'envoler) vers la mer.

7. Quelle remarque peux-tu faire sur les mots en caractères gras de l'exercice 6 ?

Les mots étrangers

Il a mis un **jean** et un **pull-over**. Il a mangé un **sandwich** et il a pris le **tramway** pour aller voir le **match**.

1. Lis le texte silencieusement puis à haute voix. Que remarques-tu ?

2. Essaie de remplacer les mots du texte en caractères gras par des mots de même sens. Est-ce toujours possible ?

3. Cherche l'intrus.

1. le déjeuner - le boucher - le poster - le postier.
2. le reporter - un boxer - un docker - le clocher.
3. un scooter - le plancher - un mixer - un blazer.
4. le camping - le footing - la vigne - le standing.

4. Complète les phrases avec les mots suivants.

cow-boy - star - pickpockets - week-end - steak - show - shopping - hit-parade - jogging - fans - snack.

1. Marie a profité du ... pour faire du ... : elle a acheté un ... vert et jaune.
2. Le ..... est affamé. Il entre dans un ..... et commande un énorme ....
3. Une affiche conseille aux visiteurs de se méfier des ....
4. Depuis le succès de son ..... télévisé, le chanteur est en tête du ...... Ses ..... l'adorent, c'est maintenant une véritable ....

5. Certains mots de l'exercice 4 peuvent être facilement remplacés par des mots français de même sens. Trouve-les.

6. Trouve les mots qui correspondent aux définitions. Aide-toi du dictionnaire.

1. Énorme masse de glace flottante dans les mers polaires : un ....
2. Utilisé pour laver les cheveux : le ....
3. Trop souvent mâché et remâché dans la bouche : le ....
4. Abri fait de blocs de glace : un ....
5. Endroit où les voitures stationnent : un .... .
6. Jeu formé de morceaux découpés qu'il faut rassembler pour trouver un dessin : un .... .

7. Retrouve les pays d'où viennent les mots.

kimono •	• Australie
kilt •	• Italie
kangourou •	• Japon
confetti •	• Écosse

8. Cite des mots étrangers utilisés dans des journaux sportifs.

9. Réécris les phrases en remplaçant les mots et les expressions en caractères gras par leur équivalent français. Aide-toi du dictionnaire.

1. Le **goal** a fait un match extraordinaire.
2. Le numéro 10 **shoote** et marque !
3. Le **mixer** est un appareil indispensable dans une cuisine.
4. On a construit de nouveaux **buildings** dans le centre ville.

Autour d'un mot : marcher

1. Remplace marcher **par l'un des verbes suivants :** rouler - fonctionner - se promener - se déplacer.

1. La machine à laver ne marche pas bien.
2. Mon petit frère marche en se tenant à la chaise.
3. Le train marche à plus de 300 kilomètres à l'heure.
4. J'aime marcher dans la forêt au lever du jour.

2. Explique le sens du mot marche **dans les phrases suivantes.**

1. Dans le train, je préfère m'asseoir dans le sens de la marche.
2. Je vais vous expliquer en quelques mots la marche à suivre.
3. Le village est à une heure de marche environ.
4. Il est strictement interdit de descendre en marche.
5. Pouvez-vous nous jouer une marche ?
6. Attention à la marche !
7. Mettez le moteur en marche, tenez-vous prêt à partir.
8. Au défilé du 14 Juillet, les pompiers ferment la marche.

Reconstitution de texte

Depuis le début des siècles, les chasseurs traquaient les animaux en suivant leurs traces. Jusqu'au jour où ceux-ci se réunirent pour trouver une solution...

Ils restèrent debout toute une nuit. Ils ne s'arrêtaient de travailler que pour avaler des sandwiches jambon-beurre. Ils chantèrent des tas de chansons pour ne pas s'endormir et, au matin, leur travail était terminé.
Les premiers essais soulevèrent l'enthousiasme. Désormais, les animaux se déplaçaient à toute vitesse et les chasseurs étaient incapables de dire dans quel sens ils allaient. Sur terrain sec et dur, la grenouille et l'éléphant laissaient les mêmes empreintes. Sur terrain mou, les traces des animaux les plus lourds étaient plus profondes, mais les plus légers se regroupèrent pour remédier à cette difficulté.
Les animaux devinrent si rapides et si adroits qu'ils se mirent à terroriser les chasseurs. Ils surgissaient dans un grand vrombissement et mettaient les chasseurs en fuite dans toutes les directions.

MICHAEL FOREMAN, *Trucs anti-traque*, Le Seuil.

1. Lis le texte silencieusement.

2. En te servant de l'illustration, décris ce que les animaux ont inventé pour échapper aux chasseurs.

3. S'agit-il d'une bonne invention ? Justifie ta réponse.

4. Oralement, mets le texte au présent.

5. Que représente le pronom ils **dans le passage en caractères gras ?**

6. Reconstitue le passage en caractères gras.

La machine folle d'Olaf

1. Lis le début de l'histoire.

Le professeur Olaf était un inventeur. Il inventait des machines. Certaines étaient utiles, d'autres l'étaient moins. Un jour, il inventa une machine folle.

2. Continue à lire l'histoire. Choisis à chaque fois dans la colonne de droite le mot qui convient.

La machine [redacted] ne faisait que grossir et fumer. Elle grossissait et grossissait [redacted].	folle - drôle jamais - encore
Olaf aimait sa machine ; chaque soir, il la nourrissait de charbon et de [redacted], et chaque matin, il [redacted] sur la machine de nouvelles cheminées, des cadrans, des manettes et des [redacted] qui avaient poussé pendant la nuit.	confiture-pétrole trouvait - mettait roseaux - tuyaux

3. Continue l'histoire.

La [redacted] grossit tant et devint si grande qu'[redacted] ne [redacted] plus la nourrir tout seul. Il dut engager des [redacted] pour l'[redacted] et il leur construisit de longues rangées de [redacted] où ils habitèrent tous. Pendant ce [redacted], la machine [redacted] à s'étendre dans tout le [redacted] et sa fumée et [redacted] vapeurs devinrent [redacted] et noires.

4. Remets la phrase suivante à sa place dans la suite du texte.

Alors Olaf décida de les laisser seuls avec la machine et toute sa fumée.

Bientôt Olaf, ses ouvriers et leurs maisons furent recouverts d'une épaisse couche de fumée, tandis que la machine grossissait toujours. Olaf commença à s'inquiéter : la machine devenait bien trop grosse et il avait complètement oublié d'inventer une manière de l'arrêter. Les ouvriers, eux, avaient beaucoup trop de travail pour y prendre garde.
Il inventa un énorme ballon avec une grande plate-forme sur laquelle il embarqua des plantes et des animaux. Et un beau jour, il s'envola dans l'air pur, au-dessus de la ville, en laissant tout derrière lui.

d'après Nicholas Brennan,
La machine folle d'Olaf, D'Au,

5. Imagine une suite à cette histoire. Que devient la machine folle ? Où arrive Olaf ?

LA PENDULE

Je suis la pendule, tic !
je suis la pendule, tac !
On dirait que je mastique
du mastic et des moustiques
quand je sonne et quand je craque,
je suis la pendule, tic !
je suis la pendule, tac !

J'avance ou bien je recule,
tic-tac, je suis la pendule,
je brille quand on m'astique,
je ne suis pas fantastique
mais je sais l'arithmétique,
j'ai plus d'un tour dans mon sac,
je suis la pendule, tic !
je suis la pendule, tac !

PIERRE GAMARRA,
Chansons de ma façon.

QUI SUIS-JE ?

Sans corps, sans bouche, sans visage,
Je peux parler tous les langages,
Chanter vite ou au ralenti,
Je répète ce qu'on me dit.
Qui suis-je ?

Le magnétophone.

Gardant la même position,
Mon bras parcourt des kilomètres.
On m'entend chanter à tue-tête
Quand il suit le creux des sillons.
Qui suis-je ?

L'électrophone.

Je coule comme une cascade
Je tourne comme une tornade
Je bouillonne comme un geyser
Et je blanchis comme la mer.
Qui suis-je ?

La machine à laver.

JACQUES CHARPENTREAU,
Ce que rêver veut dire,
« Tire Lyre 2 », L'école des loisirs.

LES TRAINS

Les trains rêvent dans la rosée, au fond des gares...
Ils rêvent des heures, puis grincent et démarrent...
J'aime les trains mouillés qui passent dans les champs.
Ces longs convois de marchandises bruissants,
Qui pour la pluie ont mis leurs lourds manteaux de bâches,
Ou qui dorment des nuits entières dans les garages... [...]

HENRY BATAILLE,
Le beau voyage, Fasquelle/Bernard Grasset.

Leonardo

Léonard de Vinci fut un grand peintre et un grand savant. Il fut aussi un petit garçon très curieux et très bricoleur.

Leonardo vivait à la campagne. Il se promenait souvent pour observer ce qu'il voyait. Il cherchait à comprendre.

« Pourquoi l'arc-en-ciel a-t-il toutes ces couleurs ? »

« Pourquoi lorsqu'on lance un caillou dans l'eau fait-il tous ces cercles ? »

Il était à la fois curieux et entreprenant.

Il se demandait aussi où vont les petites branches que l'on jette dans le ruisseau.

Son papa était très fier d'avoir un fils qui s'intéressait à tout et toujours occupé à inventer quelque chose. Il était notaire et travaillait en ville. Et lorsqu'il venait voir Leonardo, il voulait qu'on lui raconte tout ce que son fils avait fait.

Un jour on lui dit que Leonardo avait construit un château avec de grandes tours. Il avait pris des pierres et des cailloux pour faire les murs et, en guise de ciment, il avait mélangé de la terre et de l'eau. Il avait aussi fabriqué un petit pont et même une girouette qui fonctionnait très bien.

« Bon, bon, se dit Papa en regardant Leonardo courir avec sa girouette, mon fils sera ingénieur ou architecte. Il ne sera pas notaire comme nous le sommes tous depuis deux cents ans dans la famille. »

Très satisfait, Papa alla acheter en ville des traités scientifiques de mécanique et d'architecture. Mais quand il revint, on lui dit que Leonardo ne construisait plus ni château, ni pont, ni girouette. Maintenant il passait son temps à observer les escargots, les grenouilles, les lézards et les grillons. Il ramassait toutes sortes de pierres et regardait pendant des heures la forme d'une fleur, d'une feuille ou d'un gland. [...]

Puis Leonardo se désintéresse des sciences naturelles et se met à dessiner. Et un jour que son père arrive avec des pinceaux et des feuilles de papier, on lui dit que Leonardo ne dessine plus.

Très déçu, Papa repartit pour la ville.

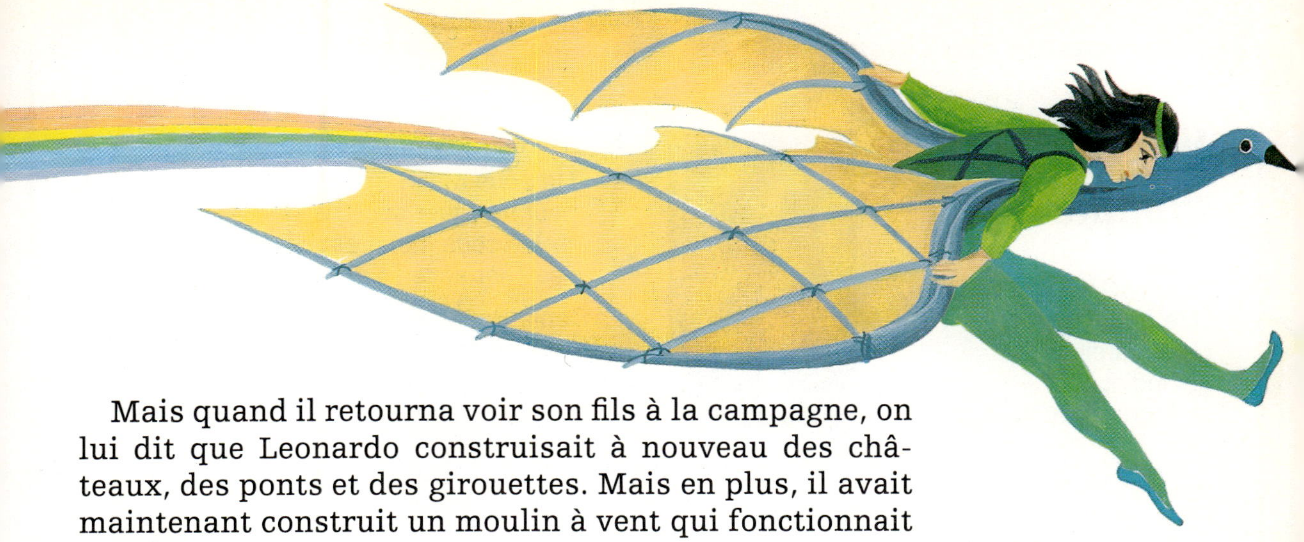

Mais quand il retourna voir son fils à la campagne, on lui dit que Leonardo construisait à nouveau des châteaux, des ponts et des girouettes. Mais en plus, il avait maintenant construit un moulin à vent qui fonctionnait très bien.

On lui dit aussi qu'il s'était remis à observer les feuilles, les pierres et les insectes, mais que maintenant, il observait aussi les animaux sauvages comme les renards, les putois ou les hérissons.

Il apprit encore que Leonardo dessinait de nouveau toutes les choses qu'il voyait, qu'il inventait des figures géométriques et des fresques ornementales, mais que maintenant, il faisait aussi le portrait de toutes les personnes qu'il connaissait.

Leonardo s'intéressait toujours aux nuages, au vol des oiseaux et à la chute des feuilles, mais il s'était aussi construit une grande paire d'ailes parce qu'il voulait essayer de voler. Il s'était même jeté du haut de la grange à foin, mais heureusement il était tombé dans un tas de paille et ne s'était pas fait de mal.

Il y avait encore quelque chose de tout à fait nouveau. Leonardo voulait maintenant rester debout toute la nuit pour observer les étoiles, les constellations, les planètes et la Lune. Papa comprit enfin que Leonardo n'était ni inconstant* ni superficiel, qu'il s'intéressait à tout et qu'il avait en lui d'extraordinaires possibilités.

Leonardo devint non seulement tout ce que son papa avait imaginé : ingénieur, architecte, peintre, botaniste, géologue. Mais il devint encore beaucoup, beaucoup plus célèbre que son père n'aurait jamais osé l'espérer. Ce fut un grand maître dans toutes les branches des arts et de la science.

IBI LEPSKY, *Leonardo,* (droits réservés).

* *Inconstant :* qui ne finit pas ce qu'il a commencé.

Vers la phrase complexe (2)

Une girouette est un appareil qui indique la direction du vent.

1. Combien de phrases y a-t-il dans ce petit texte ? Combien de verbes conjugués ? Que remarques-tu ?

2. Complète les phrases suivantes.

1. Nous avons observé un bateau **qui** . . . .
2. Elle cherche un livre **qui** . . . .
3. J'ai recopié le schéma **que** . . . .
4. Voici la maison **où** . . . .

3. Complète les phrases avec qui - que - où.

1. Connais-tu le nom du pays . . . on a inventé le boomerang ?
2. Veux-tu voir le cerf-volant . . . j'ai fait pendant les vacances ?
3. Le moulin à vent . . . domine le village ne marche plus depuis longtemps.
4. Un avion . . . n'a pas de moteur s'appelle un planeur.

4. Réunis les phrases en employant qui.

EX : Un sous-marin est un bateau. Ce bateau peut naviguer sous l'eau.
→ Un sous-marin est un bateau **qui** peut naviguer sous l'eau.

1. Denis Papin est un savant. Il a inventé la machine à vapeur.
2. Le télescope est un instrument très perfectionné. Il permet de voir très loin dans les étoiles.
3. Hier nous avons vu un ballon. Ce ballon survolait la ville.

5. En employant qui - que - où, **rédige une courte définition pour les mots suivants. Aide-toi du dictionnaire.**

sablier **brise-glace**

Le participe passé (2)

En 1800, Volta, un Italien, a **réussi** à fabriquer la première pile électrique.

1. Quel est le temps du verbe ? Son infinitif ? À quel groupe appartient-il ?

2. Quel est la nature du mot en caractères gras ? Observe sa terminaison.

3. Cherche d'autres participes passés qui se terminent de la même façon.

EX : réfléchir → réfléchi
sortir → sorti

4. Mets les participes passés au féminin. Que remarques-tu ?

1. Le texte est **écrit**.
   → La lettre est . . . .
2. Le couvert est **mis**.
   → La table est . . . .
3. Le poème est **appris**.
   → La leçon est . . . .

5. Complète le tableau avec des participes passés.

-is	-it
pris	. . .

6. Cherche le participe passé des verbes suivants. Que remarques-tu ?

venir - couvrir - voir.

7. Quel est l'intrus ?

partir - sortir - tenir - cueillir.

8. Mets les phrases au passé composé.

1. James Watt construit la première machine à vapeur en 1769.
2. Que dit-il ? Je ne comprends pas bien.
3. Nous allons visiter le musée.
4. Le feu s'éteint mais nous ne pouvons pas le rallumer.

Le participe présent

C'est peut-être en **observant** les volcans que les hommes préhistoriques ont découvert le feu.

1. Le mot en caractères gras est un verbe. Comment est-il formé ? Quel est son infinitif ?

> • **Observant** est le **participe présent** de **observer**.
>
> • Le participe présent est **invariable**. Il est souvent précédé de **en**.
>
> EX : Ils ont découvert le feu en **observant** les volcans.

2. Complète le tableau.

infinitif	participe présent
brûler	. . .
regarder	. . .
. . .	allumant
emporter	. . .
. . .	attendant

3. Complète les phrases en employant les verbes suivants au participe présent.
laisser - frapper - faire - frotter.

1. Les premiers hommes obtenaient du feu en . . . deux morceaux de bois l'un contre l'autre.
2. Ils enflammaient aussi des feuilles sèches en . . . deux pierres l'une contre l'autre.
3. En . . . du feu, nos ancêtres ont pu se chauffer, s'éclairer et cuire leur nourriture.
4. En . . . le feu allumé jour et nuit, ils éloignaient les bêtes sauvages.

4. Sais-tu ce que veut dire le proverbe :
C'est en forgeant qu'on devient forgeron ?
• **Invente une phrase construite sur le même modèle.**
C'est en . . . que . . . .

Graphies de [j]

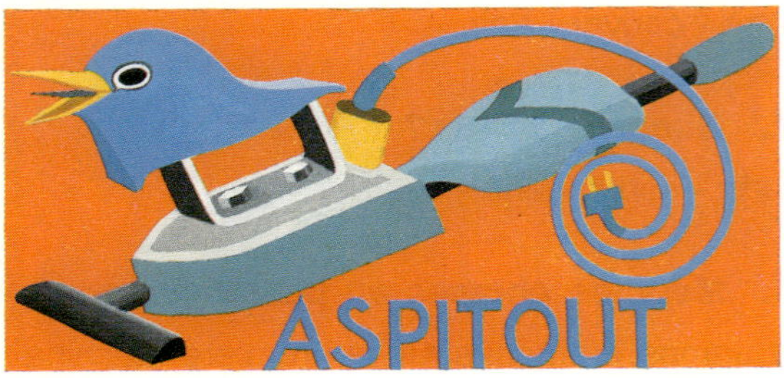

Moins bruyant, plus maniable, voici Aspitout, un nouvel appareil plus léger que la poussière !

1. Relève tous les mots dans lesquels tu entends le son [j].

2. Classe dans le tableau les mots que tu as trouvés dans l'exercice 1.

[j] **à la fin du mot**	[j] **au milieu du mot**

3. Encadre les lettres qui servent à transcrire le son [j] à la fin du mot.

4. Encadre les lettres qui servent à transcrire le son [j] au milieu du mot.

5. Cherche une autre façon d'écrire le son [j] à la fin du mot. Donne un exemple.

6. Encadre les lettres qui servent à transcrire le son [j] dans le mot suivant. Cherche un autre exemple.

une grille

7. Cherche l'intrus.

1. le matériel - l'appareil - le pluriel - le miel.
2. le détail - l'orteil - le ciel - le rail.
3. gentille - la cheville - la ville - il gaspille.
4. le gouvernail - le soleil - le fauteuil - la rouille.

8. Complète les mots.

1. un tu. . .au - le vo. . .age - un ra. . .on - essa. . .er.
2. un conse. . . - l'écureu. . . - le réve. . . - le chanda. . . .
3. le porti. . .on - bri. . .er - une bi. . .e - une qui. . .e.
4. une serv. . .ette - la sc. . .ure - le jardin. . .er.

9. Trouve les mots qui correspondent aux définitions.

1. Un mur haut et épais : une . . . . . .
2. Au cœur du fruit : le . . . . . .
3. Pour voir : un . . . . . ou mieux, deux . . . . .
4. Parler très fort : . . . . . .
5. On voudrait qu'il fasse peur aux oiseaux, dans les champs : l'. . . . . .

10. Complète les mots avec la graphie du son [j] qui convient.

1. la mo. . .enne
2. un cra. . .on
3. des nou. . .es
4. la vis. . .ère
5. la man. . .ère
6. du . . .aourt
7. le somme. . .
8. le bri. . .ant
9. un appare. . .
10. tr. . .er
11. une h. . .ène
12. le gri. . .age

11. Complète le verbe, puis conjugue-le au présent à la personne indiquée.

1. ra. . .er → nous . . . . .
2. netto. . .er → ils . . . . .
3. abo. . .er → il . . . . .
4. s'ennu. . .er → elle . . . . .
5. netto. . .er → vous . . . . .
6. ta. . .er → je . . . . .

Les suffixes

1. Trouve les mots qui correspondent aux définitions.

1. C'est un petit appareil électrique utilisé pour couper la barbe : un ras. . . .
2. Il vient quand la machine à laver est tombée en panne : le répar. . . .
3. Une petite machine qui fait toutes les opérations sans oublier les retenues : une calcul. . . .
4. Il est bien utile pour avoir chaud l'hiver : le chauff. . . .
5. Elle donne des renseignements aux clients : la vend. . . .
6. Il enregistre les films : le magnéto. . . .

> **-oir**, **-age**, **-euse**... servent à former de nouveaux mots. Ce sont des **suffixes**.
> EX : un ras**oir** (raser)
> le chauff**age** (chauffer)
> la vend**euse** (vendre)

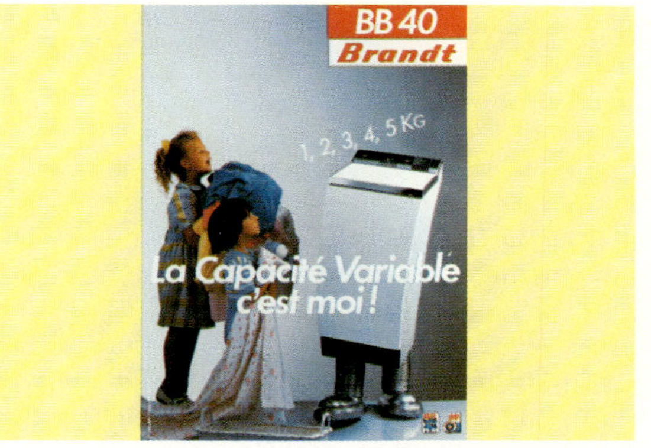

2. Trouve des noms qui se terminent par les suffixes -oir, -eur, -ière, -ement.

3. Trouve des adjectifs qui se terminent par les suffixes -ant, -able, -eux, -ais.

4. Pour chacun des mots suivants, trouve deux mots de la même famille qui se terminent par des suffixes différents. Aide-toi du dictionnaire.

EX : rapide → la rapidi**té**, rapide**ment**

charger - triste - lait - bricoler.

D'un texte à l'autre

1. Lis le texte suivant.

LE COUTEAU

De la Bourgogne à la Bretagne, du pôle au désert, empruntez à un homme son couteau, vous verrez de quels yeux il suivra vos gestes. Outil commun et compagnon précieux, le couteau sert à couper, à tailler, à gratter, à éplucher, à creuser... Dans de nombreux métiers, on en a besoin à chaque instant : l'ancienne marine disait qu'un marin sans couteau ne valait pas mieux qu'un tonneau sans fond...

Hubert Comte,
Des outils et des hommes,
« Le Livre de poche »,
Librairie générale française.

2. Retrouve le texte ci-contre.

{ De . . . . . à . . . . . ,
{ du . . . . . au . . . . . ,
/ (verbe à l'impératif) . . . . . ,
/ . . . . . .
. . . . . et . . . . . ,
. . . . . sert { à . . . . . , à . . . . . , à . . . . . , à . . . . . , à . . . .
Dans . . . . . , ...
. . . . . disait { qu' . . . . . sans . . . . ne valait pas mieux qu' . . . . . sans . . . . . .

3. Choisis un objet et rédige un texte au présent en te servant du schéma précédent.

La roue

La roue fut inventée environ 3 000 ans avant Jésus-Christ.

Dans l'Antiquité, l'homme inventa les armes en pierre, l'arc, les métaux, le tour, le métier à tisser, la barque, le foret*, le traîneau et la charrue avant d'inventer la roue. On n'en trouvait point d'exemple dans la nature.

Avant la roue, l'homme transportait les objets sur son dos. Il est possible que l'invention de la roue provienne des rouleaux primitifs sur lesquels on faisait glisser une charge. La première roue dont on ait des données historiques est celle d'Ur*. La première roue qui fut construite était d'une seule pièce, en bois, massive et lourde. Pour la rendre plus véloce* et plus maniable, on commença à la tailler en faisant des creux, et c'est ainsi qu'apparut la roue à rayons. Elle eut d'abord quatre rayons et puis davantage. Personne ne sait qui inventa la roue. Comme c'est le cas pour d'autres inventions anciennes, elle fut sans doute le fruit du travail de plusieurs générations. [...]

Saviez-vous que...

... il existe une légende selon laquelle la roue aurait été inventée par un philosophe* chinois qui aurait contemplé plusieurs jours de suite l'étrange mouvement circulaire de la corolle* d'une fleur mue par le vent ?

... les premières roues étaient en bois, mais elles n'étaient pas d'une seule pièce. En effet, comme il était difficile de trouver de grands morceaux de bois, les artisans composèrent la figure en se servant de trois segments. Ils les clouèrent les uns avec les autres et, comme le bois s'usait, ils les entourèrent avec des pneumatiques rudimentaires, c'est-à-dire des bandes de cuir complétées par des lamelles* en cuivre.

VICENTE SEGRELLES et ANTONIO CUNILLERA,
Grandes inventions, « Logos », UNIDE.

* *Foret :* instrument pour percer.
* *Ur :* ancienne ville près de l'embouchure de l'Euphrate, actuellement en Irak.
* *Véloce :* rapide.
* *Philosophe :* homme (ou femme) qui observe et qui réfléchit beaucoup.
* *Corolle :* pétales d'une fleur.
* *Lamelles :* petites bandes.

---

1. Les hommes ont mis beaucoup de temps à inventer la roue. Pourquoi ?
2. Dans quelle région du monde la roue est-elle apparue ?
3. Comment faisait-on pour transporter les objets avant la roue ?
4. Qu'appelle-t-on un *rayon* quand on parle d'une roue ? Fais un dessin.
5. Pourquoi les premières roues étaient-elles faites de plusieurs morceaux de bois ?
6. Comment protégeait-on les premières roues ?
7. **Recherche.**
   Cite quelques-unes des inventions que la roue a rendues possibles.

1. Que représentent ces trois dessins ?

1. un microscope
2. un sextant
3. une clepsydre (ou horloge à eau)

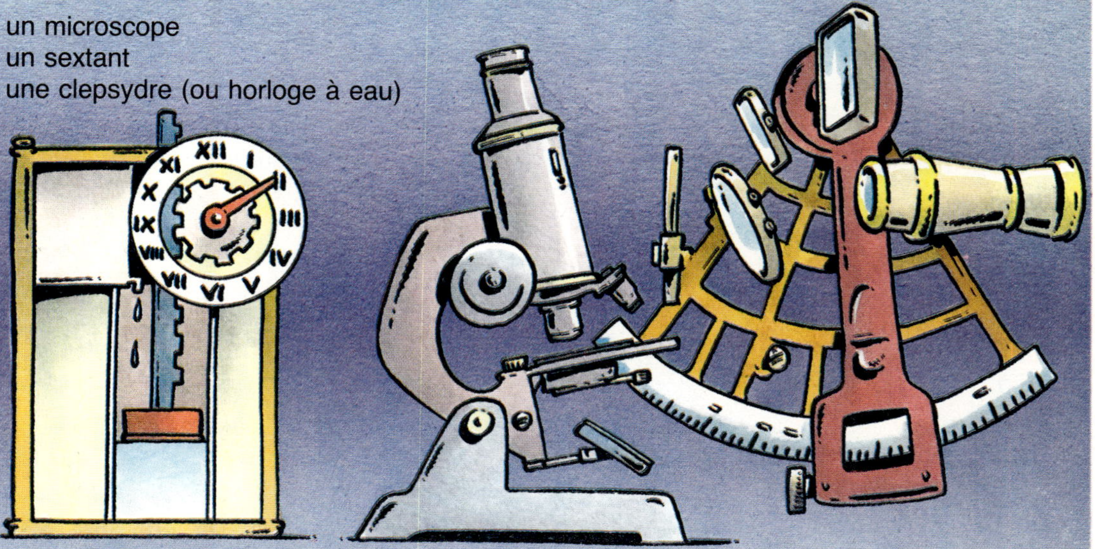

2. Proverbes à démonter. En coupant deux proverbes et en les croisant, on en obtient de nouveaux.

EX : Qui s'y frotte **s'y pique.**
Rira bien qui rira le dernier.
→ Rira bien qui s'y pique.

- Qui vole un œuf vole un bœuf.
- L'habit ne fait pas le moine.
- Il faut tourner sept fois sa langue dans sa bouche avant de parler.
- Il faut battre le fer pendant qu'il est chaud.
- Les cordonniers sont les plus mal chaussés.
- Tous les chemins mènent à Rome.

3. Fabrique un petit moulin à vent.

Il te faut un carton, une épingle et un morceau de bois.
Découpe un carré de carton. Trace les diagonales et découpe-les selon le schéma.
Rabats vers le centre les coins marqués d'une croix et fixe-les avec une épingle sur ton morceau de bois.
Mets-toi dans le vent et fais tourner ton moulin.

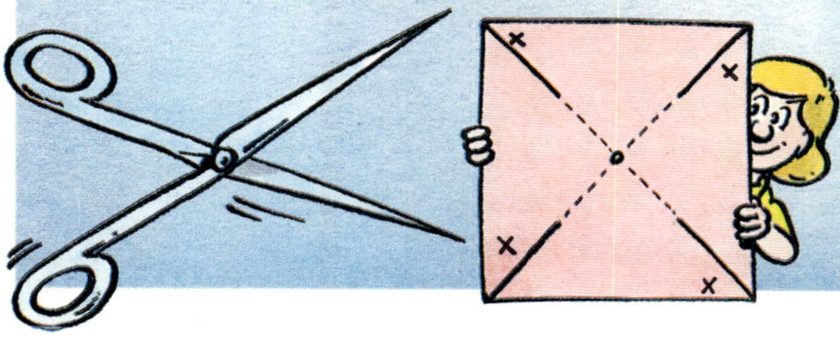

Révisions

1. Complète les phrases avec les mots suivants.

mais - ou - et - donc - car.

1. La mer est agitée ... le vent souffle très fort.
2. Il a regardé l'horloge ... il est parti très vite.
3. Pleuvait-il ... faisait-il beau ?
4. Il nous faudrait des jumelles, ... nous n'en avons pas.
5. La voiture est en panne, ... il continue à pied.

2. Complète les phrases avec les mots suivants.

qui - que - où.

1. La machine ... tu aperçois là-bas, au bout du champ, s'appelle une moissonneuse-batteuse.
2. Le phare ... brille à l'horizon est l'un des plus hauts d'Europe.
3. Voici la route ... mène au village.
4. Le stade ... jouera notre équipe sera plein à craquer.

3. -é **ou** -er **? Complète les phrases avec les mots suivants.**

signaler - soulever - modeler - monter - mesurer - jouer.

1. Une grue peut ... des poids énormes.
2. Sophie aime beaucoup ... avec de la pâte à .... .
3. As-tu ... la température de l'eau ?
4. Un phare a été construit pour ... les rochers.
5. Il est ... sur tous les manèges de la fête foraine.

4. Cherche les participes passés des verbes suivants et classe-les dans le tableau.

remplir - partir - dire - écrire - permettre.

-i	-is	-it

5. Réécris les phrases selon l'exemple.

EX : Il éclate de rire et il part.
→ Il éclate de rire en **partant**.

1. Le train passe sur le viaduc et siffle.
2. La rivière coule et entraîne la roue du moulin.
3. J'ai écouté la radio et j'ai appris la nouvelle.

6. Cite des mots étrangers se rapportant :

- au sport,
- au spectacle,
- à la nourriture.

7. Complète les mots suivants avec la graphie du son [j] qui convient.

1. un tu...au
2. il trava...e
3. la caiss...ère
4. l'appare...
5. un no...er
6. le gri...age

8. Indique les différents sens de marcher. **Fais une courte phrase à chaque fois.**

9. Trouve deux mots formés avec les suffixes suivants.

-able, -ible, -euse, -ier.

10. Dictée ou autodictée.

Quand les voitures automobiles ont remplacé peu à peu les véhicules tirés par des chevaux, le maréchal-ferrant, le forgeron et le charron ont, tout naturellement, cherché à se reconvertir. Ils ont souvent opté pour une fonction proche du service qu'ils rendaient : ils sont devenus réparateurs de machines agricoles, ou garagistes.

HUBERT COMTE, *Des outils et des hommes*,
« Le Livre de poche », Librairie Générale Française.

11. Qu'as-tu retenu ?

1. À quelle époque a-t-on inventé la roue ?
2. Qui était Gutenberg ?
3. Pourquoi Denis Papin et James Watt sont-ils restés célèbres ?
4. Qu'est-ce qu'une **girouette** ?

Découvertes

Neuf
Huit
Sept
Six
Cinq
Quatre
Trois
Deux
Un
Zéro
partez vers
L'INFINI

Robert Fabbri,
« Comptine à rebours »,
Arbroiseaux,
Saint-Germain-des-Prés.

Le marin qui dansait

Un marin a fait un pari : il fera fortune en dansant autour du monde. S'il réussit, il épousera la fille de son capitaine.

Lorsqu'il se trouva en Inde, Peter Penny fut impressionné par le nombre d'éléphants qui parcouraient les rues. Il s'émerveilla aussi de voir des temples magnifiques dans lesquels il rencontra des danseurs qui avaient une drôle de façon de remuer la tête d'un côté et d'autre, tout en la laissant bien droite sur leurs épaules.

Les danseurs sonhaitèrent la bienvenue à Peter et quand il dansa à son tour, tous admirèrent sa souplesse.

« Reste donc parmi nous, lui proposèrent-ils, et toi aussi tu danseras dans le temple.

— Je vous remercie, répondit Peter, mais je dois repartir pour achever mon tour du monde et d'ailleurs, je ne saurai jamais remuer la tête aussi bien que vous.

Peter se remit donc en route et il franchit en dansant les montagnes au-delà desquelles s'étendait la Chine. Il se trouva bientôt au pied de la Grande Muraille qui protège le pays.

Devant la plus grande muraille du monde, Peter ne put résister à l'envie de monter à son sommet et de la parcourir en dansant.

« Holà ! Il y a quelqu'un qui danse sur la Grande Muraille ! s'écria aussitôt une des sentinelles en faction. Saisissons-le et c'est l'Empereur lui-même qui décidera de son sort ! »

Alors, les sentinelles emmenèrent Peter Penny jusqu'au palais impérial. L'Empereur, en le voyant paraître devant lui, fronça les sourcils.

« Les lois de notre pays, dit l'Empereur de Chine, condamnent à mort quiconque franchit la Grande Muraille. »

Mais l'Impératrice prit la défense de Peter.

« Le jeune étranger, fit-elle remarquer, n'a pas franchi la muraille, il s'est contenté de danser à son sommet et cela, aucune loi ne l'interdit.

— C'est vrai, dit l'Empereur, aussi vais-je te donner une chance de sauver ta tête, Peter Penny. Tout autour de mon palais, il y a trois mille cascades, quatre mille ponts, cinq mille portes et six mille jardins. Si tu parviens, avant le coucher du soleil, à franchir en dansant toutes ces cascades, tous ces ponts, ces portes et ces jardins, je te rendrai ta liberté, sinon, tu seras mis à mort. Va, Peter Penny, nous allons voir si tu sais bien danser. »

Peter ne doutait pas qu'il réussirait cette épreuve. Mieux, il se réjouissait de pouvoir montrer à l'Empereur quel exceptionnel danseur il était. Il dansa donc et franchit sans difficulté les cascades, les ponts, les portes et les jardins. À l'heure du thé, il avait fait en dansant tout le tour du palais.

L'Empereur était stupéfait d'avoir assisté à une telle performance et il demanda à Peter de rester au palais. Mais Peter Penny avait son tour du monde à finir et comme, désormais, il était à nouveau libre, il en profita pour reprendre sa route après que l'Empereur lui eut fait don d'un sac d'or, de plusieurs bijoux et d'une bonne quantité de soupe aux nids d'hirondelles.

« Il faut être chinois, pensa Peter Penny pour avoir l'idée de mettre des nids d'oiseau dans du potage ! »

En quittant le palais impérial, Peter Penny, dansa jusqu'à la mer. Là, il trouva un port rempli de ces bateaux chinois qu'on appelle des jonques. Peter choisit la plus grande d'entre elles et demanda à Li Wong, son propriétaire, s'il était d'accord pour partir à l'aventure sur l'océan. Li Wong accepta et dès le lendemain, Peter et lui gagnèrent le large.

JANET QUIN-HARKIN, *Le marin qui dansait,*
« Folio Benjamin », © The Dial Press, New York, © Gallimard pour le texte français.

Vers la phrase complexe (3)

Un jour, Magellan décide qu'il fera le tour de la terre.

1. Combien de phrases y a-t-il dans ce petit texte ? Combien de verbes conjugués ? Que remarques-tu ?

2. Complète les phrases en imaginant une réponse aux questions.

1. « Qu'attends-tu ?
   — J'attends que . . . »
2. « Que veulent-ils ?
   — Ils veulent que . . . »

3. Complète les phrases.

1. . . . que la terre était plate.
2. . . . que la terre est ronde.
3. . . . qu'il a fait le tour de la terre.
4. . . . que Magellan est né vers 1480.

4. Réécris les phrases en les commençant par :

Elle pense que - Sais-tu que - Il était sûr que - Tout le monde espérait que - Il savait que.

1. Les anciennes cartes marines s'appellent des portulans.
2. On pouvait passer au sud de l'Amérique.
3. L'équipage était sain et sauf.
4. La navigation serait difficile.
5. Ce voyage est possible.

5. Complète les phrases.

1. Je ne pensais pas que . . .
2. Il est très étonnant que . . .
3. Nous sommes très contents que . . .
4. Ils craignent que . . .

Révision des accords dans la phrase (1)

Cook, La Pérouse et Bougainville sont des explorateurs célèbres. Ils ont navigué dans l'océan Pacifique au XVIIIe siècle.

1. Relève les verbes conjugués et donne leurs sujets.

2. Réécris le texte avec un seul sujet. Que remarques-tu ?

Cook est un . . .

3. Trouve deux sujets possibles pour les phrases suivantes.

1. . . . a écrit un journal de bord.
2. . . . voyagent beaucoup.
3. . . . partiront bientôt.
4. . . . ont observé le comportement des pingouins.

4. Trouve des groupes verbaux pour les groupes sujets suivants. N'emploie pas toujours le même temps.

1. Les icebergs . . .
2. La tempête . . .
3. Les anciens bateaux . . .
4. Le capitaine . . .

5. Mets les verbes entre parenthèses à l'imparfait. Attention aux accords !

1. Les marins, à cette époque, (mener) une vie très dure.
2. Le rêve de tous les navigateurs (être) de découvrir des terres inconnues.
3. Les grands voiliers de Christophe Colomb (s'appeler) des caravelles.
4. La nourriture, sur les bateaux, (être) souvent insuffisante.
5. Les équipages, souvent, (avoir peur de ne pas pouvoir revenir chez eux.

6. Réécris les phrases en mettant les sujets au pluriel.

1. Là-bas, au loin, un feu est allumé sur la plage.
2. Le bateau marche à bonne allure.
3. Le veilleur a aperçu une île à l'horizon.
4. La boussole indique le nord.
5. Pendant la tempête, un vent violent a arraché les voiles et une vague énorme a balayé le pont du navire.
6. Un vent favorable porte les bateaux vers le sud.

Révisions (1)

Il grimpa tout en haut de son arbre et fit un tour d'horizon. Il **était** bel et bien sur une île. En amont, **s'étendait** la rivière jusqu'à la cascade ; il **se trouvait** sur l'un des côtés de l'île, près d'un bras du cours d'eau et à travers les arbres, il **distinguait** l'autre bras et plus bas au loin, leur confluent. Il n'y **avait** âme qui vive.

William Steig, *L'île d'Abel,* pour la traduction française, J. Hérisson et H. Robillot, « Folio Junior », Gallimard.

1. Le texte raconte-t-il des événements passés, présents ou futurs ? À quoi le vois-tu ?

2. Quel est le temps des verbes en caractères gras ?

3. Quel est le temps des autres verbes conjugués du texte ? Réécris le texte en commençant par : « Il a grimpé... ».

> • **Pour raconter des histoires** , on utilise souvent le **passé simple**.
>
> EX : Ce matin-là, il **grimpa** en haut de l'arbre.
>
> • Comme le passé composé et l'imparfait, le **passé simple** est **un temps du passé**.

4. Conjugue les verbes suivants à l'imparfait et au passé composé, 3e personne du singulier.

grimper - faire - entendre - venir - voir.

5. Réécris le texte en mettant au passé composé les verbes en caractères gras.

La planche **dériva** jusqu'à un rocher, le **heurta** de biais, **tournoya** et Abel **se retrouva** brusquement dans l'eau, sans son bateau que déjà la rivière emportait comme un fétu de paille. Par un heureux hasard, au lieu d'être entraîné au-delà de l'île et le long du courant, il **réussit** à agripper la branche basse d'un saule pleureur et à se hisser à terre.

William Steig, *L'île d'Abel,* « Folio Junior », Gallimard.

Révisions (1)

1. Relève les mots dans lesquels on entend le son [k].

Au XVIe siècle, les cartes étaient très imprécises, et les navigateurs qui s'embarquaient étaient des gens très courageux.

2. Connais-tu une autre graphie du son [k] ? Donne un exemple.

3. Complète les mots avec la graphie du son [k] qui convient.

1. un é...ipage
2. un a...ord
3. une pla...e
4. un fla...on
5. dé...ouvrir
6. o...uper
7. indi...er
8. s...ier
9. pi...er
10. a...rocher

4. Complète les mots avec une seule lettre ou avec une lettre double.

1. Il y a deux siècles, on ne co...aissait pas encore les î...es de l'océan Pacifique.
2. À chaque voyage, les explorateurs découvraient de nouve...es te...es.
3. Les peuples qui habitaient ces terres inco...ues étaient souvent a...ueillants.
4. La végétation et les a...imaux é...erveillaient les ma...ins.

5. Complète les mots avec la graphie du son [s] qui convient.

1. le bui...on
2. la de...ente
3. un la...et
4. la fa...on
5. une condi...ion
6. l'ab...en...e
7. l'e...en...e
8. pour...uivre
9. dé...ider
10. avan...ez !
11. lan...ons !
12. na...ional

6. Quels sont les mots qui contiennent un e muet **?**

En 1958, un exploit extraordinaire a été accompli : le sous-marin américain *Nautilus* est passé à cent mètres au-dessous du Pôle Nord.

7. Les mots qui manquent se terminent tous par le son [e]. Écris-les correctement en t'aidant du dictionnaire.

1. D'un coup de baguette magique, la ... a transformé le rocher en un superbe château.
2. La ... s'est envolée vers les étoiles.
3. Il vaut mieux acheter les légumes au ....
4. Elle n'est jamais malade : elle a une bonne ....
5. La ... s'échappe par la cheminée.

8. Complète les mots avec la graphie du son [ɛ] qui convient.

1. la l...ne
2. la p...ne
3. un mod...le
4. la conqu...te
5. une ch...ne
6. un piqu...
7. il g...le
8. une gu...pe
9. merv...lleux
10. il s'arr...te
11. inqui...
12. lég...re

9. Complète les mots avec -n- **ou** -m-.

1. s'ava...cer
2. e...porter
3. le te...ps
4. pri...cipal
5. o...bre
6. re...dre
7. le co...te
8. déce...bre
9. co...pter
10. co...tinent
11. la pe...te
12. la la...pe
13. le ti...bre
14. tre...per

Autour d'un mot : trouver

1. Quelles sont les phrases où le verbe trouver **exprime** une recherche.

1. J'ai trouvé un porte-monnaie par terre.
2. Je ne pensais pas te trouver ici.
3. Ça y est, j'ai trouvé la solution !
4. Avez-vous trouvé des billets pour le spectacle ?
5. Je ne te trouve pas bonne mine.

2. Réécris les phrases en remplaçant trouver **par l'un des verbes suivants.**

inventer - découvrir - penser - rencontrer - surprendre.

1. Je trouve que ce que tu dis est juste.
2. J'ai trouvé un voleur dans ma chambre.
3. Quelle excuse va-t-il encore trouver ?
4. J'ai trouvé un passage secret.
5. À la piscine, j'ai trouvé quelqu'un que je n'avais pas vu depuis longtemps.

3. Choisis la bonne définition.

1. **Trouver le temps long**, c'est :
   - trouver le temps nécessaire.
   - s'ennuyer.
   - avoir tout son temps.
2. **Se trouver mal**, c'est :
   - s'évanouir.
   - se trouver mauvaise mine.
   - ne pas retrouver facilement sa route.
3. **Se trouver nez à nez avec quelqu'un**, c'est :
   - être en colère contre quelqu'un.
   - rencontrer quelqu'un.
   - ne pas aimer quelqu'un.

Reconstitution de texte

Ludovic Biscuit a un secret, un projet dont il ne parle qu'aux fleurs, aux oiseaux, à Monsieur Soleil, à Dame Lune et à Marie, sa petite voisine...

Quel était donc cet étrange projet ?... Que préparait Ludovic Biscuit en grand mystère ?...
Eh bien ! voilà : Ludovic Biscuit voulait construire un pont, mais un pont si grand, si fragile et si aérien qu'il serait seul visible des cœurs purs, un pont qui, des champs de blé, s'envolerait jusqu'à la lune et les étoiles ; un pont qui permettrait aux rêves de prendre réalité...

Marc Desmazière,
Le merveilleux projet de Ludovic Biscuit,
Éditions de l'Amitié.

1. Lis le texte silencieusement puis à haute voix.

2. Quel est le projet de Ludovic Biscuit ? Qu'en penses-tu ?

3. Pourquoi veut-il le garder secret ?

4. Fais une phrase sur le même modèle avec nuage**, puis avec** étoile.
Un pont si..., si... et si... qu'il ....

5. À ton avis, que va-t-il se passer ensuite ?

6. Reconstitue le passage en caractères gras.

7. À ton tour, rédige un petit texte pour présenter un autre projet de Ludovic Biscuit.

Une charrette dans la salle de séjour

À la suite d'un accident de voiture, Antoine est paralysé et se déplace dans un fauteuil à moteur. Il cherche qui étaient ses ancêtres et, un jour, une lettre se pose, en voletant, sur son bureau...

1. Voici son histoire.

Je me ●is : « C'est une ●lague. »
Et ●oudain j'entends un ●rand *plouffff* ●errière moi, un ●ourant d'air ●ait ●oler les ●apiers sur mon ●ureau. D'un ●oup de manette, je ●ais virer mon ●auteuil sur place.
Juste de●ant mon nez, il y a un ani●al. Une g●osse ●ê●e. Ça ressem●le à un â●e, ça ressemb●e à un che●al. Je n'en ai ja●ais vu mais je sais que c'est une mu●e.
Et d●rri●re la m●le, bien tranqu●lle au m●lieu de la s●lle de s●jour, les qu●tre fers p●sés sur la m●quette, il y a une ch●rrette et sur la ch●rr●tte, une f●lle.

2. Voici la suite de l'histoire.

« Ferme un peu la bou□ , dit la fil□ avec un fort acc□ du Midi. Je ne vois qu'un gr□ trou noir ! »
Ça me vexe un peu et je ne rép□ rien. Mais je fer□ ma bou□ .
« Tu pourr□ pour le moins me dire bonj□ contin□ la fille. Un rien d'urbanité sied*env□ son arrière-arrière-arr□-arr□-arr□-gr□-mère !
— Tu...
— Point n'es-tu tell□ bav□ , dit la fille. Tu as pourt□ reçu ma lett□ . Je suis Reboulette. Fulcrande Reboul. Ton *aÿeule**.
— Ce n'est pas vr□ . Ce n'est pas poss□ ! [...] »

3. Replace cette phrase dans la suite de l'histoire.

Nous rions tous les deux.

« Qu'est-ce donc que cette *estrange** chose ? » dit-elle en tendant le doigt vers mon fauteuil.
Je ris.
« Ben mince alors, qu'est-ce que tu parles drôlement !
— Et toi donc ! »
La mule aussi.
« Tais-toi, Modestine », dit Reboulette en lui caressant le museau.

d'après René Escudié,
La charrette à traverser le temps, « Arc en poche », Fernand Nathan.

* *Un rien d'urbanité sied :* Il faut être poli.
* Orthographe ancienne de *aïeule* et de *étrange.*

Avec ses quatre dromadaires
Don Pedro d'Alfaroubeira
Courut le monde et l'admira.
Il fit ce que je voudrais faire
Si j'avais quatre dromadaires.

GUILLAUME APOLLINAIRE,
« Le dromadaire »
Le bestiaire ou le cortège d'Orphée, Gallimard.

LA FRÉGATE

Qu'elle était belle, ma frégate,
Lorsqu'elle voguait dans le vent !
Elle avait, au soleil levant,
Toutes les couleurs de l'agate ;
Ses voiles luisaient le matin
Comme des ballons de satin ;
Sa quille mince, longue et plate,
Portait deux bandes d'écarlate
Sur vingt-quatre canons cachés ;
Ses mâts, en arrière penchés,
Paraissaient à demi couchés.
Dix fois plus vive qu'un pirate,
En cent jours du Havre à Surate
Elle nous emporta souvent.
Elle était belle, ma frégate,
— Qu'elle était belle, ma frégate,
Lorsqu'elle voguait dans le vent !

ALFRED DE VIGNY.

À L'ENCRE DE CHINE

Dans ce godet de porcelaine
Un peu de noir fut dilué.
Naît une fleur de chrysanthème
Qu'un papillon vient visiter,
Laissant en marge son poème.
— Beauté du monde, qui tenez
Dans un godet de porcelaine,
Vous trouverai-je en l'encrier ?

PIERRE MENANTEAU,
Herbier pour un enfant poète, Seghers.

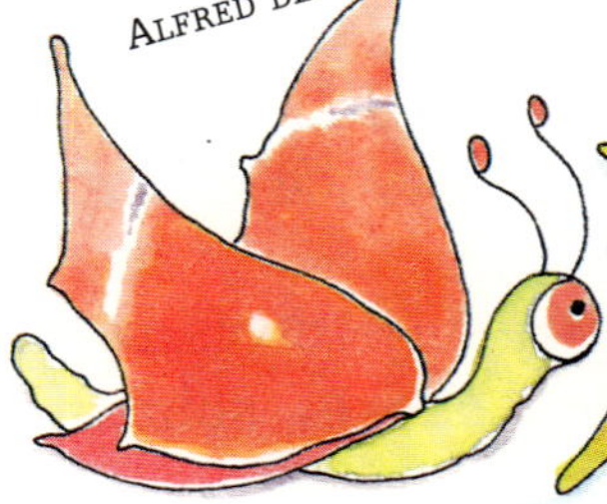

GOÉLETTES

Goélettes
Goélands
Oiseaux de mer
Oiseaux de vent
Voyageurs des tempêtes
Voyageurs du beau temps
Vous arrêtez-vous souvent ?

GISÈLE CALMY, *Florilège I*, Fernand Nathan.

Fred, Tom et la montagne d'or

Fred, Tom et Rufus leur chien habitaient une petite ferme quelque part dans l'Est de l'Amérique. Il y a de cela plus de cent ans. Tous les soirs, Fred comptait ses animaux :

« Un cheval, une vache, un cochon, un chat, trois poules. »

Et tous les matins, il les comptait à nouveau :

« Trois poules, un chat, un cochon, une vache, un cheval. »

Et chaque fois qu'il se trompait, Rufus aboyait. Fred se trompait surtout le jeudi matin. C'était en effet le jour de passage du train express et il en était tout bouleversé. Ce train express qui passait à la vitesse de dix lieues* à l'heure !

« Ce train va vers l'Ouest, soupirait Tom, et là-bas on peut devenir riche en une nuit.

« Oui, soupirait Fred, j'ai lu dans le journal qu'il suffit de se baisser pour trouver de l'or. » [...]

Fred et Tom décident de vendre leur ferme et de tenter l'aventure. Ils prennent donc le train, achètent l'équipement du parfait chercheur d'or, échappent à des poursuivants. Et enfin...

Lorsqu'ils eurent enfin semé leurs poursuivants, Fred et Tom laissèrent éclater leur joie. Mais soudain, ils se turent, muets d'étonnement devant le paysage qu'ils découvraient. Une paix profonde s'en dégageait. Ils avaient conscience d'être les premiers à s'aventurer jusqu'ici.

« Pince-moi, je crois rêver », chuchota soudain Tom.

Quelque chose scintillait parmi les Montagnes Bleues.

« Ce n'est pas la peine de me pincer, dit Fred. Voici la Montagne d'Or. »

« Et nous avons perdu tout notre équipement ! » grommela Tom.

Le lendemain matin la Montagne d'Or était toujours là.

« C'est bon signe, dit Fred. Elle se réserve certainement pour nous. »

Il leur fallut marcher encore deux jours avant d'atteindre la montagne scintillante. Elle était vraiment d'or pur. Mais ils s'estimèrent heureux lorsque Tom eut réussi à en détacher un tout petit morceau, et à coups d'éperon encore ! Alors ils se mirent en route, à la recherche d'une banque, car ils voulaient changer leur or en argent.

Ce fut presque plus difficile encore que d'extraire l'or à coups d'éperon. [...]

Voyant qu'ils ont trouvé de l'or, tous les habitants de la ville se précipitent vers les Montagnes Bleues, dans l'espoir de trouver, eux aussi, quelques pépites. Mais Fred et Tom ont d'autres projets...

Nos deux amis arrivèrent enfin là où ils avaient décidé de finir leurs jours.

Certes, la Montagne d'Or avait disparu. Peut-être avait-elle simplement cessé de briller. Mais la vallée paisible et fertile s'étendait toujours au pied des Montagnes Bleues et ils décidèrent de s'y établir. Ils se mirent à construire une solide cabane en bois et une barrière tout autour du pré.

« Notre ranch est un peu plus grand que notre ancienne ferme », constata Tom, tout heureux.

Un soir Fred fit ses comptes : « Trois chevaux, sept bœufs, vingt cochons, trente-six poulets. » Rufus se mit à aboyer furieusement.

« Mais Rufus, expliqua Fred, je ne compte pas nos bêtes mais celles que nous aurons l'an prochain. »

Ernst A. Ekker,
Fred, Tom et la montagne d'or, Flammarion.

* *Lieue* : distance de quatre kilomètres.

Vers la phrase complexe (4)

Quand Neil Armstrong a posé le pied sur le sol lunaire, beaucoup de Terriens le regardaient à la télévision. C'était le 20 juillet 1969.

1. Combien de phrases y a-t-il dans ce petit texte ? Combien de verbes conjugués ? Que remarques-tu ?

2. Quels sont les mots que l'on pourrait mettre à la place de quand **?**

lorsque - qui - pour que - au moment où - que.

3. Complète les phrases avec les mots suivants : quand - parce que - si - pour que.

1. Il viendra . . . cela lui fait plaisir.
2. Tu viendras . . . tu voudras.
3. J'ai pris ce livre . . . je cherchais des renseignements sur la conquête de l'espace.
4. Les ingénieurs travaillent beaucoup . . . tout se passe bien.

4. Complète les phrases suivantes.

1. **Quand** les cosmonautes ont vu la Terre de loin, . . .
2. **Depuis qu'**ils sont partis, . . .
3. **Lorsque** la fusée décollera, . . .
4. . . . **parce que** je m'intéresse à la conquête de l'espace.

5. Complète les phrases en utilisant quand - parce que **ou** si.

1. J'aime les histoires de science fiction . . .
2. Les hommes iront sur Mars . . .
3. Les astronautes partiront . . .
4. La foule regarde vers le ciel . . .

Révision des accords dans la phrase (2)

Un groupe d'enfants est arrivé par hasard sur une planète inconnue.

Mais y a-t-il *vraiment* quelqu'un ? Cette planète est-elle habitée ? Oh, bien sûr, je ne parle pas des lanards, qui maintenant viennent, chaque soir, de plus en plus près de la fusée, et nous regardent, de leurs trois petits yeux rouges et gris. Je ne parle pas non plus de ces sortes de fourmis qu'on voit partout, dans l'herbe bleue qui sent le poivre. Ni de ces choses volantes, qui font penser à la fois à nos perroquets et à nos chauves-souris. (Des « perro-chauves », dit Fémérie.)

JACQUELINE HELD,
Les enfants d'Aldébaran.

1. Relève les adjectifs qualificatifs du texte et les noms qu'ils accompagnent.

2. Classe dans le tableau les adjectifs de l'exercice 1.

singulier		pluriel	
masculin	**féminin**	**masculin**	**féminin**
	habitée		

3. Trouve l'adjectif qui va avec chaque nom.

un paysage •	• perfectionnée
des animaux •	• dangereux
une fusée •	• inhabituel
un voyage •	• étranges

4. Donne le féminin des adjectifs suivants.

long - vieux - nouveau - blanc - épais - doux - beau - léger - lumineux.

5. Mets au pluriel les groupes nominaux suivants et emploie-les dans des phrases, soit comme sujets, soit comme compléments.

1. une planète inconnue
2. un être extraordinaire
3. une couleur étrange

6. Ajoute au moins un adjectif qualificatif dans les phrases suivantes.

1. Les astronautes ont revêtu une combinaison.
2. Ces lumières sont éblouissantes.
3. Les passagers ont embarqué dans la fusée.
4. Des clignotants s'allument sur le tableau de bord.
5. Le bruit des réacteurs s'entend de loin.
6. Au bout de quelques secondes, la fusée n'est déjà plus qu'un point dans le ciel.

Révisions (2)

Je ne raconterai pas ce voyage dans ses détails. Il fut très heureux. Le bateau se révéla excellent, l'équipage était parfaitement capable, et le capitaine connaissait son métier. Mais avant notre arrivée à l'Île au Trésor, deux ou trois incidents se produisirent, qu'il faut connaître.

R.L. STEVENSON, *L'île au trésor.*

1. Relève les verbes conjugués du texte et indique leur temps.

2. Dans le texte suivant, relève :

- un verbe à l'imparfait,
- un verbe à l'infinitif,
- un verbe au participe présent.

Nous avions remonté les alizés pour nous diriger vers notre île... je ne suis pas autorisé à être plus précis — et maintenant nous nous en approchions, la guettant à l'horizon jour et nuit. Nous étions, d'après nos plus larges calculs, au dernier jour de notre voyage. Cette nuit, ou au plus tard, demain matin, l'Île au Trésor serait en vue.

R.L. STEVENSON, *L'île au trésor.*

3. Relis attentivement le texte de l'exercice 2. Y a-t-il des temps que tu n'as pas étudiés ?

4. Complète oralement les phrases suivantes avec les verbes entre parenthèses.

1. Il faut que tu (faire) le tour de la Terre.
2. Il faut qu'ils (aller) au bout du monde.
3. Il faut qu'elle (prendre) le bateau à Marseille.
4. Il faut que je (lire) le récit de son voyage.

5. Mets les verbes entre parenthèses au temps qui convient.

1. S'il le **peut**, il (faire) le tour du monde.
2. Si nous **avons** quelques jours de vacances, nous (partir) faire de la marche.
3. Si j'**ai** du temps devant moi, j' (aller) à l'aventure.

6. Transforme oralement les phrases de l'exercice 5 en mettant à l'imparfait les verbes en caractères gras.

EX : S'il le **pouvait**, il . . .

Révisions (2)

1. Choisis le mot qui convient pour remplacer chaque numéro.

[1] [2] [3] [4] Reblochon, [5] décidé d' [6] à pied à Chèse, [7] passant [8] les [9]. Quel ne fut pas mon étonnement, lorsque je [10] un gros [11], couché [12] l'herbe, qui avait l'air [13] occupé à [14] des bulles de couleurs qui s'élevaient dans les airs. Il m'expliqua, à la manière d'un professeur, que ces bulles coloraient le ciel et les nuages, pour distraire les gens.

1. Dès - Des.
2. mont - mon.
3. arriver - arrivée.
4. a - à.
5. j'ai - geai.
6. allée - aller.
7. an - en.
8. par - pare - part.
9. chants - champs.
10. vie - vis.
11. ras - rat.
12. d'en - dans - dent.
13. très - trait.
14. fer - faire.

2. Retrouve les différentes façons d'écrire le son [g].

Harassé de fatigue, je cherchai un endroit où dormir, lorsqu'un homme sympathique, un poète, m'invita chez lui. Au cours de la soirée, il me récita quelques poèmes populaires de son pays. Écoutez plutôt :

La mangouste et le renard
(fable du pays reblochonais)

La mangouste était dans les broussailles
le renard perdu dans ses volailles
la mangouste en sortit
le renard la mordit [...]

3. Complète les mots avec la graphie du son [g] qui convient.

1. un dra. . .on
2. la lan. . .e
3. une ba. . .ette
4. le nou. . .at
5. un rég. . .al
6. un . . .ant
7. . . .érir
8. . . .arder
9. se dé. . .iser
10. navi. . .er
11. navi. . .able
12. fati. . .é

4. Encadre les différentes façons d'écrire le son [f].

En débarquant dans le petit port d'Elephantum, je décidai de rencontrer le Roi. Je fus terriblement déçu car sa Majesté Crapou était partie incognito en promenade.

5. Complète les mots avec -sion, -ssion **ou** -tion.

Jusque-là, je m'étais uniquement servi de mes propres jambes pour me déplacer. Quand je me fus rendu compte du moyen de loco. . . utilisé tant à Romos qu'à Bunios, je décidai de louer un kangourou.

1. l'avia. . .
2. la respira. . .
3. la discu. . .
4. la dimen. . .
5. la dispari. . .
6. une mi. . .
7. une collec. . .
8. une pen. . .
9. l'agita. . .
10. une profe. . .
11. l'informa. . .
12. une répara. . .

6. Relève les mots terminés par le son [i].

J'étais content d'avoir rencontré un roi plus intéressé par la poésie que par la guerre.
En sortant du palais, mon kangourou me quitta pour rejoindre sa famille. Cela tombait d'ailleurs fort bien, car c'est à ce moment précis que s'achevait mon voyage en Lagunie.

d'après Nicolas Topof,
Récits d'expéditions en Lagunie.

D'un mot à l'autre

1. Remplace découvrir **par un synonyme.**

1. Les explorateurs découvrent une ville abandonnée.
2. L'ingénieur a découvert un nouveau moteur, plus résistant et plus économique.
3. De là-haut, on découvre toute la ville.
4. Il ne faut pas trop se découvrir dès les premiers rayons de soleil.

2. Trouve le contraire des mots en caractères gras.

1. Le but de l'expédition est **proche**.
2. Les deux hommes **continuent** leurs recherches.
3. Le jeune archéologue retire **adroitement** une poterie de la terre.
4. Nous **embarquerons** demain matin.

3. Indique des homonymes des mots suivants.

coque - goutte - port - sole - thon - pain - mer.

4. Cherche l'intrus dans chaque série de mots.

1. chemin - sentier - lac - route - piste - allée - ruelle.
2. galère - caravelle - drakkar - galion - cathédrale - frégate.
3. horloge - thermomètre - montre - pendule - chronomètre - sablier.
4. Athènes - Bruxelles - Paris - Pékin - Madrid - Rome.

5. Pour chacun des mots suivants, trouve trois mots de la même famille.

plonger - nager - terre.

Inventer une histoire

Aide-toi de l'illustration pour raconter l'histoire.

1. Décris le héros de l'histoire.

2. Où arrive-t-il ? Pourquoi ? Comment ?

3. Contre qui doit-il se battre ? Décris leur lutte :
la force du monstre, la ruse de ton héros.

4. Ton héros gagne. Il trouve le trésor. Montre sa joie.

5. Relis ton texte.

- N'as-tu rien oublié ?
- Vérifie l'orthographe et la ponctuation. Aide-toi du dictionnaire.

6. Invente une autre fin possible à l'histoire.

Vers le nouveau monde

Le 3 août 1492, Christophe Colomb se lance sur l'océan Atlantique. Il est persuadé qu'en naviguant vers l'ouest, il va trouver les Indes.

L'événement le plus étrange du voyage fut certainement la rencontre des sargasses, ces algues brunes qui foisonnent dans une vaste zone à la surface de l'océan Atlantique. Depuis des temps immémoriaux*, les anguilles venant de toutes les parties du monde se rassemblent dans cette sorte de vaste prairie marine pour se reproduire.

Personne dans l'expédition n'avait jamais vu de sargasses, mais chacun en avait entendu parler : la légende disait que les navires y demeuraient prisonniers. La flotte de Colomb démontra que la traversée de cette zone ne présentait aucun danger.

Pendant des jours et des jours, les caravelles glissèrent, à travers les algues brunes et, pour finir, les marins n'y firent même plus attention. [...]

À vrai dire, Colomb trichait un peu avec ses hommes : il ne leur annonçait qu'une distance inférieure à celle qu'ils avaient réellement parcourue, car il craignait que les marins ne prissent peur en se voyant aussi loin de leur patrie. Malgré cela, les équipages étaient inquiets. Y avait-il un espoir d'arriver aux Indes ? Avait-on au contraire dépassé le Cipango* ? Allait-on mourir de faim et de soif en pleine mer ?

Colomb réussit à calmer les hommes avec le concours des capitaines de la *Niña* et de la *Pinta*, les frères Yanez et Martin Alonzo Pinzón. Après une fausse alerte à la terre, qui avait réconforté tout le monde, l'amiral décida de changer de cap. Pourquoi ? Nous l'ignorons. Il promit que si d'ici trois jours, il n'y avait pas de terre en vue, on ferait demi-tour. Dans la nuit du 11 au 12 octobre 1492, Colomb aperçut une lueur au loin. À l'aube, le cri de la vigie monta : « Terre ! Terre ! »

La grande traversée avait duré en tout trente-trois jours et vingt-trois heures...

P. Ventura et G.P. Ceserani,
Le voyage de Christophe Colomb, Mondadori.

* *Immémoriaux :* tellement anciens qu'on ne s'en souvient plus.
* *Le Cipango :* le Japon.

1. Sur quel continent Christophe Colomb est-il arrivé ?
2. Comment s'appelaient les bateaux ?
3. Pourquoi Christophe Colomb mentait-il à ses marins ?
4. De quoi les équipages avaient-ils peur ?
5. Vrai ou faux ?
   - La traversée a été facile.
   - Les sargasses sont des poissons.
   - La mer des Sargasses est très dangereuse.
6. **Recherches**
   - À quel endroit Christophe Colomb a-t-il abordé ?
   - D'où vient le mot *Amérique* ?
   - Cite d'autres navigateurs de la même époque.

JEUX

1. Voici quelques définitions tirées d'un drôle de dictionnaire.

Désert : c'est l'endroit où l'on récolte le pétrole.
Passage à niveau : c'est une barrière qui empêche les trains d'aller sur les routes.
Sucre : c'est une matière blanche qui donne mauvais goût au café quand on oublie d'en mettre.
Voyelles : ce qui reste quand on a enlevé toutes les consonnes.

JEAN-CHARLES, *La foire aux cancres*, Calmann-Lévy.

2. À ton tour, choisis un mot et invente une définition.

3. Charade.

On boit mon premier.
On mange mon second.
Mon troisième est une moitié de bison.
Mon tout recule à mesure que l'on avance.

4. Remets les lettres dans l'ordre pour retrouver le nom des cinq continents.

EAQMIRUE

IRQAFEU

SIEA

ACONEIE

PUEROE

5. Remplis la grille

Horizontalement

1. A navigué dans le Pacifique.
2. Ancien bateau.
3. Ancien bateau.

Verticalement

A. Ancienne carte.
B. A fait le tour du monde.
C. Montre le nord.

Révisions

1. Complète les phrases avec les mots suivants :

parce qu' - que - qu' - depuis que - quand - qu'.

1. ... Christophe Colomb s'est lancé sur l'océan Atlantique, il croyait ... il allait arriver aux Indes.
2. Le voyage de Magellan a prouvé ... la terre était ronde.
3. ... les hommes sont allés dans l'espace, ils rêvent de visiter les autres planètes.
4. Les marins avaient peur ... ils pensaient ... ils ne reviendraient jamais chez eux.

2. Trouve au moins deux sujets pour les phrases.

1. ... ont trouvé un trésor.
2. ... explorent l'île qui leur semble déserte.
3. ... hissaient les voiles.
4. ... ont aperçu une bande de terre à l'horizon.

3. Trouve des groupes verbaux. Attention aux accords.

1. Les oiseaux de mer ...
2. La mer des Sargasses ...
3. L'océan Pacifique ...
4. La boussole et le sextant ...

4. Mets les groupes nominaux au pluriel et emploie-les dans des phrases de ton invention.

1. un poisson volant
2. un vaisseau interplanétaire
3. un récif dangereux
4. un nouveau passage.

5. Cite tous les temps de la conjugaison que tu connais et donne un exemple pour chacun.

6. Écris les verbes au temps et à la personne demandés.

1. **naviguer** - passé composé - 2e personne du pluriel.
2. **revenir** - futur - 3e personne du pluriel.
3. **voir** - imparfait - 1re personne du pluriel.
4. **faire** - présent - 2e personne du pluriel.
5. **aller** - passé composé - 1re personne du singulier.
6. **prendre** - présent - 2e personne du singulier.
7. **faire** - imparfait - 1re personne du pluriel.

7. Dans les phrases suivantes, remplace le verbe trouver **par un synonyme.**

1. Avez-vous trouvé un moyen pour gagner du temps ?
2. Je trouve que tu as meilleure mine.
3. J'ai trouvé quelqu'un qui peut nous aider.

8. Trouve le contraire des mots suivants.

apparaître - détacher - diminuer - savoir - inhumain - honnête - content.

9. Trouve le contraire de frais **dans les expressions suivantes.**

1. un temps frais - 2. du pain frais - 3. des légumes frais - 4. du poisson frais - 5. des traces fraîches - 6. une peinture fraîche - 7. des œufs frais - 8. un accueil frais.

10. Dictée ou autodictée

La terre est ronde : tous les savants le savent à la fin du xve siècle. Donc, en s'embarquant avec un bon bateau sur la « mer de l'Ouest », et en allant toujours droit vers le soleil couchant, on doit forcément atteindre l'Inde ou la Chine. Telle est l'idée de Christophe Colomb, qui croit la distance à parcourir beaucoup plus courte qu'elle n'est en réalité.

Gaston Duchet-Suchaux,
Christophe Colomb, « Histoire Juniors », Hachette.

11. Qu'as-tu retenu ?

1. Qui a fait le premier tour du monde ?
2. En quelle année Christophe Colomb a-t-il abordé en Amérique ?
3. Cite deux océans.
4. En quelle année l'homme a-t-il débarqué sur la Lune ?
5. Qu'est-ce que la mer des Sargasses ?

Index grammatical

a

accent 54

Il en existe trois sortes :

- **l'accent aigu** : il se place sur le **e**.
EX : un v**é**lo - le bl**é**
- **l'accent grave** : il se place sur le **e** ou le **a**.
EX : un si**è**ge - voil**à**
- **l'accent circonflexe** : il se place sur le **e**, le **a**, le **i**, le **o**, le **u**.
EX : la t**ê**te - une **î**le - dr**ô**le

accord

- **Du verbe avec le sujet. 100, 108**
Quand le sujet est au singulier, le verbe se met au singulier.
Quand le sujet est au pluriel, le verbe se met au pluriel.
EX : **La** panthèr**e** saut**e**.
Les panthèr**es** saut**ent**.
- **De l'adjectif avec le nom. 208, 216**
La plupart des ajectifs qualificatifs prennent un **-e** au féminin et un **-s** au pluriel.
EX : Une voix amical**e**.
De petit**s** hommes.
- **De l'adjectif avec le sujet du verbe** être**. 144, 208, 216**
EX : Elle est gai**e**.

adjectif démonstratif 162

L'adjectif démonstratif est un déterminant. Il fait partie du groupe nominal et s'accorde avec le nom qu'il accompagne.
EX : **Ces** fraises sont excellentes.

adjectif possessif 162

L'adjectif possessif est un déterminant. Il fait partie du groupe nominal et s'accorde avec le nom qu'il accompagne.
EX : **Son** dessin est très réussi.

adjectif qualificatif 144, 172

L'**adjectif qualificatif** fait partie :

- du **groupe nominal** et s'accorde avec le nom qu'il accompagne.
EX : La **vieille** chouette habite une **grosse** branche.
- du **groupe verbal** et s'accorde avec le sujet.
EX : La tisane est **prête**.

adverbe 208

L'adverbe s'écrit toujours de la même façon, c'est un mot invariable. Il donne des renseignements de temps, de lieu, de manière, etc.
EX : La cabine téléphonique est **souvent** occupée.

apostrophe 64

Devant une voyelle,
- **le et la** deviennent **l'**,
- **de** devient **d'**,
- **ne** devient **n'**,
- **je** devient **j'**,
- **me**, **te**, **se** deviennent **m'**, **t'**, **s'**.

article 154

Un, **une**, **des**, **le**, **la**, **l'**, **les** sont des déterminants. On les appelle des articles. Ils font partie du groupe nominal.
EX : **Le** soleil est **une** énorme boule de feu.

c

complément circonstanciel 82, 90

Un complément qu'on peut supprimer ou déplacer est un **complément circonstanciel**.
EX : **Malgré** la pluie, les spectateurs attendent **depuis une heure sur les gradins.**

Le complément circonstanciel apporte des renseignements :

- **de lieu**
EX : Les joueurs arrivent **sur le terrain**.
- **de temps**
EX : Le match commencera **à 14 heures**.
- **de manière**
EX : Les concurrents s'observent **en silence**.

complément de nom — 180

Un nom peut en compléter un autre : il est alors **complément de nom**. Le complément de nom fait partie du groupe nominal. Il est souvent introduit par **de**, quelquefois par **à** et **en**.
EX : La chouette est un oiseau **de nuit**.

complément du verbe — 118

Le complément du verbe ne peut pas être déplacé. Il fait partie du groupe verbal.
EX : Le lion guette **une antilope**.

d

déterminant — 144, 154, 162

Les déterminants font partie du groupe nominal. Ils s'accordent avec le nom qu'ils accompagnent.
Il y a plusieurs sortes de déterminants : des **articles**, des **adjectifs possessifs**, des **adjectifs démonstratifs**, etc.
EX : **Cette** année, les papillons adorent **les** fleurs de **notre** jardin.

f

féminin — 154, 162

Les noms accompagnés de **une** ou de **la** sont du genre féminin.
EX : **la** mer - **une** amie

fonction — 234

Un nom peut être **sujet**, **complément du verbe**, **complément circonstanciel**, **complément de nom** : c'est sa fonction.

futur — 83, 91, 191, 199

Les verbes qui peuvent être précédés par une expression de temps comme **bientôt**, **l'année prochaine** annoncent un événement qui va avoir lieu. Ces verbes sont conjugués au **futur**.
EX : Demain, peut-être, il **gagnera** la course.

• **Verbes des 1er et 2e groupes** : infinitif + terminaisons du verbe **avoir** au présent (**-ai**, **-as**, **-a**, **-ons**, **-ez**, **-ont**).
EX : nous gagner**ons** - vous finir**ez**.

• **Verbes du 3e groupe** : voir tableaux des conjugaisons pages 282 à 285.

g

groupes des verbes — 47, 55

• **Verbes du 1er groupe** : verbes en **-er**.
EX : passer

• **Verbes du 2e groupe** : verbes en **-ir** qui se conjuguent au présent comme **choisir** - **se réjouir** - **finir**.
EX : nous chois**issons**

• **Verbes du 3e groupe** : les autres verbes.
EX : sortir - faire - voir - dire.

groupe nominal — 154

• Il est formé au moins d'un **nom** et d'un **déterminant**. Le nom peut être accompagné d'un adjectif qualificatif ou d'un complément du nom.
EX : la petite colline
la colline de Vieux-Bois

• Le groupe nominal peut avoir des **fonctions différentes** : **sujet**, **complément de nom**, **complément du verbe**, **complément circonstanciel**.

groupe sujet — 108

On appelle groupe sujet ou sujet du verbe ce qui peut se mettre entre **c'est** ... **qui** ou **ce sont** ... **qui**. Le groupe sujet est un élément essentiel de la phrase.
EX : **Le cheval** danse.
→ **c'est** le cheval **qui** danse.

groupe verbal — 100, 108

Le groupe verbal est un élément essentiel de la phrase. Il est composé du verbe et des compléments qu'on ne peut ni déplacer, ni supprimer.

EX : Le clown blanc **entre.** / **salue le public.** / **est triste.**

guillemets 18

Les guillemets sont des signes de ponctuation utilisés pour indiquer qu'un personnage parle.
EX : « Viens vite ! » lui cria sa sœur.

h

homonyme 165, 228

Des homonymes sont des mots de sens différents, qui se prononcent de la même façon, mais qui ne s'écrivent pas de la même façon.
EX : vert - le verre - le ver - vers

i

imparfait 101, 109, 119, 127, 137, 145, 209, 217

L'imparfait sert à raconter un événement passé. Terminaisons : **-ais**, **-ais**, **-ait**, **-ions**, **-iez**, **-aient**.
EX : **Autrefois**, les gens du cirque **habitaient** dans des roulottes.

impératif 34, 227, 235

On emploie l'impératif pour donner un **ordre** ou un **conseil**.
EX : « Arrête ! »

infinitif

Chanter, **dormir**, **rire** sont des infinitifs.
Chante, **dormons**, **riez** sont des formes conjuguées.

m

masculin 155, 163

(voir **féminin**)
Les noms accompagnés de **un** ou **le** sont du genre masculin.
EX : le ciel - un océan

mot invariable

Un mot invariable est un mot qui s'écrit toujours de la même façon.
EX : le participe présent, les adverbes, les prépositions...

n

nature 226, 234

Tous les mots ont une **nature** : **verbe**, **nom**, **déterminant**, **adjectif**, **adverbe**, **préposition**, etc.

négation

(voir **phrase négative**)

nom 154, 162

Il faut distinguer :

- le **nom commun**, accompagné d'un déterminant.
EX : le **pinceau**

- le **nom propre**, qui s'écrit avec une majuscule.
EX : Picasso.

p

participe passé 244, 245

Le participe passé sert à former certains temps comme le passé composé.
EX : J'ai **trouvé**
trouvé est le participe passé de **trouver**.

participe présent 253

observant est le participe présent de **observer**.
Le participe présent est invariable. Il est souvent précédé de **en**.
EX : Ils ont découvert le feu **en observant** les volcans.

passé composé 65, 73, 173, 181

Le passé composé sert à raconter un événement passé.

- Avec certains verbes, le passé composé se conjugue avec **avoir**.
EX : J'**ai rêvé**

- Avec d'autres verbes, il se conjugue avec **être**. Dans ce cas, le participe passé s'accorde toujours avec le sujet.
EX : **Elles sont** arrivé**es**

personne 19

Je, **tu**, **il**, **elle**, **nous**, **vous**, **ils**, **elles** et **on** indiquent les personnes de la conjugaison. Ces personnes font changer la terminaison des verbes.
EX : **Tu** coup**es** du bois.
Nous coup**ons** du bois.

phrase 10, 100, 244

- Une phrase est un ensemble de mots qui a un sens.
- Elle commence par une majuscule et se termine par un point.
- Elle est généralement composée de deux éléments essentiels : le groupe sujet et le groupe verbal.
- Elle peut aussi contenir plusieurs verbes conjugués.

phrase affirmative

(voir **phrase négative**)

phrase exclamative 28

La phrase exclamative sert à montrer que l'on trouve quelque chose beau, laid, étonnant, effrayant, etc. Elle se termine par un point d'exclamation (**!**).
EX : Comme ce cheval est beau **!**

phrase interrogative 28

La phrase interrogative sert à poser une question. Elle se termine par un point d'interrogation (**?**).
EX : Est-ce que Petit Tonnerre est un beau cheval **?**

phrase négative 46, 54

- **Phrase affirmative**
EX : On peut passer.

- **Phrase négative**
EX : On **ne** peut **pas** passer

Ne ... **pas** - **ne** ... **jamais** - **ne** ... **rien** - **ne** ... **plus** sont des **négations**.

pluriel 172, 180

Les noms accompagnés de **des** ou **les** sont au pluriel.

Pour former le pluriel d'un nom, on ajoute le plus souvent un **-s**.
EX : une boîte - des boîte**s**

Mais : une noix - des noix
un rideau - des rideaux
un cheval - des chevaux

ponctuation 10, 11, 18, 28, 29, 34

- Le **point** (**.**) termine une phrase.
- **La virgule** (**,**) sert à séparer des groupes de mots dans une phrase.
- **Le point d'interrogation** (**?**) est utilisé dans la phrase interrogative pour poser une question.
- Le **point d'exclamation** (**!**) est utilisé dans la phrase exclamative et souvent avec l'impératif.
- Il y a d'autres signes de ponctuation, par exemple les **guillemets** (voir **guillemets**).

préfixe 237

In-, **mal-**, **sur-** servent à former de nouveaux mots. Ce sont des préfixes.
EX : **in**connu, **mal**adroit, **sur**chargé

préposition 82, 91, 216

Les prépositions sont des mots invariables qui servent à introduire des groupes compléments.
EX : à, de, sur, par, avec, sans, dans, pendant, chez, avant, après...

pronom personnel

- **sujet** 136, 190

Je, **tu**, **il**, **elle**, **nous**, **vous**, **ils**, **elles** sont des pronoms personnels sujets. **Il**, **ils**, **elle** et **elles** remplacent des groupes nominaux sujets.

• **complément** 136

Le, **la**, **l'**, **les**, **lui** et **leur** sont des pronoms personnels compléments. Ils remplacent des groupes nominaux compléments.
EX : J'ai vu des marguerites, je **les** ai cueillies.

s

singulier (voir pluriel) 172

Les noms qui sont accompagnés de **un**, **une**, **le**, **la** ou **l'** sont au singulier.
EX : une étoile

suffixe 255

Le suffixe se trouve à la fin d'un mot.
EX : un ras**oir** - le feuill**age** - un chant**eur**

sujet (voir accord) 100, 108

Le sujet est une fonction du nom, du groupe nominal, du pronom. Le verbe s'accorde avec le sujet.

syllabe 12

Un mot peut être découpé en plusieurs syllabes.
EX : ex - tra - or - di - nai - re

synonyme 129, 147

Des synonymes sont des mots de sens voisin.
EX : un médecin - un docteur

t

temps

Le **présent**, le **passé composé**, l'**imparfait** et le **futur** sont des temps de la conjugaison. Ils font varier la forme du verbe.

terminaison 19

La personne et le temps font changer la terminaison des verbes.
EX : il coup**e** - nous avons coup**é** - ils coup**eront**

tréma

On appelle tréma les deux points que l'on met sur certaines voyelles.
EX : un cano**ë**

v

verbe 11

Le verbe a un infinitif (**dormir**) et des formes conjuguées (dor**s**, dorm**ons**...).

Alphabet phonétique

Consonnes

[p] **p**ivoine, a**pp**rendre
[b] **b**on, a**bb**aye
[t] **t**onne, a**tt**eindre
[d] mercre**d**i
[k] **c**ol, **qu**e, **k**ilomètre
[g] **g**arçon, **gu**i, ba**gu**e
[f] **f**aim, e**ff**acer, **ph**armacie
[v] **v**enir
[s] **s**ortir, ta**ss**e, **c**il, le**ç**on, atten**t**ion
[z] mai**s**on, **z**oo
[ʃ] **ch**âtaigne
[ʒ] **j**eu, en**g**in, **g**eai
[m] **m**atin, ho**mm**e
[n] **n**uit, bo**nn**e
[ɲ] vi**gn**e
[l] **l**ait, a**ll**ure
[ʀ] **r**ire, a**rr**iver

Voyelles

[i] p**i**rate, l**y**cée
[e] **é**t**é**, donn**er**, donn**é**
[ɛ] f**ai**re, f**e**rme, f**ê**te
[a] b**a**lle
[ɑ] b**a**s, p**â**le
[y] v**u**
[u] caill**ou**
[ɔ] p**o**mme
[o] p**o**t, c**ô**ne, g**au**che, bat**eau**
[œ] b**eu**rre
[ø] f**eu**
[ə] f**e**nêtre
[ɛ̃] mat**in**, **im**possible, b**ain**, pl**ein**
[ɑ̃] **en**, **an**t**en**ne
[ɔ̃] b**on**b**on**, **om**bre
[œ̃] **un**, br**un**, l**un**di

Semi-voyelles

[j] jo**y**eux, pa**ill**e, pan**i**er
[ɥ] n**u**it, n**u**age
[w] **ou**i

Tableaux des conjugaisons

INFINITIF	INDICATIF					
	présent		imparfait		futur	
avoir (auxiliaire)	j' tu il (elle) nous vous ils (elles)	ai as a avons avez ont	j' tu il (elle) nous vous ils (elles)	avais avais avait avions aviez avaient	j' tu il (elle) nous vous ils (elles)	aurai auras aura aurons aurez auront
être (auxiliaire)	je tu il (elle) nous vous ils (elles)	suis es est sommes êtes sont	j' tu il (elle) nous vous ils (elles)	étais étais était étions étiez étaient	je tu il (elle) nous vous ils (elles)	serai seras sera serons serez seront
parler (1er groupe)	je tu il (elle) nous vous ils (elles)	parle parles parle parlons parlez parlent	je tu il (elle) nous vous ils (elles)	parlais parlais parlait parlions parliez parlaient	je tu il (elle) nous vous ils (elles)	parlerai parleras parlera parlerons parlerez parleront
finir (2e groupe)	je tu il (elle) nous vous ils (elles)	finis finis finit finissons finissez finissent	je tu il (elle) nous vous ils (elles)	finissais finissais finissait finissions finissiez finissaient	je tu il (elle) nous vous ils (elles)	finirai finiras finira finirons finirez finiront
venir (3e groupe)	je tu il (elle) nous vous ils (elles)	viens viens vient venons venez viennent	je tu il (elle) nous vous ils (elles)	venais venais venait venions veniez venaient	je tu il (elle) nous vous ils (elles)	viendrai viendras viendra viendrons viendrez viendront

	IMPÉRATIF	PARTICIPE
passé composé	présent	présent/passé
j' ai eu tu as eu il (elle) a eu nous avons eu vous avez eu ils (elles) ont eu	 aie ayons ayez	 ayant eu
j' ai été tu as été il (elle) a été nous avons été vous avez été ils (elles) ont été	 sois soyons soyez	 étant été
j' ai parlé tu as parlé il (elle) a parlé nous avons parlé vous avez parlé ils (elles) ont parlé	 parle parlons parlez	 parlant parlé
j' ai fini tu as fini il (elle) a fini nous avons fini vous avez fini ils (elles) ont fini	 finis finissons finissez	 finissant fini
je suis venu(e) tu es venu(e) il (elle) est venu(e) nous sommes venu(e)s vous êtes venu(e)s ils (elles) sont venu(e)s	 viens venons venez	 venant venu

INFINITIF	INDICATIF		
	présent	imparfait	futur
aller	je vais tu vas il (elle) va nous allons vous allez ils (elles) vont	j' allais tu allais il (elle) allait nous allions vous alliez ils (elles) allaient	j' irai tu iras il (elle) ira nous irons vous irez ils (elles) iront
dire	je dis tu dis il (elle) dit nous disons vous dites ils (elles) disent	je disais tu disais il (elle) disait nous disions vous disiez ils (elles) disaient	je dirai tu diras il (elle) dira nous dirons vous direz ils (elles) diront
faire	je fais tu fais il (elle) fait nous faisons vous faites ils (elles) font	je faisais tu faisais il (elle) faisait nous faisions vous faisiez ils (elles) faisaient	je ferai tu feras il (elle) fera nous ferons vous ferez ils (elles) feront
pouvoir	je peux tu peux il (elle) peut nous pouvons vous pouvez ils (elles) peuvent	je pouvais tu pouvais il (elle) pouvait nous pouvions vous pouviez ils (elles) pouvaient	je pourrai tu pourras il (elle) pourra nous pourrons vous pourrez ils (elles) pourront
prendre	je prends tu prends il (elle) prend nous prenons vous prenez ils (elles) prennent	je prenais tu prenais il (elle) prenait nous prenions vous preniez ils (elles) prenaient	je prendrai tu prendras il (elle) prendra nous prendrons vous prendrez ils (elles) prendront
voir	je vois tu vois il (elle) voit nous voyons vous voyez ils (elles) voient	je voyais tu voyais il (elle) voyait nous voyions vous voyiez ils (elles) voyaient	je verrai tu verras il (elle) verra nous verrons vous verrez ils (elles) verront

	IMPÉRATIF	PARTICIPE
passé composé	présent	présent/passé
je suis allé(e) tu es allé(e) il (elle) est allé(e) nous sommes allé(e)s vous êtes allé(e)s ils (elles) sont allé(e)s	va allons allez	allant allé
j' ai dit tu as dit il (elle) a dit nous avons dit vous avez dit ils (elles) ont dit	dis disons dites	disant dit
j' ai fait tu as fait il (elle) a fait nous avons fait vous avez fait ils (elles) ont fait	fais faisons faites	faisant fait
j' ai pu tu as pu il (elle) a pu nous avons pu vous avez pu ils (elles) ont pu		pouvant pu
j' ai pris tu as pris il (elle) a pris nous avons pris vous avez pris ils (elles) ont pris	prends prenons prenez	prenant pris
j' ai vu tu as vu il (elle) a vu nous avons vu vous avez vu ils (elles) ont vu	vois voyons voyez	voyant vu

Table des matières

Dessins de :

Gérard Allaguillemette : pp. 187, 205 - Chica : pp. 62, 63, 64, 67, 69, 70, 71, 72, 74, 75, 76, 139, 188, 189, 190, 192, 193, 195, 196, 197, 200, 201, 223 - Michel Cartacheff : pp. 44, 45, 46, 47, 48, 50, 51, 52, 53, 56, 98, 99, 102, 105, 106, 107, 108, 112, 241, 242, 243, 244, 245, 246, 247, 249, 250, 251, 252, 254 - Marie-Claude Eyraud : pp. 80, 81, 84, 87, 88, 89, 92, 152, 153, 156, 157, 159, 160, 161, 260, 261, 262, 263, 265, 267, 268, 269, 271, 272, 273 - Jean-Louis Goussé : p. 259 - Alain Huré : pp. 23, 41, 59, 77, 95, 113, 131, 149, 167, 185, 203, 221, 239, 257, 275 - Brigitte Paris : pp. Couverture, 7, 25, 43, 61, 79, 97, 115, 133, 151, 169 - Béatrice Savignac : pp. 26, 27, 31, 32, 33, 34, 35, 38, 116, 117, 120, 121, 123, 124, 125, 127, 128, 224, 225, 226, 227, 228, 229, 231, 232, 233, 234, 235, 236, 237, 238 - Jacques Thomas : pp. 170, 171, 172, 174, 175, 177, 178, 179, 181, 183 - Gilles Vuillemard : pp. 8, 9, 11, 12, 15, 16, 17, 18, 19, 21, 22, 134, 135, 138, 139, 141, 142, 143, 144, 146, 148, 206, 207, 208, 210, 211, 213, 214, 215, 217, 219.

Photographies de :

Pages 13 : Hug-Explorer - 30 : Droits réservés - 37 : H. Silvester-Rapho - 40 : Nicolas Van Ingen-Explorer - 49 : Koch-Rapho - 54 : Donnezan-Rapho - 58 : Jean-Paul Nacivet-Explorer - 66 : C.R. Jaffre-Durou-Explorer - 82 : Gilbert Iundt-Temps sport - 83 : Tony Duffy-Vandystadt - 85 : Henri Szwarc - 91 : Tony Duffy-Vandystadt - 93 : Henri Szwarc - 94 (haut) : Gérard Vandystadt ; (bas) : Viollet - 100 : Daniel Prest-Explorer - 101 : Agraci-Artephot - 103 : G. Blond-Explorer - 108 : Fabrice Rouland-Rapho - 109 et 110 : P. Saguet-Sygma - 111 (haut) : G. Blond-Explorer ; (bas) : Jean-Loup Charmet - 118, 119, 126, 130 : Fabrice Boissière - 137 : Michel Viard-Jacana - 145 : Hachette - 154 : Roland-Artephot © ADAGP - 163, 164 : Fabrice Boissière - 165 : Giraudon - © Spadem - 166 : Jean-Paul Ferrero-Explorer - 173 (haut) : Daudier-Jerrican ; (bas) : OHP-CNRS - 180 : Fabrice Boissière - 182 : Nasa-Caption - 183 : Bruno Van Loocke-Vloo - 184 : Ph. Scott-Pitch - 190 : Roguenant-Jacana - 191 : Patrick Da Costa - 198 (haut) : G. Ozenne-Vloo ; (bas) : Jean-Paul-Explorer - 199, 201, 202 : Patrick Da Costa - 209 : Hachette - 216 : © Ed. Berlitz-Rapho - 228 : Bibliothèque des arts décoratifs-J.-L. Charmet - 234 : © The Walt Disney Compagny - 252 (haut) : P. Delarbre-Explorer ; (milieu) : Conservatoire national des arts et métiers - Hachette ; (bas) : Florence, musée de physique et d'histoire naturelle, Scala - 253 : Jean-Dominique Lajoux - 255 : Publicité Polaris - 256 : Bridgeman Art Library-Giraudon - 264, 274 : Abeille-Hachette - 270 : Nasa.

Documents tirés de :

Pages 10 : *Pif* n° 894, Gotlib, © Dargaud - 18 : *Gala de gaffes à gogo,* Franquin et Jidéhem, Dupuis - 20 : *Y a-t-il un génie dans la salle ?,* Turk et de Groot, © Dargaud - 28 et 36 : *Yakari, le secret de Petit Tonnerre,* Derib et Job, © Casterman - 29 : *Canyon Apache,* Morris et Goscinny, © Dargaud - 39 : *La diligence,* Morris et Goscinny, © Dargaud - 54 : *Donald banlieusard,* © The Walt Disney Compagny - 64 : *La famille Fenouillard,* Christophe, © Armand Colin - 65 : *Les bijoux de la Castafiore,* © Hergé-exclusivité Casterman - 72 : *La ballade des Dalton,* Morris et Goscinny, © Dargaud - 73 : « La Ribambelle au bassin », *La Rimbambelle contre-attaque,* M. Tillieux, Roba et Jidéhem, © Dargaud - 90 (haut) : *Astérix aux Jeux Olympiques,* Goscinny-Uderzo, © Albert-René ; (bas) : *Globi fait du sport,* Robert Lips et J.K. Schiele, « Renard poche », L'école des loisirs - 126 : *Les Girafes,* © Mordillo-Imatress - 136 : *La zizanie,* Goscinny-Uderzo, © Albert-René - 155 : *Philémon, l'arche du « A »,* Fred, © Dargaud - 218 : *Le fil qui chante,* Morris et Goscinny, © Dargaud - 220 : Document PTT - 221 : *Coke en Stock,* © Hergé-exclusivité Casterman - 226 : *Schtroumpf vert et vert Schtroumpf,* Peyo et Y. Delporte, Dupuis.

Conception graphique : Marie-Dominique Appert.

Imprimé en France par MAME Imprimeurs à Tours
Dépôt légal n° 5723-12-1989 – Collection n° 07 – Édition n° 04

11/4824/6